图文版艺术家传记系列

程十发传

郑 重 著

中国出版集团

东方出版中心

图书在版编目(CIP)数据

程十发传 / 郑重著. — 上海：东方出版中心,
2018.1
(图文版艺术家传记系列)
ISBN 978-7-5473-1217-9

Ⅰ.①程… Ⅱ.①郑… Ⅲ.①程十发（1921—2007）
-传记 Ⅳ.①K825.72

中国版本图书馆CIP数据核字（2017）第276169号

出 品 人	赵　东
策划/责编	张　晶　范文渊
封面设计	吴文越
版式设计	荣成设计

程十发传

作　　者：	郑　重
出版发行：	东方出版中心
地　　址：	上海市仙霞路345号
电　　话：	62417400
邮政编码：	200336
经　　销：	全国新华书店
印　　刷：	江苏苏中印刷有限公司
开　　本：	890×1240毫米　1/32
字　　数：	277千字
印　　张：	13
版　　次：	2018年5月第1版第1次印刷
ISBN	978-7-5473-1217-9
定　　价：	78.00元

目录

乡情篇

公元2007年，在松江的历史记忆中，兴奋和失落交集在一起：广富林古文化遗址的开放，使松江人目睹了祖先的智慧创造，意识到自己脚下是积淀深厚的文化土壤，有着几分自豪；一代绘画大师程十发逝世，一颗艺术巨星陨落，魂归故里，叶落枫泾，入土为安。风雨数千年，时空无隔，出土与入土在这里交汇，看似偶然，可是从程十发的艺术生命轨迹中，却不难发现，在三泖九峰之间，历史文化是如何一层层堆积起来的。

家住云间思鲈巷

　　江南画家常爱以鲈鱼入画，多取古人诗意，诸如张志和的"西塞山前白鹭飞，桃花流水鳜鱼肥"诗句是常为画家借之入画的。据鱼类学家云，鳜鱼俗名桂鱼，属于鲈形目中的一种。张志和这位烟波钓徒，居湖州时，常浮家泛宅，往来于苕霅间，钓到的就是桂鱼。

　　而与鳜鱼同属鲈形目的鲈鱼，是沿海浅水底层的肉食性鱼类，渤海沿岸地区及厦门均有出产，但以松江的"四鳃鲈鱼"最为出名，又以秀野桥附近一带最为肥沃，生长在桥南。而生长在桥北者为三鳃鲈，不及桥南所出四鳃鲈。明代李绍文的《云间杂识》中即有记载云："四鳃鲈出长桥南。"朱彝尊更是有称赞《四鳃鲈》的诗："水面矗排赤马船，纤鳞巨口笑争牵。吴娘不怕香裙湿，切作银花鲙可怜。"其二曰："微霜一夜泖河东，杨柳丝黄两岸风。不信轻舟来往疾，笭篮验取四鳃红。"

　　常自标"云间"人的程十发，鲈鱼更是他常画的主题。他画鲈

程十发《四鳃鲈图》

鱼时,不是纯客观地描绘,而是寄以乡情。在"芦花两茎、鲈鱼五条"的这幅画中,自题说:"久住云间思鲈巷,西风未起也思鲈。"当然,程十发画的不是一般鲈鱼,而是松江特产四鳃鲈。十发的《四鳃鲈》,以柳条编篮,篮内鲈鱼七尾,以柳条穿鳃,系于篮内,并有柳叶数片加以点缀,有清趣之美,观者自有所悟,不用笔者赘言。

尤耐人寻味的是十发的题跋:

故乡松江有汉张翰故宅，名思鲈巷，然四鳃鲈不见多年矣。幸今人工培殖成功，喜写此图并率赋一绝：多年不觅鲈脍味，今趁西风享席珍。古巷留名成轶事，人工繁殖照渔罾。壬戌小春程十发漫笔。

　　在题跋中，十发特别提到涉及他的老同乡张翰的典故，张翰是一位由汉入晋的人物，《文士传》："张翰字季鹰，父俨，吴大鸿胪。翰有清才美望，博学善属文，造次立成，辞义清新。大司马齐王冏辟为东曹掾。翰谓同郡顾荣曰：'天下纷纷，祸难未已，夫有四海之名者，求退良难。吾本山林间人，无望于时。子善以明防前，以智虑后。'荣捉其手，怆然曰：'吾亦与子采南山蕨，饮三江水尔！'翰以疾归，府以辄去，除吏名。性至孝，遭母艰，哀毁过礼。自以年宿，不营当世，以疾终于家。"

　　从这段记载中，可知张翰有魏晋高士遗风，《世说新语》多有记载。他在为齐王东曹掾时，"在洛见秋风起，因思吴中菰菜羹、鲈鱼脍，曰：'人生贵得适意尔，何能羁宦数千里以要名爵！'遂命驾便归。俄尔齐王败，时人皆谓为见机。"后人讥讽张翰的这一举动为"投机"耳，我谓则不然，他确实是山林间人，以归真归朴为最高追求。张翰还作有《鲈鱼歌》，歌曰："秋风起兮木叶飞，吴江水兮鲈正肥。三千里兮家未归，恨难禁兮仰天悲。"有人问他："子独不为身后名？"他说："不知翰方逃名当世，何暇计身后名也。"由此看来，他的辞官南归，的确是有着山林闲人之性，思念江南故乡之情，更是那松江四鳃鲈鱼使致。画家十发，身在沪渎，和松江

程十发《美人思鲈图》

只不过是咫尺之间，思鲈之情，跃然纸上，可见古人今人同有此心的了。

己亥岁（1959），十发客居京华，此时他38岁，按理说还未到思乡的年岁，何况又是小住北京，仍然是不忘莼鲈之思，以辛稼轩《水龙吟·登建康赏心亭》词意入画，画纨扇美人图，并题写稼轩句："休说鲈鱼堪脍，尽西风，季鹰归未？"思乡耶，思人耶？也许是兼而有之。

程十发画四鳃鲈总是深含着物我交融的思乡之情。在另一幅四鳃鲈画上，他题写道："此鱼亦是凡品，自季鹰秋风乡思之后，文人骚士即奉为盘中之珍，物与神会乃神之寄于物，非物之托乎神，草草写四鳃鲈，率题数字。鲈乡人漫笔。"在另一幅《鲈鱼图》上，十发题诗："写得鲈鱼十一条，张翰取去作醢肴。鱼儿亦认家乡水，三泖秋风逐浪高。"松江文联成立时，程十发画了一幅柳枝穿着数尾鲈鱼的图相赠，并题曰："被金石而德广，流管弦而日新。己巳清明前一日，敬贺松江文联成立大会，题乡贤陆士衡文赋句，并补四鳃鲈数尾敬献。"

程十发在这里所说的乡贤陆士衡，就是那位写《平复帖》的陆机。陆机，入晋，仕著作郎，至平原内史，所以人们也尊称为陆平原。平原也是常以老家有松江的鲈鱼而自豪的。《世说新语》亦有记："陆机诣王武子，武子前置数斛羊酪，指以示陆曰：'卿江南何以敌此？'陆云：'有千里莼羹，但未敢下盐豉耳！'"

陆机是吴名将华亭侯陆逊的孙子，与弟弟陆云都是上马能征驰，下马能挥毫作书的才子。陆机著有《文赋》，自谓是"收百世之阙文，采千载之遗韵"。陆氏兄弟在小昆山的"读书台"今朝依然还在，历史上许多著名人士都曾慕名来游，王安石来华亭登读书台，留下诗句："悲哉世所珍，一出世稀倾。不如猿与鹤，栖息尚能生。"梅尧臣也有《过华亭》诗："晴云噪鹤几千只，隔水梅花三四株。欲问陆机当时宅，而今何处不荒芜。"陆机的后辈同乡董其昌在保护《平复帖》上是有功劳的。

在这里，不妨把意思再往深处说一层。文廷式把张翰和陆机作

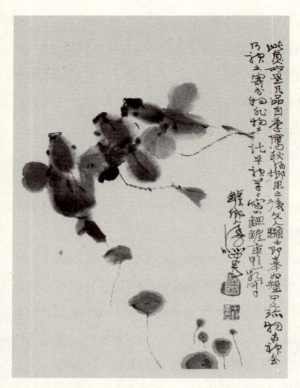

程十发《鲈鱼图》

了比较，他在《纯常子枝语》一书中写道："张季鹰真可谓明智矣，当乱世，唯名为大忌。既有四海之名而不知退，则虽善于防虑，亦无益也。季鹰、彦先（顾荣）皆吴之大族。彦先知退，仅而获免。季鹰则鸿飞冥冥，岂世所能测其浅深哉？陆氏兄弟不知此义，而于没不已，其沦胥以丧，非不幸也！"陆机43岁，兵败河桥，为卢志所诬，与弟陆云同时被害，临刑前叹曰："欲闻华亭鹤唳，可复得乎！"华亭有清泉茂林，有鹤翔翔，陆机兄弟共游于此十余年，陆机有着张翰的那种思鲈之情，但毕竟无张翰之境界和追求，人生的结果也就不同。

张翰因鲈脍而辞官，陆机以为羊酪无敌于鲈脍，十发则食人工养殖鲈脍，不管和自然之野味相差多远，仍然使他思念鲈巷。鲈脍何以能如此牵动古人今人之乡思？《吴郡志》曰："鲈鱼生松江，尤宜脍。洁白松软，又不腥，在诸鱼之上。江与太湖相接。湖中亦有鲈。俗传江水鱼四鳃，湖鱼只三鳃，味辄不及。秋初鱼出，吴中好事者竞买之。或有游松江就脍之者。"史书又载："吴中以鲈鱼作脍，莼菜为羹，鱼白如玉，菜黄若金，称为金羹玉鲈，一时珍食。"莼菜是一种带黏液的水生植物，叶嫩味极美。文人嘴馋，多美食家，有关鲈鱼烧法的文章更是累累如山，不须赘述。唯陆机之"千里莼羹"的千里，学者考证甚多，有的以为"千里者，言其地之广"，有的则以为"千里"乃地名，老杜有"我恋岷山芋，君思千里莼"，"岷山"对"千里"，可见是地名了。梁太子《启》曰："吴愧千里之莼，蜀惭大菜之赋。"后人多从地名之说。但"千里"在何地？又是有了一番考证。蔡梦弼《草堂诗笺》云："千里者，吴石塘湖名也。"《景定建康志》曰："千里湖在溧阳东南五十里，至今产美莼，俗呼千里滆，与故县滆相连。"《舆地志》所载陆机的先辈陆逊以居地为封，为华亭侯，"华亭谷出佳鱼，莼菜"，则所谓千里湖者，以当在华亭，但华亭谷水，却无千里湖之名。陆机的"千里莼羹"是指地方，还是泛指距离之远，至今仍是个谜。

四鳃鲈的学名即为"松江鲈鱼"，自张翰的"莼鲈之思"它就给人留下了无尽的思念。曹操得天下后设宴招待有功将士，曾因为缺少"松江鲈鱼"而深感遗憾。白居易有"犹有鲈鱼莼菜兴，来春或拟往江东"，苏东坡游赤壁时，"举网得鱼，巨口细鳞，犹如松江之鲈"。他们虽然离去了，但还是把思念留在了松江这片土地上。

程十发说："我画的是记忆。"他所说的"记忆"，其中有记忆中的事物，也有记忆中的情感，这就印证了程十发的另一句"借物抒情"的说法，他的画都是有所寄托的。

医家的儿子不学医

十发，姓程，名潼，号十发，取"一程十发"之意。《说文》："十发为程，十程为分，十分为寸。""发"者，古量器中最微小数也。历史上的程姓名字中用数词的有唐人程千秋、宋人程千里、宋人程九万、元人程一飞、明人程一枝，无论是"十发"或"百发"，论其量都是不好和这些名字相比的。十发这个名字是老师李健（字仲乾，号啬然，李瑞清侄子）给他起的，十发说："我在学校里只有姓和名，叫程潼，而没有字，所以给自己刻图章的时候，总是重复刻程潼。李老师觉得奇怪，问我有没有字，我说没有。李老师说我给你起一个字，叫'十发'，取'十发为一程'之意。从此我就用十发，名不大用了。"

十发在上海延庆路的旧居以前迎面有一块招牌，虽非名贵木料制作，看来年深日久，算起来倒是19世纪的东西。上写"枫泾世医程思斋子子美儒理男妇大方脉"。画家的家里怎么会有行医的招牌？

程十发将祖父程子美的行医招牌捐赠给金山区人民政府

　　一天，笔者和十发谈起这块招牌，十发说："招牌的思斋公是我的曾祖。我们程家原籍皖南，太平天国后期，避乱到枫泾定居，住太平坊（现和平街）。他老人家是个读书人，精通医道，所以称儒医。生子二人，一位是先祖父子美公，还有一位叔族就忘其名了。先祖生先父欣木公。三代都是克绍箕裘，既读书，亦行医。连先母丁太夫人，也通医道。"

2004年程十发和刘旦宅、韩和平、汪观清、郑成声在枫泾

后来，十发将祖上行医的招牌献给枫泾镇。该镇把十发的祖居加以修葺，室内陈设十发先人的遗物、诊所用的桌子和药橱，还请刘旦宅题写"程十发祖居"的匾额。十发见之甚喜，说："刘旦宅的字写得很有力，难得。"枫泾镇街新建牌楼，由十发题写"枫泾"二字。其子程助说："这里是皇帝御书的位子。"十发风趣地说："那我要被砍头了。"

十发常在画上自署"云间十发"，用印为"云间程潼"、"鲈乡人"、"九峰山人"，并且自治一印曰"我是松江人"。松江古语有

父亲程欣木

云：“潮逢谷水难为浪，月到云间便不明。”谷水、云间是松江最古的别名。十发是以“松江人”为荣的。其实“云间”并不是地名。陆云到洛阳，遇见洛阳名士荀鸣鹤，彼此互通姓名，荀说：我是“日下荀鸣鹤”，陆云说：我是“云间陆士龙”，对的是何等机智而工整。“日下”是指太阳之下，皇帝住的地方，是首都的代称；而“云间”只是取“云从龙”之义，并非实际地名，但从此之后，“云间”成了松江的代称。“华亭”才是松江的真正古名，从秦汉到元代，松江这块土地，名为“华亭”，其实它只不过是海边的一个小驿站，供过路的旅人休息之处，“五里一短亭，十里一长亭”，便是“华亭”名之由来。只是到了元代才用松江这个地名。元代以后，“松江”成了府，“华亭”只是下属的一个县。

十发祖上从皖南新安移居枫泾镇，即世代行医，其父程欣木青年时为了深造，到嘉善西塘镇钟介福堂学医，认识西塘女子丁织

勤，结为夫妇。欣木学成后又回到枫泾镇行医。后来欣木、织勤夫妇即迁往松江，定居在西门外岳庙西侧莫家弄。1921年程十发诞生于莫家弄，取名美孙，取其祖父程子美之孙的意思。

1923年，也就是在程十发三岁，全家又由莫家弄迁出，在马路桥西富家弄居住下来。

十发自幼丧父，本来是行医之家的小康生活由此陷入困顿，母亲丁织勤不忍使儿子荒废学业，便自己行医为乡下人治病，一个人挑起了家庭生活的担子。程十发在《自传》中写道："我父亲还热爱艺术，自己修栽出色的盆景，还交往了许多书画朋友。我从小就羡慕他们的特殊生活方式，就愿望长大起来要做一个画家。"十发少年时即表现出对绘画的兴趣，学习也更加勤奋。由于条件限制，他没有机会接触古人真迹，只能借到一些珂罗版的画册，在他已是心满意足。有一次，他看到一本《黄鹤山樵画册》，爱不释手，想买

程十发与母亲丁织勤1941年摄于松江

下，又没有钱，只好借来日夜临摹，把画册上的一幅幅小画都放大若干倍，画成像原作一般大的作品。王蒙的牛毛皴，画得非常细。那时，家里没有电灯，他就在油灯的微弱光线下着意摹写。这种时候，他的心完全融入画中，周围的黑暗好像暂时隐退了，艺术的光明呈现在眼前，使他欢欣和陶醉。他忘情地画着，画着，直到灯油燃尽，灯芯烧焦。他的刻苦好学不仅感动了母亲，而且倾倒了邻里，当时乡间老太婆念佛，要边念边用香棒点，后来她们看见程十发画了棵柏树也要用笔点无数次，便善意地笑他："看，程潼又在念佛了。"终于，随着学习的不断进步，他戴上了近视眼镜。程十发在白龙潭小学毕业，又进了震旦大学附属的光启中学读书。这是为纪念徐光启而办的中学。但十发的数学成绩不好，总是考不及格，令他头痛。

笔者在与程十发交谈时，曾提到他在接受英籍华裔著名作家韩素音采访时，曾说自己因数学不好才去学画。

十发说："这也叫无缘凑巧，七拼八凑，把医生的儿子凑成画画的，说起原因嘛，首先我从小丧父，失去学医的'近水楼台'。其次，不学医就要学现代科学，不料我在中学读书，数理化老是读不进，升学无希望。三是从小就受点书画熏陶。具体地讲，我父亲房间挂了一幅画，是任伯年的，不是原作，是复制品。那时，我父亲没有条件去买原作，但这张复制品不是现在的复制品，是石印的——印了以后用人工上色的那种。任伯年画了一人骑了一头毛驴，他看见后面有一个推车的人，意思是他骑骏马我骑驴，仔细思量总不如，回头看看推车汉，你不要自己骑了毛驴，还要去羡慕人家骑骏马的；你回头去看看推车的，你比上不足，比下有余。所以我从小就知道任伯年。旧社会行医，书法不好，就要被人看轻，何况先父本身就善书法，而且也欢喜栽一些盆栽，他老人家有几个朋友也精于此道，常来家中论画评书。其中有一位张定九先生，是张阁老张祥河的后代，特别喜欢我，常常带来纸笔，教我写字画画。因此，从小脑子里就有一个念头：画画有趣。数理化搞不来，医道学勿成，于是就混进了上海美术专科学校国画系。"

张祥河书对联

谈到张祥河，十发对笔者说起张氏的四铜鼓斋："张家有苗族圆铜鼓。张老先生还闹了个笑话。苗族铜鼓本来是放在地上敲打的，他不懂，为铜鼓做了架子，把铜鼓立起来敲打。我去玩的时候，只有两个铜鼓了。张祥河的后辈和我父亲很要好。张祥河的'春风草堂'过一段时间就有一次聚会，我去参加聚会，在那里认识了许多朋友。有一年秋天，他们举办盂兰会，我父亲和张祥河的后人张定九都喝醉了，两个人坐着小船，你送我，我送你，结果两个人都落到水里。这位张先生送了我两本书，一是青山草堂《竹谱》，原刻本，有彩色，还有一本是胡佩衡的《山水入门》。我后来对绘画发生兴趣和这两本书很有关系。"

张祥河是张照的重孙,曾任广西布政使,著作有《四铜鼓斋画论集刻》,其中载有《石涛画语录》。石涛的这本画论能流传下来,张氏是有功的。张照,康熙朝进士,参与修《大清会典》,曾任内阁学士,刑部左侍郎、左都御史,雍正间任刑部尚书。张照因书驰名,在雍正朝的御用印上留下他的书迹,朱家溍编辑整理的《养心殿造办处史料辑览》中常记此事,如雍正元年正月十七日有记曰:"奉旨:照张照篆样文范,……问张照'之'字篆法有何讲究。钦此。正月廿二日翰林张照篆样二张、技艺人滕继祖篆样三张……怡亲王呈览。奉旨:准张照古篆'雍正御笔之宝',将'之'字下横取平,选吉时照样镌刻。钦此。于正月廿九日照翰林张照篆样镌刻得寿山石'雍正御笔之宝'一方,怡亲王呈讫。奉旨:将此宝样好生收着。钦此。"张照卒,谥文敏,和董(其昌)文敏、并称华亭"二文敏"。做过御史的人,总要有一点直谏的刚正不阿精神。张照具有江南才子那种倜傥洒脱的品性,他善书,作品有华亭书派的温润秀丽、灵动优雅,他的楷书、行书深得康熙、雍正、乾隆三朝皇帝的特别垂青。

程十发和张祥河的四铜鼓斋因缘不浅。张定九不但是十发的启蒙画师,还是十发的继父,十发过房给张定九为继子。张定九有一女儿张祉琬也随父亲学画,两人以姐弟相称。当时,张祉琬11岁,十发8岁,佣人阿和尚背着十发,老妈子牵着祉琬,元宵佳节赏灯的情景还留在十发心中。不料,"八一三"日军侵占上海,张家八深九院老宅被日本人一把火烧尽。大难临头,各奔东西,祉琬、十发也被战火冲散,一别就是一个甲子60年。

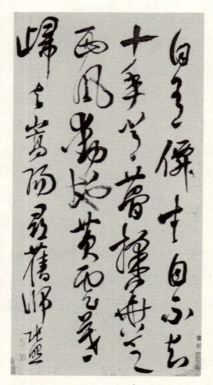

张照书法

　　常在书画界走动的王晓君，也是十发的朋友，打听到张祉琬流散到青浦的消息，立即投函相告，十发回信说："蒙赐大札，谢谢。顷获悉童年旧事，于六十年前故乡旧谊，散佚无多。今将续童年乡亲旧梦，不胜高兴，请约拜张祉琬女士具体日期。"

　　在王晓君的安排下，1993年冬天的一个朗日，十发和祉琬在青浦见面了。在去青浦的路上，十发说："年轻人盼过年，可增长一岁；而我们老人盼减岁，恨不得时光倒流，我与祉琬一别就是一个甲子，真是时光飞逝。"青梅竹马，相见甚欢，十发操着浓重的松江土音对祉琬说："我无时不想，何尝不想找你啊，可60年的沧桑，变化万千……"两位老人激动地将话题转入儿时岁月，他们说起程欣木和张定九的莫逆之情，十发说："继爹为我阿爸画的《深山采药图》，我仍记忆犹新，他们去花园中饮酒赏月，持螯赏菊，吟诗作画，其乐融融的情景，我历历在目。我们耳濡目染，懂得了不少人情世故。"他们约定来年春暖花开，重返松江再游四铜鼓斋。

谁知还不到一个星期的时间，十发便又在王晓君的陪同下，约张祉琬同去松江游四铜鼓斋。两位老人重聚松江，前去四铜鼓斋张祥河旧宅，寻找60多年前童年的欢乐了。

张家旧宅根基虽在，但已今非昔比，居在这里的人家如同"七十二家房客"；草木葱茏，但杂乱无章，已非昔时百花园之旧貌。他们来到"松风草堂"，看到那块悬挂在客厅上的"松风草堂"匾额还在，十发激动地说："要保护好这些文物，千万不要失落了！"他们还忆到了"谊笃宗旨大厅"，忆到了庭院内假山亭榭，忆到了张大千到松江住在赵家时的情景，更忆到了元宵节观灯。当他们来到花园中心时，十发记忆犹新地说："这里有四个铜鼓，是张祥河在广西做官时带回的。传到继爹时，花园中还有两个，现在不知道失落在何方。这些铜鼓制造精良，花纹清晰，图案布局严谨而有变化，当时得二三便可称王。张祥河刻的《四铜鼓斋丛书》如今仍存放在北京大学图书馆内。"当两位老人沉浸在回忆中时，一位老太突然迎了上来，冲着十发说："这不是小时候喜欢在包药纸上画关公的阿潼吗？"老屋遇旧人，倍加亲切，彼此拍照留念。

到红楼宾馆用餐，十发点了家乡的土特名菜，咸菜独角蟹，四鳃鲈鱼汤，红菱烧肉。一会儿端上一碗菱多肉少的红菱烧肉，十发说："这是西草坊浜的水红菱，色泽鲜红，个大味美，夏秋季节，松江到处有卖。现在是冬季，菱藏冰柜，味道自然要逊色些。小时候，阿和尚、老妈子陪着我们去河塘采菱玩耍，那开心的情景，老阿姐你阿记得？"过了一会，厨师亲自送来一盆鲈鱼炖鸡汤，金黄色的鸡汤里浮现着肚如雪脂的鲈鱼，逗人食欲。十发回忆道："此乃东南佳味，肉质细滑，古人诗云'西风吹上四鳃鲈，雪松酥腻千丝缕'。继爹家有大庆时才上这道菜，我们小时候，只能偷着喝几调羹汤而已，鲜美爽口，喝它打耳光都不肯放。"草坊浜红菱吃在嘴里记在心里，十发曾在画上题："余故乡华亭亦思翁之故里，城有草坊浜产四角红菱，个大而鲜嫩，正此时之时鲜也。今写添鸭凫图中涉趣。"此时为1988年，程十发远游金门。

饭局将要结束，服务员端上来一碗咸菜发芽豆，说是清清口的。十发见之高兴地说："这'独角蟹'（蚕豆发芽只一根，故名）就是我们儿时常用的早晚餐菜，记得松江的甜酱瓜，泡饭过过，味道美极。"

十发完全进入了童年的回忆之中。回家不久，十发便作了《梦屋图》，画出了一缕乡梦，甜甜的，稠稠的。

松江地处三江下游，湖荡特多，莼鲈菱藕擅美东南。自张季鹰秋风兴叹，莼鲈佳话，传之青史，而菱藕之隽，世人就很少提到了。其实松江之菱殊富，大抵四角者有青红两种，《府志》云："红者最早，名水红菱。稍迟而大者名雁来红。青者曰鹦哥青，其大者

程十发《梦屋图》

曰馄饨菱，极大者曰蝙蝠菱，最小者曰野菱。"而以草坊浜的红菱最为著名。曹十经《云间竹枝词》云："露桃涂额约云鬟，风柳夸腰赛小蛮。见说瑶台花下住，草桥浜里采菱还。"草桥浜可能就是今日草坊浜。采菱者多为少女，坐木盆中，浮游菱蔓间，时讴小曲，是曰采菱歌。管时敏诗曰："九点吴山梦里青，远烟疏树晚冥冥。何时买得蠡头舫，一曲菱歌泖上听。"松江学人施蛰存在谈到松江的红菱时说："怀土之情，兴于节物，亦足以敌张季鹰矣。"（据施蛰存《云间语小录》核。）松江风物之美，在外的松江人无有不怀乡者，尤以鲈菰莼菱最为牵挂。

为母亲画像

　　熟悉十发的人都知道，他很不情愿做生日，在他生日时，他常常说："一过生日，我的母亲就要肚皮痛。"话里蕴含着他对母亲有一种特殊的思念。除了妻子张金锜及爱女程欣荪，很少有人知道他那隐藏在内心深处的痛。直到1966年（丙午），他才画了一幅母亲的画像，坐在老松树根上，背后数竿赤竹，旁边数枝开放的梅花，母亲上身穿着镶了边的蓝花布中装，下身着紫绒布裤，足穿白色皮鞋，双腕都戴着镯子，一手托腮，圆圆的面庞，额前蓄着人字形的刘海。在他的意念里，母亲应该是这个样子。画像中的母亲，圆圆的脸，和他的母亲丁织勤的形象不同，丁织勤的面孔清瘦长，而且还留下几张照片，凭程十发的绘画水平，母亲的形象，不应该有如此大的差别。1979年3月26日中午，朋友们在四川饭店聚会，可能是他又想起自己的母亲，说："我的性子十分急，想来想去只有一个原因，我家在松江，我出生的地方正好在一座庙宇的隔壁，大约是我在投胎时过于方便，只要过一座墙，脚一跨就过来了，所以性子

程十发为母亲画像

特别急。"在他的幽默话语中，其实难掩内心的苦涩。

在程十发的心中，最为神圣的是母亲。在画家中，程十发晚年体弱多病，患有疝气症。对这种病施行外科手术是上策。医生也建议十发做手术切除。十发并不十分反对医生的建议，只是提出要和外科主任谈谈。主任屏退陪同人员与十发谈心，几分钟后，主任走出医生办公室，笑着对陪同人员说："你们陪程先生回家吧，不用开刀了。"陪同人员心生怀疑，十发何来如此神通，竟能说服主任医生不再让他开刀？他们找到那位主任医生询问此事，主任医生大笑，说："这位老人家真有趣，他与我单独谈话时，脸上露出儿童般的天真笑容，对我说：'医生，不开刀行吗？因为我的年纪很大，百年之后，到那儿见到我的母亲，她老人家问我：你好端端的身体，怎么弄出伤疤来了？一点也不爱惜。我妈妈要不开心的。'"他虽然是片言只语免除了开刀一劫，但在幽默的背后隐藏着他对母亲的特殊情结。这个情结是否和他的出生身世有关呢？

程十发在《自传》中讲到他的出生，写道："我的祖籍是在沪杭线上的一个小站——枫泾镇，自从我父亲受不住大家庭封建的压迫，在一个黑夜里，我父亲和我母亲两人，不带衣物逃到离枫泾镇不远的小城——松江。到了松江的第二年（1921）生了我。因为我们与枫泾的老家隔绝了关系，就将松江作为唯一的故乡。"程十发在《自传》里还写道："当我九岁的时候（1928）父亲死了，家中境况一落千丈，依靠我母亲给人家缝衣服度日，并使我继续上学，周围的环境非常恶劣，亲友们用势利眼光对待我们，用奚落的语言讥笑我们，我幼稚的心灵也觉得现实可怕，想逃避，发生了幻想，甚至逃学，偷偷地到郊外去看行云流水，这样就影响了我的功课，在小学留了两年，十四岁才小学毕业。"

程十发的父母程欣木、丁织勤为什么不带家中的什物，连夜离开枫泾镇，逃到松江，恐怕连程十发都不知道其中的原因。和十发经常接触的人，都能感受到他内心深处的忧郁，甚至有些自卑感，这种情绪常在他的幽默中就消失了，不为人们所觉察。但十发的幽默又常常如同观八大山人的画，令人笑之哭之，总含着某种说不出的辛酸。十发少年时就感到生活的环境可怕，常受别人的讥笑，他想逃避，这恐怕不是因家庭经济困难所造成的。他的父亲是一位小镇医生，即使父亲去世了，他的母亲也懂得一些儿科医道，为孩子们看病，和一般小镇市民的生活不会差到哪里去。

对曾经生活过的土地，程十发总是寄以剪不断的深情。2000年，张艺谋导演的电影《摇啊摇，摇到外婆桥》放映时，程十发看了，一曲"摇啊摇，摇到外婆桥……"摇篮曲，又在他胸中回荡着，想念外婆家了，他想到外婆家走走。

10月16日，程十发带着儿子多多、著名笑星王汝刚等一行四五人到嘉善魏塘镇，这里有他的外婆和小姨妈。出门时，天空还飘着小雨，到了郊外，顿时转为晴空万里，十发兴致勃勃，说："雨不下了，这是老天给我面子，念我介大年纪，还算有孝心去看望外婆家。"

程十发外婆家，本名"张泾汇"，现在改称"惠民镇"了。这也是程十发的父母程欣木和丁织勤相识相爱的地方。这个水乡小镇地理位置特殊，向西走十里是嘉善魏塘镇，属于浙江；向东行十里是金山枫泾镇，是程十发的老家，属上海。十发大笑说："古代，上海属于吴国，浙江属于越国，我是正宗的吴越人。"

程十发儿时曾在张泾汇度过一段无忧无虑的岁月，除了外婆，还有小姨妈及镇上的风物都铭刻在他的脑海中。七十年的沧桑，那条紧挨着小河的老街还依稀可辨，丁家弄又在何处？毕竟年代久

程十发和儿子及曾孙在枫泾和平街151号寻访祖上旧居

远，他们好不容易找到丁氏故居，眼前只是一片断壁残垣，虽依稀能辨出旧时痕迹，但不得入其门。还是一位自称是丁家老邻居的老人为他们引路。一路走来，程十发还依稀有些印象："我的印象中，这里原是石板长街。"老人说："这里原名丁家弄，确实是条石板长街。1958年'大跃进'时，石板全部被弄去筑陇沟了。"谈起儿时的情景，程十发说："我小时候，大约五六岁，来过外婆家。不知为啥原因，只来过一次，住了好几天，以后再也没有来过。"

站在旧宅前，十发感慨万千，说："今天总算到外婆家了。'摇啊摇，摇到外婆桥，外婆叫我好宝宝'，现在要改一改了。"他说罢竟开心地吟唱起来："摇啊摇，摇到外婆桥，外婆见我吓一跳，外孙哪能直梗（这样）老，哈，哈，哈……"

在那位"丁家老邻居"的带领下，他们终于进到丁家老宅。踏进厨房，十发顿时眼睛一亮，情不自禁地伸出双手，抚摸着旧灶台，喃喃自语："对，这就是外婆家的灶台，好吃的南瓜摊饼、炒蚕豆，真香啊……"

在同行者的再三催促下，十发依依不舍，缓缓离开旧宅。临出小院门，他又一次眷恋地转身，对空屋喊了一声："外婆，外孙来看过侬啦。"

与华亭"三宅"的生死之缘

　　松江文化积淀深厚，历代名人多，老宅也多，十发与老宅结缘的除了张祥河的四铜鼓斋，另外还有三处老宅，一是王传胪的府第，一是瞿氏的凝道堂，还有就是袁昶的濑乡新墅。

　　王传胪，名春煦，字紫宇，号冶山，少年时即被目之为"神童"，后以拔贡的资格考中乾隆三十三年（1768）举人，乾隆四十年（1775）成二甲第一名进士。这个排名在清代称为"传胪"，时人均以王传胪称之。他从庶吉士、编修做起，中历顺天乡试同考官、会试同考官、教习庶吉士，一直做到河南监察御史、署吏科绘事中、湖北宜昌知府。嘉庆五年（1800）在宜昌知府任上去世，时年57岁，追赠道衔、赐祭葬。这样一个官吏的宅子的阔绰就可想而知了。

　　民国年间，王传胪府第年久失修，房屋陈旧，其时松江西门外是热闹地区，多有绍兴人租住民房，这座大宅子内也有绍兴人租赁居住。十发迁居王宅，故对绍兴人之服饰、精神状态及一些风俗习惯细心观察，烂熟于心。日后以鲁迅原著《阿Q正传》创作的连环画，其中绍兴人形象极为传神，即得益于这段生活经历。

在20世纪90年代，十发曾故地重游，参观这处旧宅，面对经风雨侵蚀而破旧的官宦宅第，他连说："这是王传胪的府第，应该维修保护。"他还说："王冶山是神童，王冶山的女儿也很了不起。"可见十发对王冶山还是颇为了解的。王冶山有一子一女，女儿名蕴薇，是清代著名女诗人，其小传及作品载于《国朝闺阁诗人》集子中。十发在参观时还兴致勃勃地谈起青年时代的往事，谈在王宅看到的景象，更谈到他自己的一件鲜为人知的事：就在这座宅子内，他与张金锜喜结连理，度过了一段新婚燕尔的美好岁月。往事悠悠，十发终于重游他们夫妇百年好合的婚房所在。

松江城区有瞿氏二家，分为东瞿和西瞿。西瞿主人名瞿指凉，东瞿主人名瞿继康。东瞿宅内有一座七架梁的清代早期大厅，厅内悬匾额"凝道堂"。瞿宅内最有价值的古建筑当属清代早期所建仪门，雕刻人物故事或花鸟，刻工精致，层次丰富，风格雅韵，体现了高度的工艺水平，是松江现存的仪门中最华美的一座。宅主瞿继康是松江东门外华阳桥人，民国年间在上海任某银行高级职员，爱收藏，以藏书著称于世，尤其钟爱西洋钟表、家具、油画等，宅内布置颇有西方气息。

西瞿的瞿指凉是瞿继康的胞兄，是著名报人，曾在上海主持《时报》笔政，指陈时弊，不畏权贵，拥有众多读者。由于这样的关系，瞿继康的文笔也得以施展，有不少诗文刊于上海报章。据其兄说，其"文辞婉约，有宋人气息"。

十发以昆曲为媒，与"东瞿"瞿继康结缘。瞿继康颇具表演天赋，尤喜爱京昆艺术。十发生活在松江期间，与瞿继康交往颇多，常在瞿宅相聚，与瞿品茗论艺，探讨昆曲表演艺术。1946年，他们在莫家弄口民众剧场，联袂登台，演出京剧《空城计》，瞿继康饰诸葛亮，十发饰司马懿。除了昆曲，瞿宅举架高耸的"凝道堂"和精美的仪门木雕也给十发留下了深刻印象。

对袁昶的濑乡新墅老宅，十发是爱屋及乌，由于他对袁昶的敬佩，这座老宅就深深地藏在他的心底。

袁昶，浙江桐庐人，原名振蟾，字爽秋，号重黎，出生于清道光二十六年（1846）。同治六年（1867）以廪生中式举人。光绪二年（1876）恩科进士，殿试二甲，授户部主事，官运亨通，一直做到太常寺卿。光绪二十六年（1900）庚子事变，义和团举起"扶清灭洋"的旗号，慈禧利用义和团与洋枪洋炮一搏。袁昶是主战派，但他反对慈禧对义和团的利用，与许景澄联名上书《请惩祸首以遏乱源而救危局》。这个奏折既得罪了保守势力主和派，也得罪了慈禧，袁昶被送上菜市口刑场斩首示众。奏折全文1 900余字，忠义之心，苍天可鉴，历史演义小说家蔡东藩在《清史演义》中全文照录，并予高度评价曰："袁、许两公弹劾当道，不避权贵老虎头上抓痒，虽被老虎吞噬，究竟直声大胆，流传千古，也算是替清史增光了。"

袁昶早年肄业于上海龙门书院，也算与上海有着一段缘分。"郡人士稔，因买宅郡西郊，子孙世居焉"，遂把清代嘉庆年间侍郎赵永明的宅子买下。其宅规制宏大，有三条轴线，中轴为主宅，七

20世纪90年代程十发重返富家弄老屋

进四庭心，有砖砌仪门。袁宅的精华是楠木厅，建于晚清，举架高敞，雕琢精工，厅中有楠木匾，上题"濑乡新墅"，是光绪二十年（1894）状元张謇为袁昶所书。

十发在松江居住时，常至袁宅探访，耳闻目睹袁昶的逸闻轶事和故物手泽，深为袁昶的事迹所打动，对袁昶的人格也极为崇佩。

只要与十发提起袁昶，他往往会侃侃而谈，总是感叹，说："面对先贤，我们是惭愧的。"

如今，来到松江城区华亭老街，就可以看到有一组仪门古林、梁轩精整的古宅第建筑群落。这便是目前松江老城著名景点华亭老街三宅。本来，这三座保存很好的古代宅院并不在一个地方，瞿继康的凝道堂和袁昶的濑乡新墅两座宅第是随着松江老城改造工程的实施，由别处移来，按原样重新修复的。松江寄托着对游子的思念，这个古宅群落现成为程十发艺术馆，陈列着十发捐献的古代书画和他自己的作品。这些古宅蕴藉的文化气息，给少年十发以熏陶，以智慧，而今又把十发智慧的结晶、心血的积聚储藏其间。十发之与古宅，正可谓是生也有缘，死亦有缘了。

故乡的泥土最肥沃

　　走进程十发的艺术世界，可以听到他的乡音，可以感觉到他的乡情，可以闻到从故乡的泥土中散发出来的芳香，当然，也能品味出他的艺术中那淡淡的乡愁和缕缕的乡思。这一切都是因为松江的文化气脉已注入他的灵魂中。谈到他的艺术与生存环境时，他有这样一番话：

　　说到我如何学中国画，我首先承认我与大家学中国画的过程并没有什么特别，也是临摹、写生、创作、写字、读美术理论和美术史，等等。但我不仅讲过程，而且讲使我学习的这些宝贵的条件从何而来。

　　我小时候自从9岁父亲故世以后，一直是在亲友的帮助下，和我母亲两个人相依为命地生活，从物质上说我没有条件学绘画的，但经过了这半个世纪以后，经过了严霜烈日，又经过了次第春风，我发现一种看不见潜在着的力量在支持我。我在小学念书的时期，生长在离上海30多公里的一个小小的古城松江，我是1921年出生的，出生在一个三代中医的家庭，这个正是新旧文化交接的时代，我们站在城墙上看到古柏参天，这是孔庙，看到宝塔高耸，这是佛寺，又有市集兴隆的东岳庙，不少是唐宋元明清留下的古迹，但又加入了耶稣教堂和基督教堂，它们的屋尖及钟楼高入云霄，中外文化结合在一起。路上也有和尚、道士，加上了外国的传教士掺在人群之中。我们家的附近有许多手工业的作坊，如染布的染坊，他们把作品在过街的路上晾晒着，无疑是像中国蜡染的展览会。还有纸牌的工场，纸牌上画有人物，颜色很漂亮，橙色、绿色、黄色、黑色都有，第一道就是套色木版印纸牌的花样，这是民间美术，我对它有极大兴趣，中间有人物花卉，色彩对比强烈的黑、绿、橙三种色调。还有许多家造佛像的作坊，这是传统的雕塑家，我听到他们用凿子凿香樟木的声音，闻到香樟木散发出的香气；还有修理古书籍的店铺，特别有几家裱画店，我会到里面去猎奇地去看这些作品。这一切的环境只要你有兴趣学习中国美术，已经有了客观条件，这无形地给我创造了条件，无疑这些都是我的老师和默默的支持者，也孕育着如何重视民间艺术的原因。

董其昌远游在外，画了一些思乡的画，如《九峰招隐图》、《小昆山石壁图》、《婉娈草堂图》、《九峰秋色图》、《佘山游境图》等。在程十发离开这片泥土到上海以后的几十年里，他儿时感受到的那各种文化和谐交融的景象消失了，连气氛也感受不到了。他学董其

程十发《吾乡小昆山》

昌，也画思乡画，他画《四鳃鲈鱼》，画《吾乡小昆山》，画《故乡月明》，画《西林春早》，画《梦屋》……在《吾乡小昆山》一画的跋中他写道："吾乡小昆山有东坡题石'夕阳在山'四字，今余再幻出此境，不知是诗境乎，画境乎？"往事在梦幻中，只能求助于笔墨重温了。

程十发《山水》

　　松江真的是皇天后土，从松江人在广富林生活史前时期开始，进入有文字有历史有皇权的社会，特别是在中国的北方历经战乱，晋室南迁、五胡乱华、安史之乱、两宋之交的金兵南下、元人的兵灾荼毒，而地处江南的松江则未遭兵燹，峰泖之间成了一片乐土，真可谓是"河北烽火地，江南花柳春"，北方衣冠士族迁民松江，进入明代中后期，陆深在《跋东园遗诗二首》云："四方名硕咸指为避隐脱显之区，故衣冠文献为江南冠。"其实在广富林的遗址中，已经发现中原人使用的器物，这说明松江移民早已存在。

程十发《黄道婆传艺》

　　精神文明还是要以物质文明为依托的。苏松地区长江出西北，太湖汇其东南，川原衍沃，风气平和，秀之所钟，亦天时地利也。尤以松江九峰三泖，兼山水之殊，地灵人杰，如吴梅村《茸城行》一诗所写："此地江湖绾锁钥，家擅陶朱户程卓。个箱布帛运朝车，百货鱼盐充邸阁。"这说明，经过历史的积淀，到明、清，松江经济已跃居全国之首，而尤以纺织为龙头。徐光启说："松民之贸利，半仰给于织纺。"陈继儒则描述织纺经营的情景说："凡数千里外，装重资而来贩布者，曰标商；领各商之资收布者，曰庄户。乡人专

程十发《山水》（写陈子龙读书楼）

售于庄，庄转售于标商。"很有意思，就连陈继儒这样的闲隐之士，对经济也很关心。松江还出了一位纺织家黄道婆，十发称她为"乡贤"，多次为她造像。

历史悠久的文化积累和雄厚而发达的经济相结合，造就了晚明松江文气勃郁，名士辈出，形成了以董其昌、莫是龙、陈继儒为代表的云间画派，以陈子龙、宋氏（宋徵舆、宋存标、宋徵璧）兄弟、夏氏（夏允彝、夏完淳）父子及李舒章为代表的云间诗派，一时俊迈来奔，雅士荟萃，成为中国文化主流。才女柳如是在与钱谦益结婚之前，也出入此间，与陈子龙、宋徵舆之间的风花雪月，别增一番情韵。明亡之后，松江又成几社活动基地，是士子反清复明运动的中心，社事风起云涌，钱谦益、余怀也为激情所鼓动，作云间之游，参加华亭宴集，坐谈时事。此时正是端午节，卧龙桥畔是"箫鼓沸天，楼船匝地"，仍然有着一番繁华景象。

带着浓郁历史情结的程十发，对这些都是了然于心的，挥洒笔墨为董其昌造像，画陈眉公（继儒）读书处；对夏允彝、夏完淳啧啧称赞，也为他们造像。其他如到过松江的苏东坡、杨铁崖等人，十发或通过其题句、诗章作画，那只不过是借他人的杯酒，来浇自己的乡情。

在流落松江的文人雅士中，给程十发留下印象最深的要数张大千了。他没有为张大千画像，也没在画中涉及张大千，但张大千在松江的事一直在他的心中，一有机会，他就会谈起大千的往事。

十发曾和笔者谈起张大千，有这样一段陈述："我七八岁的时候，张大千搬到松江来住了，就住在赵姓邻居家，房子很大，从大门进去，前面到后面，一进、两进、三进，很深远。我们小朋友有时跑进这座大房子去玩。张先生还在松江出家当和尚。不过，我那时并不知道张大千。赵姓人家东边就是张祥河的四铜鼓斋，也算是我们做过几天邻居吧。"赵姓人家的房子即是华亭"三宅"之一袁昶的濑乡新墅。

张大千为什么会到松江去住，且听十发娓娓道来：张大千的二哥张善孖，长大千17岁，生平三娶。1923年，张怀忠夫妇迁居松江。张善孖曾一度和母亲住在松江。张大千为侍奉母亲，就住在与松江很近的浙江嘉善，他的仿制名家的假画都是在这里画的。在此之前，张大千出家当和尚就是在松江的禅定寺，住持为他取法号"大千"，因为怕烧戒疤，大千不辞而行，跑到杭州灵隐寺去当和尚。张大千落脚灵隐寺，是受了恽南田的影响。恽氏《瓯香馆集》中有一篇其侄孙鹤生所纂的《南田先生家传》，说南田十几岁时在灵隐寺出家为僧。后来他又看了袁子才的《新齐谐》，书中把灵隐的僧人说得更玄了，这就更加吸引张大千。张大千出家自立规矩：不烧戒疤；酒可以不喝，但不能不吃肉。原来灵隐寺有个济颠和尚，吃酒吃肉，寺规不容，小和尚们具禀帖要驱逐他。那时的住持是慧远禅师，四川眉山人，别号瞎堂，手批两行："法门广大，岂不容一颠僧耶？"张大千在灵隐寺出家没有几天，二哥张善孖就把他找到了，二哥请他在楼外楼吃了一餐杭州名菜醋熘鱼，拉他还俗回家了。十发说："张大千够厉害的，出家没有几天，经文没念几句，却对'法门广大'有了透彻领悟。凡事要广大，胸襟、气魄、学问、技艺，无不如此。大千一生奉行此道，受益无尽。"

"九一八"事变之后，善孖、大千兄弟迁居苏州网师园，其母也由松江移住安徽郎溪，就养第四子文修处，其母1936年病故。在病故前夕，大千母亲发现了大千在松江时期留下的纰漏：

陈定山的《春申旧闻》记有一位叫江四爷（名紫尘）的，是经营书画买卖的古董商，人称"黑老虎"。张大千祖传的王右军《曹娥碑》，就是经江紫尘之手以一千二百金抵押出手。原来，江紫尘创诗钟博戏之社（即按限定的字词竞赛诗联），当时已经是老辈的陈散原（三立）、太夷（郑孝胥）、映庵（夏敬观）等常在局中，大千说"予虽腹俭，亦常在局中"，因之"每博必负"。因输得太多，把《曹娥碑》抵押出去，最后为叶恭绰购得。

以后的事，可读大千在《叶遐庵先生书画集序》中自述："阅十年，先太夫人病居皖南郎溪家兄文修之农圃，予与仲兄仍居吴门，每周轮次往侍汤药。太夫人病势日笃，忽呼予至榻前，垂询祖传之《曹娥碑》，唐人前后题名，何久不见之，殊欲展阅。予惶恐极，不敢以实告，诡称仍在苏寓，太夫人谓次周必须携来，小慰病情。予亟唯唯。此卷闻江丈早已售出，辗转不知落于何所，心中如焚，将何以复老母之命？"

张大千又说："迨归网师园，先生与王秋斋即来省问。予当以母病笃告；又以此最痛心事，并将此卷经过，历历述之，倘此卷尚可求获，将不惜重金赎之，即送郎溪，使老母得慰。先生自持其鼻曰：'这个么，在区区那里。'予喜极而泣，即挽秋斋于屋隅而求之曰：'誉虎（恭绰的字）先生非能鬻文物者，予有三点乞与商求之：一、如能割让，请以原价值赎。二、如不忍割爱，则以敝藏书画，恣其检选，不计件数以易之。如两俱不可，则乞暂借二周，经呈老母病榻一观，而后归璧。'秋斋即以予意转告先生；先生曰：'乌是何言也！予一生爱好古人名迹，从不巧取豪夺，玩物而不丧其志。此为大千先德遗物，而太夫人又在病笃之中，欲一快睹，予愿以原璧返大千，即以为赠，更勿论价值与以物易也。此卷不存履道园，弆（jǔ）之上海，明日往取，三日内即有以报命。'予与仲兄闻之感激泪下，趋前叩首谢。太夫人弥留之夕，幸得呈阅。予罪孽深矣。先生风概，不特今日所无，求之古人亦所未闻也。"

在古人与今人之间

　　"前贤在他们那个时代也是今人，今人百年之后便成了古人；前贤给我们留下丰硕的艺术遗产，如果我们不加增益，有所创新，那后人岂非在我们身上继承不到新的东西。"这是程十发的画学名言。这个思想是在他进入上海美术专科学校时就萌发的。

　　1938年，18岁的程十发在亲友的资助下，进入上海美术专科学校。入学那天，母亲把他送到代理校长谢海燕面前，请校长多多照拂。以后，爱才的谢校长一直关心这个学生。

　　当时的国画系并不分科，山水、花鸟、人物，按照古代传统，要全面学习。程十发也一样。不过，他对山水画特别偏爱，用的工夫也最多。中国画的兴起发端于人物画，在数千年的历史长河中，后来山水画一直占有主流地位。也正因为如此，师古、仿古、复古与创新，发展、追求自我，在画家中非此即彼，互为消长。上海美术专科学校创办人刘海粟虽接受过西方文化的熏陶，为画人体模特儿闹得风风雨雨，但美专的国画系仍然沿着师承某一家、某一流派

程十发《女人体》

的方式在教学。在进上海美专之前，除了张定九给十发一些绘画启蒙知识，十发无从接受名师的指点，如果说有老师的话，就是松江带着泥土气息的民间艺人，还有一位画灶壁的老师傅。那位师傅用中药黄栀子酒代替藤黄，调出又浓又鲜的黄色；用墨煤代替墨，调出黑而发亮的墨色。别的颜色也都十分别致。老师傅作画也很特别，先在周围画一些图案，最后在中间画一幅山水。这位师傅也可以说是他的启蒙老师吧。但他心中并无"师承"这样的概念。而学校教育，上课时，教师先示范挥毫，然后便让学生照本临摹。应该说十发是带着松江乡土文化气息走进现代美术教育学校的，因此，课堂上的程十发通常是老师画老师的，他画他自己的，用自己喜欢的表现方法，画自己喜欢的内容。这样就引起某些老师的不快，对他交上去的作业也不愿再批阅。可是王个簃对这个学生却高抬贵手，说："随他去吧，他想怎么画就让他怎么画。"但王个簃毕竟不是教山水的。

学校里也有一位与十发艺术见解相投的教山水的老师，当十发遭受一些白眼的时候，这位老师对他赏识有加。这位老师叫汪声远，是黄宾虹的同乡。虽然一生未享大名，但他是一位非常懂得艺术的画家，也是一位擅长教学的老师。他主张因材施教，特别是艺术教育，更应注重诱导、激发学生的内在天赋，在课堂上常用杜甫的诗"转益多师是汝师"来鼓励学生宏识博取。

谈到上海美术专科学校的生活，程十发对笔者说："进上海美专学中国画，现在回想起来，总觉得事情有两面的。我也不客气说了，一般舆论都说这一间学校是很宽的，校风不是很严格的，但是学艺术的如不严格也有它的好处。正因为文学与艺术主要靠自学，老师教过了头，反而不好。所以我现在回想起来，很感激这一间学校。你上课也可以，不上课也可以。到时候，你照样可以毕业。如果学生想向这一条路线去学，也可以往那一条路去学。这样一来，学生就不会'样板化'了。你走你的路，我走我的路。后来，国内

程十发在其所临元代画前

的一些学中国画的人去学俄国人的那一套西洋画法，一定要素描基础。实际上，俄国人在过去，也不是那样死板的。画的东西也未必有严格的素描训练。素描原是十分简单的，就是把形的层次画得非常细腻，铅笔的人像素描，就如拍照，当然要画得好也不容易，要有耐心有功力，否则就没有个人风格可谈。而国内正有一些中国画家，很奇怪，画人的脸像用西洋素描的画法，光线很具体。可是，画到衣服却用写意的画法。两者不统一，画面因此显得很不调和。"

程十发很清楚，要走自己的路，首先要看前人是如何走自己的路的。此时，他已经体会到，任何有成就的画家，都有走自己的

黄公望《琴鹤轩图》

路的经验，没有自己的当今，也就没有自己的身后，哪一位身后留名的诗人、文人、画家不都是有了身前的创造，才为后人留下文化遗产的。因为重复别人的东西，有的在他们所处的那个时代就消失了，更不用经过大浪淘沙了。所以，他除了如痴如醉地临黄鹤山樵外，以后不管是所谓南宗的董源、巨然，还是被称为北宗的李成、郭熙、许道宁，以及元代钱选、倪瓒，四僧中的石涛、石溪，当然还有他那位同乡董其昌，他都一一师法。丰富的传统营养，加上艺术灵性，在他二十三四岁时，就形成了独特的山水画风格的雏形。

我们说十发学前人不拘泥于笔法技巧，研前人解脱旧窠的经验。这有他自己的话为证，他说："元人画素以大痴为祭酒，而余力推方方壶为第一。黄有法可循，而上清无法可循也。"黄即黄公望（大痴），上清即方从义（方壶）。黄大痴的画来自写生，写富春江畔的真山真水，但后来也走向程式，总结出一套写山水的方法。而无法的十发，对大痴的山水之法不以为然；无法的十发，对"无法可循"的方方壶的推崇，这叫心有灵犀，一脉相通。灵犀者，艺术之精神也。十发汲取的正是前人的艺术精神。现在让我们看看方方壶是怎样一位画家。

方从义，字无隅，号方壶、鬼谷山人、金门羽客，江西贵溪人。信州龙山上清宫道士。方方壶有存世作品《太白泷湫图》，烟笼远景，云锁深岩，归真返璞，造化了一个混沌世界。有人评方方壶的画，云："飘飘方壶子，本是仙者伦。固多幻化术，笔下生白云。白云飘缈间，拔起青嶙峋。似是朱明洞，笙鹤遥空闻。岂无许

方从义《太白泷湫图》

飞琼，烹芝隐华芬。炼师从何来，而带山水纹。相期守规中，结庵在云村。心游象帝先，神栖太乙根。"黄大痴也有题方方壶的《松岩萧寺图》诗并序，序曰："方壶此卷，高旷清远，可谓深入荆关之堂奥矣。鄙句何以述之，愧愧！"荆浩、关全的真迹已不复存在，我们已无从比较，大痴所谓"深入荆关之堂奥"，指的不完全是技巧，而是艺术精神。"堂奥"二字本身就有"精神"之解，今人解释为技法，此意差矣。

　　学前人，像老师，是学习中国画的三字经，古人在念，今人也在念，各人有各人的念法。十发不像乃师，但对老师取其心；十发学前人，但对前人取其神，可谓是悟道之举。继承与创新都是对传统而言，两者并非万水千山，实只一步之遥，传统是创新的土壤，睿智者当不负传统，不忘自己，不忘出新，震荡再大的出新，也只是在传统的前头迈出了一步，只是一步。这一步就在十发所说的"古人"与"今人"之间，能迈出这一步的今人，慢慢也就变成了能得以存在的古人了。

以画题书，古碑即如此

在美专读书时，十发就欣赏禅宗画的极具概括力和表现力的减笔描，诸如石恪的《二祖调心图》，梁楷的《泼墨仙人图》和牧溪的《六柿图》。十发常言："人物画减笔最难，笔减意不减，故谓之难，稍不经意，就会粗野而失形理。"又说："减笔人物源溯五代禅宗画，后世写意人物，南宋尚能传其遗绪，明季亦有数家，然有形而无其质。近代任伯年传其正脉，减笔意不减，且当减者减，不能减者则不减，笔减而神全，此不易求得之境界。"十发亦作减笔画，但他心追六朝古壁与砖画，取其简率真趣，遂使其减笔自成一家。

十发的减笔画之所以独具功力，我以为成功之处得之于书法。十发善使笔，细不弱，粗不俗，变化迭起，有风起云涌之妙，以书法入画，除了表现在画面上的长题外，更多的即表现在减笔画的线条中。评者多以为十发的书法初出陈洪绶（号老莲），后又借入汉简，而实际上他的书法之功最初得于写碑及治印上，金石的古趣与近人的笔意相融合，高雅而通俗。

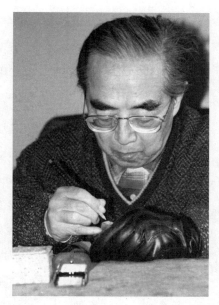

程十发治印

在上海美术专科学校读书时，李仲乾教他篆刻、书法、绘画史。李仲乾是清道人李瑞清的侄子。这位"脸上带有络腮胡子"，上课"不看教材，脸望着天花板，一直站着讲"的老师，是十发"永远不会忘怀的老师之一"。

谈起这位老师，十发对我说："我上篆刻课时，李老师总是鼓励我，说我刻得好，有刀法。事实上我所有功课，是篆刻比较好，我当时还给关良老师刻过几方图章，现在还保存着。我觉得李老师的教法有道理，这几方图章并不像一个初学的学生刻的，可能有李老师给我修改的地方。"

笔者问他："你的书法是不是也受李老师的影响？"

十发说："上书法课，他是继承了清道人的家法，鼓励我写钟鼎北碑，他写给我们的示范作品，大约有散氏盘、王公碑、瘗鹤铭、郑文公、张猛龙等书体，他的用笔一波三磔，转折顿挫，别有一种景象。虽然也有人反对这种书体和笔法，但我却受到不少影响。以后我对北碑及民间书体十分爱好，一直到现在，我都怀着艺术崇拜的感情。这种刀法与笔法相混的趣味，使我的画笔受到营养，我以后醉心于魏晋木简草隶就是从这一条路线演变而来的。"

中国画上的题跋，是画面的一个组成部分，看似随意，其实是很讲究的。谈到构图，十发谈兴甚浓，他说："中国画的构图，陪衬的放在什么地方，基本上是非常自由的，例如画一个人，他站在什么地方，地平线在哪里，视平线在哪里，这些在中国画都是不计较的。就像戏曲中的表现手法，主角在舞台上跑圆场，可以是五里，也可以是一百里，空间的刻画是不具体的，而是抽象的，画画的构图也如此，是在具体与抽象的矛盾中产生的，可以有一些东西放在那里，另一些东西不要了，让观者去想象，如果画得非常具体，有一个消失点，有一个视点等，那就不再像一幅中国画了。有人说我的画很奇怪，其实不是奇怪，而是我不去用一些处理画面的方法了，我会用一些人家没有处理过的方法。譬如题字，一般人最初的概念，以为画面哪里空了，那就正好题字，我会把这个做法放弃掉，就是要找到一个人家认为不应该题字的地方。把它变成一个能够题字的地方。同样画里的主体也一样，把一般的概念都放弃掉，人家不常用的地方，我就来试试看，这样一试之下就会产生矛盾，或者不大稳定什么的，但这样的构图看起来很新奇，我主要就是不

程十发书对联

想重复人家一般的处理方法，人家是放在上面的，我偏要放中间，人家说画面不应该两边分隔的，我就偏要想方法，又要分隔，又要它不分隔，人家说上重下轻不行的，我偏要来个颠倒，总之就是要把人家常用的东西放弃掉，才能变出往后特殊的东西，我处理构图就是这样。"

　　十发曾作《李长吉诗意图》，此图以五分之四的地位书写李长吉的诗，而吹管女像一枚印章钤于画的左下方。这种一反常规的处理手法，给人留下深刻的印象，都以为是十发的创新之路。但十发在画上跋曰："士大夫以诗题画，余以画题书，古碑即如此，不足为

程十发书龚自珍《己亥杂诗二首》

奇。"观者对此都在似解不解之中，十发谈了在美术学校的这段经历，令人恍然明白，原来早就修炼过的，所以法道神通。

程十发在画面上落款或题跋，常以草书为之，其飞动之势与画面相映衬。也有用篆文题之，书法的高古与题材相映衬。不论是行草、篆籀、正楷的题跋，都是恰到好处，妙理解颐。

落款或题跋，程十发都十分注意位置的经营。无论长题、短题，或满题，或长条，或横题，或题在画中的器皿之上，或穿插在画面人与物之间，或是不规则的块面，都使画面取得一种平衡，有的平中求奇，有的奇中求稳，都使之和画面统一起来。

在画上作题跋，看似写字，实际上和书法家的写字还是有着很大的不同，程十发认为画家写字，富于绘画性，用画的笔姿、感情来写字，也注意到整体的章法。书法家写字讲求的是"笔法"，所写的每字都见章法，都较顾及整体结构问题，此外，也少以情入字。

不信南宗与北宗

　　1921年，十发出生于松江县莫家弄。莫家弄是明代画家莫是龙出生的地方。莫是龙（1537—1587）的名字要比"十发"豪气多了。莫是龙，号秋水，字云卿、廷韩。其父莫如忠，嘉靖十七年（1538）进士，做过浙江布政使，比十发行医世家自然阔气得多。莫是龙10岁即善诗文，14岁被补为郡之庠生，虽然才情出众，但仕途颇蹇，屡试不中，且生活拮据，曾无可奈何地自况"仆四十余，霜笔冉冉"，可见屡试不第所经受的痛苦和生活的贫困给他的身心投下的阴影。莫氏虽然贫困，但生性慷慨，《家传》中所载："喜延奖寒士，有友多儿女累且贫，公书行草一箧，以给其婚娶。"莫是龙书画学米芾（别称米襄阳）、黄公望（别号大痴道人），"灯下纵笔写意，轻烟远霭，无不淡宕高逸。"他的画作有《仿米山水》、《东冈草堂图》、《江南秋图》。莫是龙家藏梅花断弦古琴，尽管弦索不全，仍时时把玩不已。一日，弦线俱断，不日即抱病卧榻，"疾革时尚与友人对弈，已较胜负，收其子，倏然而逝。"

十发的另一位同乡就是大名鼎鼎的董其昌了。董其昌（1555—1636）是莫是龙的好友。董其昌17岁便入莫如忠家塾读书，此时莫是龙已经30多岁了。莫氏家塾可能就在莫家弄内，或者就在莫家的老宅之内。无论从师兄弟的关系上或是从年龄上来说，董其昌的绘画都应受莫是龙的启迪。万历六年（1578）秋，莫是龙曾与顾正谊、梁辰鱼、董其昌等赋诗题画，送李日华归杭州。在《画禅室随笔》中多处记载董其昌与莫是龙之间诗朋画友的关系，其中有《题莫秋水画》："莫廷韩为宋光禄作此图在己卯之秋，时余同观，咄咄称赏。"莫是龙作有《画说》，全文收入董其昌的《画旨》中，因文字稍有出入，故今人认为不是莫是龙作。"名言新说归大家"，这在所难免，不去管他。但南北宗之说最早出现在《画说》中，接着出现在董其昌的《画旨》及陈继儒的《偃曝余谈》三种画论中。

莫是龙《画说》：

禅家有南北二宗，唐时始分；画之南北二宗，亦唐时分也，但其人非南北耳。北宗则李思训父子著色山水，流传为宋之赵幹、赵伯驹、伯骕，以至马、夏辈。南宗则王摩诘始用渲染，一变勾斫之法，其传为张璪、荆、关、郭忠恕、董、巨、米家父子，以至元之四大家。

董其昌《画旨》：

禅家有南北二宗，唐时始分；画之南北二宗，亦唐时分也，但其人非南北耳。北宗则李思训父子著色山水，流传为宋之赵幹、

米元暉自謂墨戲
黑股千古畫史繆妄
絕右丞不在詩阿
致為具眼余以意為
之斷白為亮家上池
不秪若米家父子之妥
地 董其昌

董其昌《山水》

赵伯驹、伯骕，以至马、夏辈。南宗则王摩诘始用渲染，一变勾斫之法，其传为张璪、荆、关、郭忠恕、董、巨、米家父子，以至元之四大家。亦如六祖之后有马驹、云门、临济，儿孙之盛，而北宗微矣。要之，摩诘所谓云峰石迹，迥出天机，笔意纵横，参乎造化者。东坡赞吴道子、王维壁画，亦云："吾于维也无间然"，知言哉。

陈继儒是十发的同乡，隐居小昆山，其《偃曝余谈》：

山水画至唐始变，盖有两宗：李思训、王维是也。李之传为宋王诜、郭熙、张择端、赵伯驹、伯骕以及李唐、刘松年、马远、夏圭，皆李派。王之传为荆浩、关仝、李成、李公麟、范宽、董源、巨然以及燕肃、赵令穰、元四大家，皆王派。李派板细无士气，王派虚和萧散。

看来，十发的这几位乡贤前辈，对这个问题是有过讨论的。像现在的某些理论一样，不是一下子形成的，是你中有我，我中有你，最后由董其昌集大成，变成了他的专利。争论了几百年，直到现在谁也没有搞清楚。现在又异军突起，声讨文人画，提出"正规画"与"非正规画"来界定书画的分野。

对董其昌的"南北宗"及当代的"正规画"、"非正规画"之说，从莫家弄走出来的程十发采取了中和的态度。他在《艺术我见》一文中写道：

我的那位同乡董其昌，在划分艺术风格上有"南北宗"之说，其实是把艺术风格、艺术美绝对化了。历代国画家创造出多姿多彩的艺术风格，被董其昌一划分只剩两家了。然而，艺术发展到当代，有人要否定董其昌的文人画，这也是把艺术发展得绝对化了，分析的思路也循入了董其昌的老路。现代艺术风格的发展和现代化的发展一样，城市与乡村的联系非常方便，交通四通八达，美术家的出国、来访也非常方便，美术的信息十分灵通。于是在绘画风格上就形成了互相吸取的艺术局面，国内、国外没有界限，古代与现代没有界限，艺术风格不可能单一化，大家都在你吸取我的技法，我吸取你的技法，又保持了各自的个性，谁也不能否定谁。怎样划分文人画画家，怎样界定文人画，历代艺术理论家和国画家也是各执一词，各有各的说法，徐青藤的画是文人画，苏东坡画竹也是文人画。但是，仇十洲、阎立本的线描就不是文人画了？这说明艺术风格是多样的，又是互相融合的。

在他给陆一飞的山水画展写序时，又说："中国山水画，在南北分宗之说未建之前，学习并无门户之见，即贤如元赵松雪、钱舜举，博览群英，王维二李皆学，未尝分门户。自莫是龙、董其昌提倡南北宗之后即分泾渭，如是门户森森，并非为古人立标帜，实为自立山寨称雄，藉祖庭之名望耳。后人更为自作标榜，使闳广之艺苑，局狭于小巷门庭，影响后学难以越古人之步。古人受政治经济宗教各种因素所围，能从中披荆斩棘，其中杰出于艺坛者亦不乏其人。然此乃前人之事。艺术之学尚有内外之师，即东西方文艺交流，犹如江河入海，蔚为奇观，惟作者之修养与选择耳。"

十发的话说得很清楚了，我看这比较符合当前绘画艺术的实况及今后发展的趋势。今后的艺术是包容与共存，提倡任何一派而否定其他流派，都不会有多大的出路。这在中国绘画发展史上的教训太深刻了。了解中国美术史，就不会把某一理论推向极端。

十发感到语言之难尽其意，有二画证之。一帧山水扇面，十发题曰："癸酉深夜，以北宗之笔写南宗之景，可使思翁一笑。"又一画为《秋山烟雨图》，他题诗道：

问我南宗抑北宗，东西中外古今同。

法从自然归太朴，一笔倾成万物空。

程十发《秋山烟雨图》

夫妻双双把家还

在上海美专学习期间，程十发与杭州姑娘张金锜恋爱了。因此，我们就不能不说说杭州张家了。

杭州有个"楼外楼"，就如同上海的梅龙镇，苏州的得月楼，是声震遐迩的餐馆。去了杭州不去楼外楼饭餐一顿，杭州之行就要减去许多色彩。听说楼外楼的匾额和十发的夫人张金锜有关，这就要从"楼外楼"三字匾额是谁的大手笔谈起。

张金锜的堂弟张之江说："许多人都打听这件事，沙孟海先生也问起过。楼外楼老板姓洪，兄弟二人开餐馆，雪天时好搞雪雕，雕的是关公、弥勒佛之类的人物。开始请人写'楼外楼'，两个楼字总是一高一低，关键是个'外'字。洪老板请我父亲写。我父亲名张坚，题时没有签署自己的名字。有一次吴昌硕来到这里吃饭，抬头一看这三个字，就问是谁写的，并要吃了饭去拜访。丁辅之说是我侄女婿写的，把他叫来就是了。我父亲听说吴昌硕要见他，哪有不去的道理？我父亲本来是医生，因身体太差，无法应诊，闲在

1941年嫁到松江的张金锜

家里。吴昌硕见了他，就说，你不能当医生了，还是写字画画吧。我父亲说字写得不好，不敢写字。吴昌硕说有什么不敢的，我给你写润例。我小时候还见过吴昌硕写的那张润例。"

笔者：十发夫人是你姐姐还是你妹妹？

张之江：是我堂姐，实际上像亲姐姐一样。我们小时候在家里，书房的书架摆放得弯弯曲曲，我们就在其中捉迷藏。我6岁丧父，就跟着伯父生活。伯父名张均，即十发的岳父。伯父教书，在杭州盖了房子。抗战时，伯父到上海来了，房子就空关着。杭州有人带信来，说房子有人进去过，要他回杭州看看。伯父说我不去，我的照片上不能让日本人盖上印。当时中国人进出上海，证明身份的证件要盖上日本人的印。直到他逝世，他也没有回过杭州，照片上没盖过日本人的印。伯父给我的影响很大，他每月都写读书心得，用毛笔写，写得又快又好。他用"修身行善"的家训教育我们，把佛家思想和儒家思想结合起来，给我上课，心地非常善良。有一次我们家来了一个患粗脖子症的保姆，姐姐和我都感到有些可怕，不想要。伯父就说，我们不要她，就没有别人要她了。这个粗脖子保姆在我们家过了许多年。

笔者：你姐姐和十发在美专时的情况你知道吗？

张之江：我姐姐是带了吴东迈的推荐信去考的。我当时在民立中学寄读，中学毕业了就在吴东迈女婿家当家庭教师。每个星期六都去看我姐姐，经常和十发一起睡在一张破铁床上，这样也就认识了十发。我姐姐是王个簃的学生，学花卉，画的是吴昌硕一路。那时，十发就向我讲，一个画家要有自己的个性，要学得高，要学得古，要看汉代石刻，这对提高我的看画水平很有帮助。后来，十发和我姐姐确定恋爱关系，伯父就说："这个青年是好的，是可靠的。"

程十发、张金锜之恋，非常投入。姐姐也经常想着办法考验十发。有时下课，姐姐知道十发在楼下等她，就有意迟迟不下楼，把十发搞得坐立不安，很狼狈。一次，老师关良先生要带他们到公园去写生。关先生按时到达约定的地点，但是这两个学生迟迟不到。一个多小时之后，这对恋人才姗姗而至，看到老师没有离开，仍然在等他们，他们只好承认说："玩得忘了。"老师并没有批评二人，仍然高高兴兴地给他们上课。

十发另一个爱好就是玩照相机，他的摄影也很讲究光线与构图，拍出的照片很有艺术性，人们说照相机是他手中的"第二支画笔"。他拍摄的叶浅予站立在晨露欲滴的牵牛花架下的那张照片，

程十发喜欢玩照相机

程十发在摄影

程十发、张金锜结婚照

叶氏一直珍贵地挂在客厅里。我看到过他在美专念书时，给张金锜拍的一组照片。

我姐姐和十发结婚时，伯父去世了，伯母也不在了，我成了主婚人，把姐姐送到松江。十发的父亲也早逝，只有靠他母亲行医的收入维持生活。

采访张之江之后，笔者在程家看到一本程十发摄影画册，其中有很多照片都是程十发用照相机为张金锜摄下的倩影，削颈长项，亭亭玉立，眉清目秀，顾盼神飞，虽非绝代佳人，但丰姿、气质绝对动人。窈窕淑女，周围自然多"好述君子"，然而张金锜独具慧眼，一经王个簃老师指点这个程潼"将来是有出息的"，便以心相

程十发爱摄影

许。这对有情人终成眷属。

　　底蕴浑厚的松江文化，只能成为画家的精神后花园，画家自我个性的追求，仅换来他人的白眼。1942年，十发毕业后举办了首次个人画展，黄口孺子，尚缺知音，画卖不掉，张之江说："当时没有人理解他的山水画。"但他并没有买来胭脂画牡丹，郁郁之中，又忽患病，只好与夫人张金锜带着女儿欣荪再回到他那精神后花园中，常常望着那块程氏世医的大招牌感叹：如果不学画学医，也在家门口挂上这块招牌，就不会有柴米之忧了。

　　画展没有成功，使程十发受到一些刺激，但他并不感到痛苦，

这时使他痛苦的是"疬子颈",又叫"瘰疬"。他颈下发满了结核菌肿瘤,已经溃烂,苦不堪言。他独自一人跑到杭州,在西湖边独坐,排遣胸中的郁闷。这时一位老人走来,看到十发颈上缠着纱布,就问他是否得了"瘰疬",十发回答说是。老人掀开纱布看了一眼,跟十发说,你的病是难以有药医治,但不要紧,我有一秘方能医治好,你的病治好后,也不用感激我,只要再教会下一个即可。老人向十发传授方法后,便飘然而去,也不肯留下姓名。十发只记得他住在豆腐三桥。

按照老人的传授,十发将瓦片倒放在火上,焙烤海马,然后

张金锜在创作

把烤干的海马磨成粉，涂在溃烂的地方，并吞服海马粉，过了3天，伤口开始结痂。几十年之后的改革开放的日子里，程十发的故事屡屡见诸报端，有不少陌生人给他写信，询问治疗瘰疬的方法，程十发是每信必复。在给沈阳市九十九中学阮家芳的信中，程十发具体介绍了治疗瘰疬的方法：来信收悉，今将治瘰疬验方抄录如下：

　　未溃，用"榆末"调醋敷患处，做线香原料之一。已溃不收敛者：一个疗程（10天），用完整海马20只，在阴阳瓦上炙成灰（存性——即成灰尚未变形）每晚临睡时用绍兴黄酒服二只。观其变化，有好转再服第二疗程。但还须请示医生，以上方子可供参考。

不过，老天爷和程氏祖先，似乎存心给中国画坛添一巨匠。十发虽然郁郁寡欢，但并不颓丧。他是个生性幽默豁达的人，即使养病，仍然是天天钻进画里。直到几十年后，十发成为巨匠，夫人张金锜对他那种奋不顾身，抱病钻研的精神，仍然心有余悸地说："他画画的劲头大得吓人，像不要命一样！"这种劲头，这种精神，用于医道，必成大名医；用于画画，即成大画家。

家境的困难，使上海美专花鸟画高才生、王个簃得意的女弟子张金锜，只好放下画笔，扮演起家庭主妇的角色，肩负起相夫教子的责任。风雨晦暝，相濡以沫，不近笔墨40年。直到20世纪的80年代，子女都长大成人，景况日佳，张金锜才又走近画案，拿起画笔，画起海派花卉来。

修竹远山楼修炼

　　松江城里有程十发的老房子，他还经常回去住住。在他的老房子里凭窗相眺可以看到白龙潭的一部分醉白池。后来他便以王蒙的《修竹远山》的画题榜其居。

　　王蒙有一幅杰作，画远山隐隐，绿水迢迢，一丛修竹摇曳，山亭中人静观，近景牛毛皴之山石，扪手可摸，如松江之风景。画的右上题篆书"修竹远山"四字，并有跋云："昔文湖州作暮霭看横，宋思陵题识卷首。观其笔力不在郭熙之下，于树石间写丛竹，乃自其肺腑中流出，又不可以笔墨畦径观也。子文广文出纸求画修竹远山，异乎仆之笔力不能似郭，又敢仿湖州也哉。至若拙朴鄙野，纵意涂抹，聊可以写一时之趣，姑塞广文之雅意云。黄鹤山中人王蒙书。"清代王翚曾临摹过王蒙的《修竹远山图》，连题识一字不漏地临下，并署"岁次甲戌九月望后三日为宜翁先生临于长安寓。海虞王翚。"可见十发与王翚对此有着同好。王翚临本为庞莱臣收藏，曾于1940年收录虚斋藏画《名笔集胜》，由上海墨缘堂印行。2008

年，杭州友人朱绍平购得
《名笔集胜》，并作校注后，
名之为《庞虚斋藏画集》，
由上海远东出版社出版。

人和物是有着一个"缘
分"在联系着。程十发与王
蒙的《修竹远山图》这张画
就是这样。

笔者正在写作《程十
发传》，友人徐伟达回归上海，
他为这本传记写下了这样一
段回忆：

"'文革'结束后，为
了落实政策，程十发先生大
量被抄书画要退还，但有部
分被抄书画作品无法退还原
件，只能由上海市文物清理
小组补偿退还。当时市文物
清理小组有规定，被抄的物
主不能进入市文清组仓库检
物。我当时在市文物管理委

王蒙《修竹远山图》

程十发书"修竹远山楼"

员会所属文物商店工作，因工作需要经常可以进入文清组仓库协助整理，鉴别历代书画作品。程十发、唐云等先生多次委托我代他们留心找一些书画，补偿他们无法退还的书画。我在整理无主的抄家书画时，发现一张元代王蒙的《修竹远山图》，经有关领导的同意，我即通知十发先生。十发即表示：'你检的，我就要了。'并直接电告市文清组倪贤德同志留下此画。此后，我又为十发先生找到八大山人的《四雁图》横幅，王原祁的《山水图》、虚谷《行书轴》，以及陈老莲的人物画等作品。这些作品程十发全部接受。此后，他还多次与我一起研究王蒙的《修竹远山图》。对这幅画，十发先生很得意，并以此画冠自己的斋名为'修竹远山楼'。"

　　十发藏画颇丰，名作佳制亦不在少数，何以对王蒙的《修竹远山图》情有独钟？

　　对"元四家"，十发不但倾心其笔墨情，而且喜欢追寻他们的遗踪。这几位平民画家，自然不会有什么豪宅故居保留下来，但黄土一抔，荒草数茎的墓地还是有的。他到无锡去拜谒倪瓒之墓，到嘉善拜吴镇之墓。1990年，嘉善县纪念吴镇诞辰710周年活动，

程十发在无锡锡山倪瓒墓前

程十发因故未能参加，心中留下一点遗憾。而此时，他来到梅花庵拜谒吴镇墓，心中有着颇多的感慨，对同行者说，元四家中，吴镇的福气最好，董其昌为梅花庵题写了匾额，他的墓又逃过了多少次大劫难，如今又保护得这么好，多难得啊！黄公望（大痴）的墓有多处，可能以富春江畔的墓最可靠。十发并不探究是真墓还是空穴一座，他都是流连感怀，不舍离去。但是，使十发感到遗憾的是，没有找到王蒙的墓。王蒙自元入明，隐居临平黄鹤山，号黄鹤山

程十发、张金锜和万籁鸣拜谒黄公望墓

樵。洪武初年出任泰安知府。因为他是大画家，曾受宰相胡惟庸之邀，到胡府看过画。胡惟庸因谋反罪而被抄斩，王蒙也因此受牵连被捕入狱，死于狱中。王蒙又是汉人降元的大画家赵孟頫的外孙，在朝代更迭的动乱之际，名人尤为引人注目，他死于狱中，可能没有人敢收其尸。故墓穴也没有了。王蒙徙役于何处？十发分析可能在崇明岛，那里是朱元璋关犯人的地方。

对于王蒙的遭遇，十发不无感慨地对笔者说：我是个好事者，去找"元四家"的墓，其他三位画家的墓都找到了，就是找不到王蒙的墓。王蒙是赵孟頫的外孙，可能因为政治关系，和朱元璋有矛盾，所以他死后连墓都没有留下来。其他三位画家，都是平民百姓，现在名声不得了，当时没有人注意他们，所以墓都留了下来。上海崇明有个演武厅，有一批被认为罪不大的人，在那里劳改致

程十发
《仿黄鹤山樵山水》

程十发《临马麟静听秋风图》

死，都是没有墓的。黄道周的墓也有几座，都是后人给他修的。这些老先生都看不到了，不过有时做梦还会看到。我有一张王蒙的《修竹远山图》，很远的地平线上有几座山。松江的风景也是这个样子，我把它买下来，修竹远山，非常平淡，是一种意境，所以我就借过来，以此为斋名。

十发毕竟是一位有气度的人，能行则行，不能行则止，不作强求的事。找不到工作，就隐在修竹远山楼中修炼，向古人学本事，临摹古画。虽然读了几年的美术学校，作为范本的都是老师画的那几笔，对古画实在没有下过功夫，现在有工夫了，要及时补上。

在《临马麟静听松风图》上，十发作了长题："余摹马家一角景尚在若（弱）冠时，有见余画者笑谓：石如角黍，树成败铁，受诒（贻）后即废不复作，如留古人糟粕耳。近年好摹北宋人画兼及南宋。见马家力作亦思染指。恐堕浙派魔障，故从荒率处着手，用笔略劲疾耳。成后自为离戴吴尚远，沾沾自喜。客疑云：君临六如颇得神似，彼一语道破，不觉黯然。我侪师古纵有所得，亦如下阿鼻难以飞升，题时汗渗不能自已，时岁在著雍困敦七月下浣临马

程十发《仿李流芳笔意》

麟静听松风图。兹记于四赵阁，云间程潼十发文。"

在《仿李流芳笔意》一幅中，十发题曰："李流芳之湿笔，千古独绝，每一放笔，如山海飞腾。读到李画，胸次大为一爽。壬午秋日程潼。"

在《临唐人阮咸图》，十发注意的是线条。此画前人有题曰："旧绢生尘污且沾，唐人笔法涉偶传。纤细生劲吴道子，语云真率得自然。"十发自题语云："洪绶亦有其最柔软之笔，并非一味刚劲也。从老莲须圆拙处着意，则不负古人之衷也。中秋前四日十发楼又记于歇浦。"

程十发《临李晞古岚峰渔归图》

再有《临李晞古岚峰渔归图》，十发题曰："李营丘之秀郁，举史仅有，及读南宫之无李论，又无从下笔，见李晞古法则简率，我故取其近而舍远也，一心索晞古，反得六如之图，画学一道诚难，正旨所得者在有意无意间耳。壬午秋日程潼居谷水之滨。"

戊子（1948）之秋，十发又临《宫乐图》，题识曰："此帧传为唐周昉本，细察笔意布置尚生，李嵩之后，然相貌衣褶古劲可爱，亦为当时名家手迹，且无宋院中习气，故好事者签为唐人。今卷以仲朗游骑图描法，质诸当代鉴家，更假长史如何？戊子秋廿日十发居士识。"

在此期间，十发还临了宋代画院及明代画院的画，对元人黄公望、明人陈洪绶，也下了很大功夫。

十发在修竹远山楼的修炼，用功之勤、之苦、之深，今天是很难想象的。笔者在这里只以他临摹古画的几条题跋，就已经可以看出，与其说临摹，不如说是研究和创作。他在临摹时不只是临其线条、布局、色彩，而且有自己的思考，通过比较、分析，把自己的艺术个性融入其中，或把古画的精华加以吸收，营养自己的艺术个性。这应该是十发绘画艺术的起点，从一开始，就被古人带入正道大路。传统是大山，是大河，是历史的积累，唯此为基点，从这里出发，注之一生，立之一生。

1989年，程十发画一幅《爨人问苍图》，题跋云："余修竹远山楼中，供奉杨升庵先生陶像，原为昆明碧峣祠中奉祀，数十年前为里人所获购。五十年前游先生故里新都，获先生诗集，从此余好先生之诗，今写此爨人问苍图，取纸粗丽（粝），别有风味。己巳春程十发漫笔。"

阅世篇

三釜书屋释义

　　"三釜书屋"是十发的另一斋名。对"三釜"释义多出，一说是由姓而来。程氏有个"老祖宗"，就是大名鼎鼎的程咬金，人称"三斧头"，在瓦岗寨上当过几天皇帝。画室如称"三斧"，太武，砍将下来那还了得，人家看了会避而远之，不合十发好交游的性格，改为"三釜"就有些文气，就不那么吓人了。二说是由社会主义分配制度而来，"三釜"即兼顾国家、集体和个人，各得其一，都有饭吃，大家高兴。十发的品格如此，幽默亦如此。三说是十发藏有三件古陶器，属粮食炊具之类，很受日本友人赞赏，送给他"三釜书屋"这个斋名。此说颇合十发心意，乐而用之，再赋以新解，蕴涵浑朴深渺之意。

　　程十发的阅世总是和他的艺术融合在一起的。他称自己的一生"只给自己盖了一间房子，十分艰苦。我像造茧一样，不是在房子外面砌墙，而是在房子里面添砖。总算屋顶有了，四周的墙壁也已经砌到最后一块砖，当我松一口气庆贺自己的工程完工

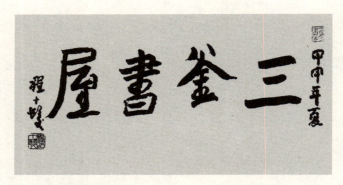

程十发书三釜书屋

程十发书三釜后人

时，发现自己困在房子里出不来了。只有拆去房子的一部分，我才能生活下去，于是我拆了旧房子，又想从头学起，准备造新房子"。

在十发60余年的艺术生涯中，他不停地在搬砖运瓦，几经艰辛，为自己盖了三座房子，一座是修竹远山楼，一座是三釜书屋，一座是九松山庄。第一座房子盖在故乡松江，有着浓郁的乡音、乡情、乡思；第二座房子盖在海上，吞吐云雾，海纳百川，有着"有容乃大"之气概；第三座房子盖到太平洋彼岸去了，不想再做隔岸观火者，而是要做火中凤凰，晚年修炼，再塑一个金身。

墙头马上，毕竟是隔了一层；雾里看花，也毕竟是芳色难辨。雨打梨花，他的修竹远山楼那座房子我们已经去过了，现在我们不妨破门而入，到三釜书屋的后花园作观光之游，或许能看出屋主的游园惊梦。

半部《野猪林》、《幸福的钥匙》和《画皮》

　　打开十发的绘画艺术宝库，可以发现连环画是他的镇库之宝。从青年时代以画连环画谋生，到晚年人们都以"国画大师"称誉之，他对连环画的钟情始终如一。十发说："我每年都要花一定时间画连环画，这是很必要的，我自认为这是'裹小脚'，既画泼墨式的写意画，又画规矩的连环画，放放收收，很有好处，否则一味去'泼墨'、'写意'是不行的。"

　　十发把连环画视作泼墨写意画的一种规矩。他的国画尽管泼墨写意，夸张变形，但没有发展到不认家门的地步，仍然在写实的艺术范畴中，但外人又不以写实艺术观之，其奥妙就在有了这个规矩。十发以自己之得教育女弟子汪大文："连环画是能磨炼人的，要画些连环画。连环画对人物的布局、造型及笔力有着综合的帮助，不可等闲视之。"

　　谈到十发画连环画，张之江有这样一段回忆："那时还住在松江，一天我接到姐姐的来信，说十发画连环画了，我感到很高兴，画家要开始从文人画的山水中走出来了。我一天一封快信，表示支持他画连环画，还给他出了主意，让他画'臧大咬事件'。这件事在上海是很出名的，是新闻界的热点，《文汇报》的唐海还专门写过。"

1946年，三轮车夫臧大咬拖着西班牙水手赖令奈，从虹口拉到朱葆三路安乐宫舞厅。赖令奈下车以后，没有付钱就直奔舞厅跳舞去了。臧大咬不甘心，就和朋友在舞厅前等着独眼的外国水兵出来讨钱。独眼水兵出来之后，臧大咬上去讨车钱，水兵不给，就扭打起来，结果臧大咬被独眼水手的美国伙伴打死。这是一件震惊上海滩的事件。《文汇报》记者唐海当时就写了长篇报告文学。

从画这部人物画开始，十发就由画山水转向画人物。为了探索人物画的技法，他除了学习陈洪绶、任伯年的人物画技法外，还采取一种特殊临摹的方式，将一西洋名画翻成线条画。通过这种尝试，将画洋画的技法和传统的笔墨结合起来。他所喜爱的西洋画家很多，对德国的丢勒、贺尔拜因，法国的安格尔，都进行过学习模仿。他也赞赏印象派，尤其是欣赏凡·高的作品。

1949年，上海解放了，松江也解放了。一天，他在报上读到了毛泽东的《在延安文艺座谈会上的讲话》，对文艺工作者要深入到工农兵群众的生活中去的提法感到新鲜，心想就去试试吧。

于是，他卷了一个铺盖，来到松江天马山下。当时那里正在搞土地改革运动。十发找到一位负责人，向他说明自己的来意，那位负责人就安排他住了下来。

程十发在《自传》中写道："松江解放以后，看到老区作家的木刻、年画、连环画。后来在《解放日报》上读到了毛主席《在延安文艺座谈会上的讲话》，初步纠正了我超政治的错误思想，同时与松江县委联系，参加'反黑田'运动，画了一幅《反黑田》的年画。党内同志经常给我鼓励和帮助，介绍我同农村积极干部及劳模做朋友，使我受到很大的影响和教育，就经常创作连环画，完成了第一本连环画《野猪林》的时候，与上海出版界还没有联系，在《文汇报》上看到立化出版社在征求画稿，我带着画稿去应征，居然录取。"

　　十发参加了几次"农民同地主对账讲理大会"，亲眼见到了土改斗争的情景，便画了一幅《反黑田》的年画。这幅作品当然是很幼稚的，但在当时，这样的作品不多，而且确实把一个土改斗争的群众大会的场面如实地反映了出来。所以，当他将此画投给上海的出版社时，很快被采用了。这使十发受到很大鼓舞，他开始画连环画。他画的第一本连环画是《水浒传》中的《野猪林》，这也是一件不成熟的作品。这部作品因为通篇画的只是人物上半身，被人笑话为"半部野猪林"。十发感到很苦闷，但他并不灰心，继续探索画连环画的方法。

　　对这段经历，他回忆说：

　　自全国解放后，开始接触到党的文艺政策，感到普及工作很重要，于是尝试画连环画，当时也曾到农村参加土改，在斗争中思想也有所体会，创作了一幅《反黑田》的年画。拿到上海，受到同志们的鼓励。以后我就开始搞连环画工作。创作第一部连环画《野猪林》共一百多幅，当初真是难极了。构图和人物形象很难掌握，画出来的尽是半截人（只有上半身）。创作第二部连环画《金田起义》，在构图上比第一部长进些。后来连画了几本连环画，但质量都较差。

虽然画的"半部野猪林"连环画出版了，但稿费很低，程十发无法维持生活，在经济上仍然要依靠母亲的支持，画连环画完全是他个人的兴趣爱好。待他画了《中苏友好万岁》连环画后，程十发的母亲就去世了。程十发到了上海，在文化出版社担任编辑工作，实际上没有薪水，要靠稿费收入维持家庭生活。但稿费特别低，而且合同规定除了文化出版社不能给其他出版社画连环画。这使程十发感到限制了个人的发展，心中很苦闷。1950年秋天，程十发就脱离文化出版社，参加由妻弟张之江发起组织的十月文艺出版社。这个出版社也是个人出资的私营出版机构，张之江担任总编辑，程十发担任图画编辑。在他画了四本连环画后，张之江担任《新民晚报》采访部主任，因工作太忙而无暇顾及出版社工作，就停顿下来。程十发也就开始了自由职业的生活。由于画连环画在出版界有了名气，教育出版社、群育出版社、北京人民美术出版社都来向他约稿。

在上海美专担教授的沈之瑜，参加革命后于1949年又回到上海，在文化局工作。沈本来就和程十发相识，知道程十发画连环画，就把他介绍给赵宏本。以后，程十发就参加了连环画作者联谊

程十发、张金锜和儿女们

会。1950年参加上海美术家协会连环画组，并被推选为第三小组组长。此时，程十发从这时开始，十发和夫人张金锜，带领着欣荪、程助、多多由松江移居上海，住在一间很小的屋子里。

一天，程十发接到吕蒙的电话，问他是否愿意到华东美术出版社工作。这时，程十发工作所在的书店还是私营的，工资比国营的华东美术出版社要高，十发的家庭人口多，去国营单位工作，收入减少，家庭的生活水平要降低，这都是他不能不考虑的问题。还是夫人张金锜脑子转得快，她提出：家庭人口多，住房挤，能不能解决住房的困难。吕蒙答应了她的要求，于是程十发去了华东美术出版社。去国营单位，算是参加工作，有了固定的收入，可以集中精力画连环画了。

　　吕蒙，浙江永康人。1932年入广州市立美术学校。抗战期间参加上海各界救亡协会，曾任新四军抗大第八分校美术系主任。1942年，吕蒙和程亚君合作画了连环画《铁佛寺》，1949年任上海军管会文艺处美术室主任，此时任华东人民美术出版社社长。他从十发的作品中发现这个青年很热情，很敏锐，很有才气，便把他吸收进华东人民美术出版社，任创作员。至此，十发才算有了正式工作。

　　上海作为现代绘画史上连环画创作和出版基地，1950年前后在连环画创作、出版发行上具有表率作用。1951年1月28日《人民日报》报道："广大群众热爱的通俗读物连环画，解放后在上海出版已逾700余种，遍销全国各地，其中的《解放大上海》、《百万雄师下江南》等销数达7万份。"这年的4月，上海还举行了"连环画展览会"；6月，又由几个出版机构组成"连环画出版工作委员会"，领导着对旧连环画改造及新连环画的创作。

　　有了出版社这个舞台，十发有了施展才能的机会。他既能和许多搞连环画创作的朋友在一起钻研学习，又能看到许多以往看不到的材料，创作水平很快得到提高。为了创作反映农业合作化的连环画，他和丁浩去山东农村搜集素材。当时批评单干户，提倡农业走集体化道路，收集素材归来后，他创作了连环画《老孙归社》，这是他第一部得奖作品。

　　《幸福的钥匙》是程十发根据李季的长诗画成的，是作为该诗的插图，也尚未走向成熟。也是在这个时候，程十发又根据电影故

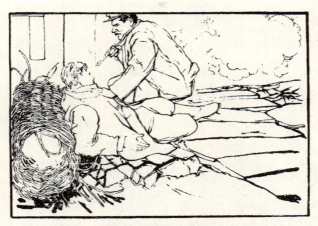

程十发《列宁在十月》（连环画）

事，画了一本《葡萄熟了的时候》，是反映农业走合作化道路的。此外，还画了《列宁在十月》、《列宁在1918》，都是根据电影故事创作的连环画。在连环画创作上，程十发倾注着探索求新的心血，在技巧上，比"半部"《野猪林》成熟多了。1990年，程十发儿子程多多找到这套《连环画报》杂志，复制数本送给朋友纪念，十发写了一篇序，对《幸福的钥匙》的创作过程作了这样的介绍：

　　我画的中国画，大家可能看得多，但这里印制的仿铜刻版画的插图大家则较为陌生。大约38年前，听到一位同行对我连环画的评价时，说什么程某的单线画还可以，复线可能不行。天知道，我从未画过复线的作品，他所谓复线者就是指画出明暗光线的钢笔画。我受了这种激发，正好要为诗人李季的长诗《幸福的钥匙》画插图，因为当时找不到婉转自如的小钢笔尖，所以用细小的硬毫毛笔代替。我是出于好奇，这种画法在西方大都是用以复制版画——先有一张画稿，雕刻者翻成线刻再进行印刷。我遂先在铅画纸上画成有明暗和投影的工笔素描画，继而在画面上根据线条明暗变化的需要画成铜刻模样的所谓复线画。这样花费了我好多时间，当时我志在学习，兴趣非常浓，可惜原稿在那个"文革"的时代里一起烧毁，但《连环画报》上曾予发表，所以再据以制版刊印这本小册子送朋友留念。

程十发《列宁的故事》
（连环画）

程十发《幸福的钥匙》（插图）

当时我只有30多岁，好胜而喜欢向各方面学习和涉猎，我并不是说这几张画有什么价值，但对我们后辈同行们是否有一些参考之用呢？我们需要一种探索精神，向中外古今各个方面学习。创作等于考试，随时会流露出作者的爱好和素养，一蹴即成为名家，可能世界上还没有，不要学所有艺术品已经定型的东西，要学各种在探索中的东西。

我看到这些已经是38年前的旧作，想起一些什么（尽管与以后到现在的创作没有多大联系）。正因为在过去和现在的差别中，却使我有所启示，令我如何摆脱现在的一再重复而缺少勇气的作品。

时代的烙印

　　程十发是年轻的连环画家，在 1949 年之前，虽然有了工作，但基本上还处于学习过程，生活经历简单。但是在 1952 年的思想改造运动时，还是要写思想汇报，进行脱胎换骨检查。他在 1952 年写的《自传》中，回忆"自己从小就愿望做一个画家。但为了生活，不得不走进银行，做自己不能胜任的工作。为了画画，一定要爬上去，非得要按官僚、地主及商人们的庸俗的爱好，否则我的作品不能变成生活的来源。"在《自传》中又说："由于我是小资产阶级知识分子出身，个人主义的作风占据我过去的整个历史，一定在旧社会里染上了恶劣的习气，要做一个人民美术工作者，还有很大的距离。但我已经痛下了决心，我一定服从共产党及毛主席的教导，逐步改造和锻炼自己，为争取这个光荣职务而努力。"

　　自这以后的几年时间里，程十发每年都要写思想改造的汇报及工作情况的汇报。他写的《1953 年个人工作总结》，汇报了"创作数目"，其中有《刘县长》、《梅芳庭》、《一棵大树》、《列宁和毛太太谈话》、《列宁和炉匠》、《施新民》，修改《孔雀东南飞》。在"工作的缺点"一节中，他检讨了为了"解决生活问题，一个人的精力有限，晚上工作，白天工作受到了一定影响"。在"创作上存在缺点"这一部分中，程十发检讨了在画《施新民》连环画时，"事前没有充分时间参考和阅读一切有施新民的文件及资料，因此没有把施新民的具体的真实的形象和事件画出来，反而在一班（般）细节上描写加工，这些加工也失去了目的性。因为这套画的不真实，使教育意义上受到损失。"在这次思想和工作的汇报中，程十发提出了自己努力的方向，认为自己"可以在民族形式上"多作努力，"发挥自己的专长"，"明年度应该从民族形式方面发挥"。

　　1958年，程十发向上海中国画院写了《入党报告》。在这个报告中，程十发仍作了自我批判，说"由于资产阶级名利思想未曾清除，在各方面关怀扶植之下，名利思想反而得到了发展"，"外地出版社来约稿的多了，我就追求个人的享受"。像程十发这样有才气、工作做出成绩的知识分子，头上仍套一个思想改造的"紧箍咒"，时时要提醒自己不要滋生资产阶级个人主义，每有前进都要首先批判自己的名利思想。经过1957年的反右派斗争，使"我猛然醒过来，"应该跟党走，没有党也就没有我个人，"但是我的资产阶级个人主义没有铲除，对党还有一定距离，怕党干涉我的个人利益，同时骄傲的缺点没有改正，经过整风，对这些丑恶的思想进行了批判。"经历过1958年"大跃进"的人，都有着订个人"红专规划""拔白旗，插红旗"的活动，其目的就是要"把自己改造成为又红又专的知识分子"。程十发还写道："在插红旗方面，还有自由主义的态度，当全国人民思想跃进到共产主义水平以后，我才觉得自己落后了，这一关过不了。"

程十发在《入党报告》所写的这些的思想过程中，应该在那个年代像他这样年龄的知识分子都经历过的，都会给自己戴上资产阶级"个人主义"或"名利思想"的帽子，时时刻刻都在提醒自己、警告自己，不要走"白专道路"，做一个符合党所要求的"又红又专"的知识分子。程十发在《入党报告》还写了他经历了工厂劳动之后的思想变化，说："目前名利思想有初步克服，与集体有利的工作多做，对一般工作有了兴趣，如设计工艺品、画墙报也较努力，亦帮助别人，对辅导工作和学生都不收报酬，在工人俱乐部辅导中，将自己的画全部送给俱乐部，外地学校要画，我也放弃报酬，个别工人要画也送给他们，不是艺术，而用自己最好的作品送给他们，思想上感到非常愉快。"

程十发这段经历和变化，当今的青年很难理解，今后的青年更不理解，在中国确实经历了这样的历史阶段。这是程十发或比程十发更年轻一代中国知识分子留下的烙印。

十发好学，他在吸收外国的绘画营养。他用毛笔画成铜版笔画的艺术效果，就是学习丢勒和伦勃朗铜版画的方法。他还采用石版画及木刻的方法画连环画。他又把这种方法运用到画中国画上去。程多多说："我跟父亲学画，只有老老实实地画，不敢玩小聪明。"

十发的另一探索，就是用中国画的水墨技巧画连环画。

《聊斋志异》是浪漫主义的短篇集珍。《画皮》就是其中寓意深长的一个短篇。将这个故事用连环画的形式表现出来也许并不难，

程十发《画皮》(连环画)

难的是在笔墨之间传达出原作的浪漫主义气息，这完全取决于人物造型。

谈到《画皮》的创作时，十发说：

那是1955年肃反运动时，学习文件，经常看到把暗藏的反革命分子比作《聊斋志异》里的"画皮"，我想是不是可以用连环画来表现《画皮》这个故事。领导同志知道我的意图后，鼓励我用中国画形式来画。我曾认为用中国画形式来画连环画也是普及和提高的一种方法。这样胆子大了，想试试看。《画皮》中王生是个是非不明的人，而且意志薄弱，容易堕落。但旧社会遇到这样的人也不少，在我的朋友里就可以找到影子，我理解这样的人物，所以描绘起来并不十分困难。在表现形式方面，我喜欢金冬心、罗两峰的作品；罗两峰喜欢画鬼，笔触古拙，我参考他的画法，笔触也比较拙一些，人物形象也较夸张。

在十发画钟馗那一节文字中，我已从塑造钟馗的形象上，找到了十发和罗聘（号两峰）的关系，在《画皮》连环画中，十发自报家门，两者走得更接近了。在《画皮》中，程十发开始把传统中优雅的文人画与民间画结合在一起。罗聘曾画过《鬼趣图》。在《鬼趣图》问世之前，蒲松龄的《聊斋志异》已经刊行。《鬼趣图》多少受《聊斋志异》的影响。罗聘同时代的人在《鬼趣图》上题诗，其中有"饿鬼啾啾啼鬼窟，不及豪家厮养卒，但能倚势得钱纸，鼻涕何妨长一尺"、"侏儒饱死肥而俗，身是行尸魂走肉"、"鬼中诸趣妙难寻，人生苦海自沉浮"等诗句，反映那个时代的社会状况。程十发采用罗聘、金农笔意来画《画皮》，和原作的时代气息相吻合，是极为聪明智慧的表现。

程十发的人物画本来是写实的，但《画皮》讲的是鬼的故事，不能画得太具体，必须从写实中走出来，于是他就用了中国文人画写意的方法。这种方法讲求笔墨味道，画面处理较为随意自由，和《画皮》的内容可以配合。这样，他就妥善地处理了恶鬼及美女的形象，而那个王生却很难画。从造型上看，王生是个既令人讨厌又让人可怜的颇为猥琐的人物，但十发画得非常传神，比较符合原著的精神。还有那个道士的形象，画家用极为简洁的笔墨，一个框框就是一件道袍，肥胖的身躯虽然有点夸张，但由于笔意舒展，样子并不显得臃肿，反而令人觉得有几分仙风道骨，脸部表情也有一种说不出的诙谐和幽默。

从用毛笔制造出铜版画效果的《幸福的钥匙》插图到水墨连环画《画皮》，体现了十发的绘画艺术从传统到西洋，又从西洋回到传统，经过这样否定之否定的三沐三浴，十发的绘画艺术得到飞跃，开始走向成熟。这也同样体现在一年之后他在西南边陲少数民族地区之行后所创作的以少数民族为题材的连环画上。

对以后的连环画，十发说：

1957年春，我随美术工作团到云南德宏傣族景颇自治州写生。邵宇同志鼓励我在当地画傣族生活连环画，并在当地创作。我受到邵宇同志的启发和帮助，画了傣族民间生活长诗《召树屯》的连环

程十发《召树屯和喃诺娜》(连环画)

画。虽然这是民间故事，但也须在生活中去寻找线索加以想象。孔雀公主是傣族人民最美丽的象征和最崇高的理想。在一次晚会上，看见芒市小学一个女学生，她的形象是傣族少女美的典型，我就请她给我当孔雀公主的模特儿，在这基础上加以想象夸张，画其他人物也一样。因在当地画，方便不少，我尽量吸收傣族的生活，如背景中运用了当地古代建筑。同志们看了我的《召树屯和喃诺娜》画稿以后，都认为构图较大胆新鲜。其实这也没有什么秘密，主要是从生活中去吸取养料，只有到生活中去吸收，才能使构图取之不尽，用之不竭，有新的意境。例如有一幅描写七个孔雀公主在金湖里洗澡的画面，不是我凭空想象出来的，傣族姑娘穿着长裙在河里洗澡是生活中常见的景象，而我还不能表现得很完美，但较凭空想象就有些不同了。从创作《召树屯和喃诺娜》以后，我在创作方法上又有了些体会，我感到中国画和西洋画的构图方法是有所不同的，不再拘泥于解剖、透视的束缚，而设法表现我从生活感受来的意境，也注意到如何渲染和夸张形象等诸问题。

从结缘"怒江美人"到《小河淌水》

　　艺术家的灵感像一个幽灵，有时它潜藏在那里，蛰伏不动；有时又像雷鸣电闪，一触即发，使艺术家认识自己，开拓自己，走出一条与众不同的艺术之路。作为人物、山水、花鸟全能的画家程十发，在他已经逝去的艺术岁月生涯中，有过多次奇妙的邂逅，感人的经历，但真正使他爆发并燃烧激情之火的，还是在他而立之后迈向不惑之年的云南写生之后发生的变化。

　　1957年，十发应云南省之邀，赴孔雀之乡傣族聚居的地区写生。从德宏到西双版纳，从怒江到澜沧江，在那布满绿色而宁静的大自然中，每一棵树都有自己的特性，每一片树叶都有自己的形态，每一座傣族竹楼都有自家的结构，每一位傣族姑娘都有自己独特的个性美。人和自然和谐相亲，这一切都使十发处于激动中。

　　那天，刚刚过了怒江，在群山中见到一种不知名的花，万绿丛中一点红，蓬蓬勃勃地盛开在树上，充满了生机。他向同车的一位同行询问花名，那位同行回答说是"怒江美人"。"哦！"十发惊叹

程十发《早春出谷》

程十发《金玉满堂》

程十发《临明人花鸟》

程十发《瓶花》

道。这样一声惊叹，几十年后十发在美国大峡谷也发出过；这样一声惊叹，在几十年前，他回到经过战争创伤苍凉荒索的自家小院中也曾发出过。那次十发为躲避日军的轰炸，回到家乡的院落，看到在败井颓垣瓦砾中，一株秋海棠亭亭玉立地灿烂怒放着，十发不由得发出惊叹。但秋海棠有着一个令人伤感的名字叫"断肠花"。云南之行后的不久，十发到了广东，他在广州街头又见到"怒江美人"，即紫荆花，开满广州街头。睹物移情，十发脑中紫荆花的形象一下转换成傣族姑娘，一幅《小河淌水》从他的笔底流了出来。之后，在十发的笔下，屡屡出现傣族姑娘的倩影，此已成为程派绘画的象征。

　　直到晚年，程十发还是津津有味地说着"怒江美人"的故事。

程十发《小河淌水》（1959）

他说：我有一件事一直上当，多年后才弄清楚。1957年，我去云南，跨过怒江，天气变热，那里是亚热带，山沟里开了一种花，很漂亮，问车子里的一位同行是什么花，其实他讲不出，吹了牛，讲这花叫怒江美人。我就对着花画了许多速写。后来一到广东，才发觉上了他的当，广东马路上都是这种花，叫洋紫荆花。后来一想还是对的，我碰到的是一位艺术家，不是一个科学家。实际上真的弄清楚了就是科学。那他为啥造出"怒江美人"呢？因为傣族地区姑娘都十分漂亮，如果脱离这个地区也许他就造不出"怒江美人"这个词了。在山沟沟里没有造什么美人名称，都不能产生艺术的联想。画画，画花，也要同我路上碰到的那人讲的那样，好像在画个美人，对我很有启发，也许是受了他的启发，我画了《小河淌水》，这是无法说清楚的。

在《小河淌水》这张画上，十发题写着："余喜听云南民歌小河淌水，每听毕即作一图，然皆未能达词意，此为己亥十月灯下闻歌，用率笔写之，自为略胜前者。"己亥为1959年，十发39岁。44年后当笔者走进"三釜书屋"，听83岁的十发老人重温结缘"怒江美人"旧梦时，他说："去的时间太短了，时间能长一些就更好了。一次，傣族地区有纪念活动。云南省邀北京、上海、武汉等地的画家去写生。云南的气候好，我的身体也好，画了许多写生稿，有傣族少女、傣族竹楼、傣族的牛和羊，傣族有水傣和旱傣，虽同为傣族，风俗习惯也不同。"

谈到傣族文化，十发又说："傣族文化也是很古老的。有一次在缅寺前演《西游记》，我去看了，没有唐僧，没有孙悟空，也没有猪八戒。戏一开场是一群强盗在抢官船，东西抢光了，只剩下一个小孩，放在木盆里，一下子漂到金山，和尚看到这个木盆，盆里还有孩子，孩子身上一块布，上面写着孩子出生的年月，并请求拾到者，把他收养起来……其实这才是真正的《西游记》，是元曲本子，汉族地区没人演了，傣族却把它保留了下来。"

笔者：缅寺里有许多壁画，你看了吗？

程十发：看了，画的都是佛经故事，周围画的是古老大榕树，有傣族地方色彩。傣族佛教是大乘还是小乘?

笔者:是小乘,属南传佛教系统。

程十发:大理我也去了,白族文化也很古老,和汉族也有文化交流。

笔者:杨慎在云南很有影响。

程十发:对,杨慎的夫人就是云南人。

看来,《小河淌水》并不是一次画成,画家在探索。有探索就有苦恼。画家此时的苦恼是什么?他要探索的又是什么样的难题?一次,十发对儿子多多说:"这就像吴昌硕的画越画越简单,就成了齐白石了。"多多认为他父亲原始的本意就是将繁琐的线条减少。的确,从《小河淌水》开始,我们可以逐渐地感受到梁楷的减笔及曾鲸的稳定而不犹豫的画风在程十发的人物画中泛出光彩。当然,画画不光是线条问题,特别是人物画还要考虑造型问题。《小河淌水》中傣族少女拎着裙子的手,画家就一直没有满意过,不是结构上出毛病,就是线条太生硬。除了如何把线条画得爽利而含蓄,他还考虑了许多问题,比如河水要画吗?是一只脚还是两只脚站在水里?自称是十发艺术的"第一个观众,也是第一个批评家"的张金锜,也为他出了许多主意。丈夫为画不好手拎裙角过河的少女而苦恼时,她就充当模特,拎着裙角让丈夫写生。凝结着他们夫妻共同智慧的《小河淌水》,使十发的人物画有了一个升华,尤其是在中国传统水墨画的线条运用上,程十发总结了古人的经验及民间艺人的智慧,开创了他独特的风格,让古老的线条焕发出新的光彩。

程多多回忆他的父亲画《小河淌水》时说:"爸爸去云南,是他画风改变的开始。那时我已10岁，已经有印象。记得他回来后画的第一张画就是《小河淌水》，画面是一位傣族少女，挑着担子，戴着草帽，提着裙子过河。我看他画了一遍又一遍，改了又改，看来总不满意，仅仅为姑娘手提裙子那根下坠的线，他就画了好多张，左画右画都不满意，这根线就是表现不好。他用线条画人物画，从这张原作上，可以看出他以后人物画的路数。他在云南还拍了许多照片，有一张是少数民族打扮，还有一把傣族小刀。可惜在'文革'中被抄家抄走了。"

1957年，程十发从云南回来后，上海美协要为他办一个个人汇报展览会。为了汇报他在云南的感受，除了整理写生稿，还画了许多大画，包括云南少数民族和解放军在泼水节上一起联欢、象脚鼓舞等题材，幅式虽然很大，但却画得比较工整，大写意的风格还不明显，唯独那幅《小河淌水》预示着他的新画风即将出现。

程多多说："从云南回来后，上海美协为他开了个人画展，是很重要的展览，《象脚鼓舞》、《泼水节》都是这个时候画的。可以看出已经出现了个人的风格。从中国人物画发展来看，到了他这里，中国人物画发生了一个变化。小孩的两腮用胭脂色染红，像是贴了两片膏药，把面部的轮廓线虚掉了，其实是像西洋画一样，画的是投影，线条由细到粗，受光面是细线，粗线代表阴影一面，有的地方受光，有的地方投影，转折枯笔，是很完整很有变化的线条。"

俗语云"知子莫若父"，今反其意而行之，识父莫若子。多多继其父之衣钵，精于笔墨深于画理，对其父的绘画这样的评说，并没有自夸家门之嫌，实乃中肯的评论家之言。

古人把中国画称为无声诗，或无声音乐。诗讲究的是韵律，音乐讲究的是旋律，两者有着内在的联系，讲的都是节奏。中国画的主要表现是线条，不管是弯的直的，粗的细的，光的毛的，都有流动感和连续性，即所谓行云流水有起伏是也。

中国绘画传统中的线条，在各个不同历史转折时期，也随之发生变化。唐代无论是"曹衣出水"或"衣带当风"，其线条都是饱满流畅的。到了宋代，线条就变得转折顿挫了，但还是含蓄传情的。元代绘画的线条就内敛多了，变得平淡枯涩了。进入明代，线条是张扬的，不过却还是疲软无力，还是到了陈洪绶，线条才倔强而富有个性化。清代的任伯年，线条又清纯流畅起来。程十发说："我的人物线条学陈老莲和任伯年，花卉用线条是学任伯年。"

十发极为重视线条的运用，他说："图画的基本特点是线条，在谢赫提出的绘画六法中，应最重视'骨法用笔'。"

谢赫是南齐（479—502）画家和理论家，他提出的六法，其中的"气韵生动"讲的是艺术效果，"骨法用笔"讲的是表现方法的技巧。对此二者，十发则认为：气韵生动首先也是靠用笔。体和面主要表现物的空间存在，而线则长于表现运动。不以表现立体光影取胜的国画，必须充分发挥线的力量。线不仅表现对象的质感、神态和动向，还表现人物的性格和作者的感情。

对十发绘画艺术的欣赏，尝有人言："会看的看线条。"此为行家之言。综观十发50年的绘画艺术，可以发现他笔下的线条的变化，可谓与时俱进，波澜壮阔，由拘谨到奔放，由写实到夸张，由光润到粗犷，由袒露到含蓄，由单纯到千变万化；粗不黑，细不滑，疾不浮，慢不滞，平不呆，奇不怪，繁不杂，简约而不单调；如虫蚀木，如锥画沙，放收组合，参差交织，纵横自如，奇趣迭出。《泼水节》是十发结缘"怒江美人"之后的新创，在线条的尝试上，表现了他20世纪50年代的画风。泼水节即傣历的新年，如同汉族的春节。笔者曾两度在西双版纳参加泼水节，那艳丽的色彩，浪漫的情调，梦幻般地交织在一起的现实与传说，真是扣人心弦。十发行云流水的线条虽然把场面描绘出来了，仍然没有跨越写实之风，还没有形成今天这种夸张、奔放的风格，所以线条的魅力也还没有充分发挥出来。将此图和1973年的《傣族赶摆舞》相比，同样是大的场面，而人物的衣纹、挎包、自行车及背篓中水果花卉，《傣族赶摆舞》线条都劲挺有力；和《泼水节》相比，则有另一番韵味，可咀嚼的东西多了。再以此图和1985年的《山胞》相比，画的都是少数民族，《山胞》中人物的衣着、绑腿、胸前装饰物的线条都饱含着奔放的激情，在曲折变化中一笔下来，如电闪雷鸣，有着强烈的冲击力。

　　谈到用线的体会时，程十发说："中国画的技巧，传统留下来的遗产是丰富的，其中最主要的，就是线条，早在几千年前，在陶器上绘画的图案，勾画形体，也就用的是线条，一直下来，判断中国画的技巧高低，最主要就是看你能不能用线条表达你所要表达的一切。譬如一幅画的颜色用得很好，但线条不好，那这幅画也不行的；相反，线条好了，颜色差一点也不要紧的，没有颜色也可以的。中国画的线条其实包含很广，画得很细的是一条线条，如果很

程十发《傣族赶摆舞》（1961年绘）

粗的一笔，就发展成一个笔触，一个面了，这个线条笔法的运用，就是构成中国画基本的气韵生动的最重要元素。"

从1960年至1973年，再从1973年至1985年的20多年时间里，我们可看出十发的线条如何从初创之清新走向老辣成熟的妙境。

在教儿子学画时，他首先告诫的是"线条是很重要的"。程多多回忆父亲指点他学画："你学画，线条是很重要的，一定要画好线条，无论什么样的线条，铅笔的也好，毛笔的也好，线条一定要画得有弹性，要画得圆，要终身作为基本功练习。"又教导他说："线

程十发《山胞》

条要能收放自如，这和唱戏、打拳、搞音乐、写书法等都是一样的
道理，线要送得出，也要收得回。线条是可以飘逸的，但飘逸的线
条飘出去收不回就不好了。这需要花长时间的工夫来练习，不是马
马虎虎就能办得到的。"母亲这时也在边上，她更形象地跟儿子解
释说："就像打太极拳，手臂从不伸得笔直的，总有一个弧度。笔直
到底就会把气和力都用尽了，就没有回旋的余地了。唱戏也一样，
伸手和踮脚出去是从不舒展到底的，应该有一种尚有余劲的感觉，
让人看了舒服。画线条也是这个道理啊。"

1983年程十发与黄胄在深圳

　　程多多又回忆童年时看到父亲画线条的情景，说：我小时候看他画连环画的时候，有一种情景记忆犹新，使我的印象非常深刻：寂静无声的房间里，他手中那支"小精工"勾线笔被他的右手五根手指紧紧捏住，那笔杆子弯成了小小的弧度，只听见发出"嘎吱"的声响，好像笔杆就要断了的感觉，然而他笔下的是一根缓缓不断的线条。他将全身心的力凝聚在笔尖上，奋力地描绘，所以那线条既有力又流畅，既生动又豪放。

　　曾经有人把程十发和黄胄放在一起相比：黄胄的线条很少有一

笔到底的时候，总是包含着一些辅助线，但最后的形象是明确的，所以是不肯定中的肯定；而程十发基本不用辅线，但那一笔而成的线条中都有着种种曲折变化，所以是"肯定中的不肯定"。对于自己笔下的线条，十发曾非常动情地说："我能够用线条来传播我的思想感情的时候，我是十分骄傲的，我十分珍惜这一艺术遗产。"

合陈老莲、任伯年为一身

以艺术流派而论，程十发说："学习总是开始学流派，我一开始学陈老莲（洪绶）、任伯年，能画得很细，也能画得很粗。工笔、写意最好两者都会，古代梁楷就泼墨和工笔都能画。我们往往有一种绝对，画了工笔不画写意，画了写意不画工笔。我有时上午画工笔，下午画写意，创作写意画时也会带点工笔，画工笔时也会带点写意。如果没有工笔画作基础，画写意会很空。明代大家作品无宋代大家作品好就因为这个原因。"

这应该是程十发从学陈洪绶、任伯年那里得到的体会。

为深入地了解程十发人物画的艺术，这里必须要把陈洪绶、任伯年生平及他们的师承关系作一些简单的介绍，从中可以看出程十发从他们那里学到了什么。

陈洪绶（1598—1652，享年54岁）和任伯年（1840—1896，享年56岁）两位都不长寿。二人相距不到300年，任伯年是继承陈洪绶的艺术而加以发展的；两人生活的地区也很接近。任伯年是浙江绍兴人,陈洪绶是浙江诸暨人,两地不过100多公里。任伯年与鲁迅先生同乡;陈洪绶与西施同乡。历史条件也有相似之处。陈洪绶是明代末年(但经历了清统治八年)的画家,任伯年是清代末年的画家,离宣统皇帝去位13年时逝世。都生长在两个朝代的变换时期。陈洪绶生于万历二十六年(1598),后经历了泰昌、天启、崇祯三朝,中间有戚党专权、宦官魏忠贤当权,农民不堪压迫,纷纷起义。前有白莲,后有李自成等,处于动荡不安的所谓"乱世"。陈洪绶早年从黄道周、刘宗周二位学理学。他的家庭出身是个走下坡的士大夫家庭。他的父亲陈于朝35岁就去世了,当时陈洪绶只有九岁,后来不欲与兄弟争遗产,独自出外谋生,先去绍兴,后来到过萧山、杭州等地学画。还曾到过北京两次。陈洪绶有强烈的忠君爱国思想,他的老师刘宗周殉国而死,黄道周因抗清而遇害都给他以很大的影响。还有许多交往的好朋友,如倪璐、王玄趾(陈之亲家)、洪亮、祁彪佳、祝渊等也都起了一定的影响。可以说他是属于典型的爱国士大夫阶层。他入过国子监当太学生,曾被邀请到崇祯的内廷当画师而遭其谢绝。他没有做过官,是一个职业书画家。在清统治下,他没有直接参加反清,而于甲申后两年,入绍兴云门山当了和尚。任伯年生长在清王朝渐趋没落的时代,鸦片战争之后,帝国主义妄图瓜分中国,人民处在水深火热之中,洪秀全金田起义,波及全国。特别是在南京成为太平天国的首都之后。这时的任伯年出生在绍兴一条冷落的小巷口的杂货店里,他的父亲任淞云,是一位民间美术家,擅画喜神之类的题材。任伯年可算生在平民的艺术之家,是受了家庭的熏陶而热爱绘画的，特别是他的传神写照可能是得之于其父的传授。在任伯年的儿子任堇叔题记任伯年49岁小照的跋语里，记载了这帧任伯年照片中形象如此衰老的原因，是因为其父少年时有参加过太平天国军旅生涯，并说太平天国都是岭南人，生食露宿，并作战于弹雨之中，因而此后得肺病之故云云。此段记载是有可靠性的，同时任堇叔在他祖父造像前也记下了任淞云死于战争之中，因此任伯年早年在这个时期也有一段战地生涯。太平天国失败以后，他流落在上海、宁波、苏州等地做职业画家。他在巧遇了萧山名画家任渭长之后，由任渭长再介绍给他的兄弟任阜长当学生，萧山任氏是继承陈洪绶风格的，任伯年学习陈洪绶就从这里开始，一直到他当职业画家。

这是陈、任二人的简历。

接着谈谈陈洪绶、任伯年学习绘画的方法。

在万历年间由于西方的宗教活动带来了耶稣、圣母像之类的油画作品，这引起了当时绘画界很大的兴趣。他们对这些作品的光线和立体感表示赞叹。曾在一些笔记中记述了对西方艺术表现方法的仰慕和仿效之情。最早出现所谓用西法写照的有莆田曾鲸，程十发用印中有一方"步鲸楼"，其实他的画风和曾鲸相去很远，完全是为了表示赞赏曾鲸的绘画表现方法。但从他的作品来看，除了面部运用了晕染法之外，并没有什么痕迹。万历年间的新兴事物对陈洪绶来说似乎没有影响，他开始是专门学习杭州府李公麟圣贤图石刻，11幅两日而成，开始画得像，人家告诉他，他感到高兴；后来他临得不像，人家告诉他不像，他更为高兴，因为有了自己的东

西。他青年时在萧山来钦之家中画《楚辞述注》插图，当在19岁之前。看来李公麟的画风对陈洪绶以后的影响很大，特别是构图和线条。在毛奇龄有关陈洪绶的记载中，还提到陈洪绶早年临摹周昉的作品再三不已。

以上是陈洪绶对人物画的练习。毛奇龄的《陈老莲别传》记载有陈洪绶师古人画花鸟、山水的细节：陈洪绶十分喜欢画牵牛花，有诗曰："醒酒湖山晓，牵牛开钓矶。香色少焉歇，那肯便轻归。"他的写生与古人不是一样画法。他画中的牵牛花，画得花瓣轻盈似舞，朱彭《吴山遗事诗》云："老莲放旷好清游，卖画曾居西夹楼。晓步长桥不归去，翠花篱落看牵牛。"诗意和陈洪绶的诗是一致的，都是说拂晓在西湖长桥欣赏牵牛花的情景。

再者，陈老莲和程十发的同乡陈继儒颇有渊源，陈洪绶的早年之作《龟蛇图》有陈继儒的题跋，陈洪绶之兄陈洪绪刊刻《花蕊夫人宫中词》时，陈继儒为之作序。陈继儒评老莲"画最工，字次之，诗又次之"。程十发另一个同乡董其昌和陈洪绶是否相识，还没有看到可资佐证的资料，但陈洪绶在他的《画论》中对董的《画旨》有着借用和抗衡，对董有些讽刺之意。

陈洪绶和十发都是思乡之情很浓的人。

陈洪绶有个脾气，平民、贩夫走卒等下层市民求他作画，他往往有求必应，而那些新贵权势要他的作品却是难以获得的。但他也不时上当。一个有钱的俗人一直想要得到陈洪绶的画，遣人去骗他，说有古画请他去鉴赏。陈洪绶便跟他们走上了停在西湖里的画船上，船至湖心，主人直说求他作画，陈洪绶知道上当，便要跳西湖。主人无奈，只得把他送回。南明朝的新贵马士英一直想求见陈洪绶，而几遭拒绝。南明朝鲁王在张岱的家中请陈洪绶画扇面，他托辞喝醉了酒不能举笔。最危险的一次是清兵一个军官捉陈洪绶到营中威逼他作画，陈洪绶拒绝作画，为此险些丧命。

这种故事很多。这里略谈一下他为周亮工画《归去来图》的过程。周亮工是陈洪绶少年时的朋友，他是开封人，随父亲来到诸暨，他父亲可能是任诸暨的县官，这样两人做了诗友，周后来离开了南方。清兵入关后，周亮工投降被委以军职，路过杭州请陈洪绶作画而遭陈拒绝（以前周亮工藏陈画最多）。后来陈还是画了一卷《归去来图》给周，陈借陶渊明的故事婉转劝周不要给清廷卖力，寓深刻之意。此一名作现收藏在美国檀香山。1998年夏，程十发曾去诸暨访陈洪绶故居并题诗，曰："暨阳道上雨如狂，四百年后访草堂。都说老莲何处去，新莲开遍旧池塘。访陈洪绶旧宅，遇雨即事。戊辰夏程十发漫笔。"

现在再来看看任伯年。

任伯年在吸收传统以及接受外来影响的过程可分三个时期：（1）早期从萧山任氏兄弟学陈洪绶流派；（2）吸收当代人的艺术风格，其中有松江胡公寿与嘉兴的朱梦庐等人的风格影响以及吸收外来技法；（3）进一层向文人画发展，追求内涵功夫。

鸦片战争至太平天国兴起，正是清朝的衰落时期，中国人民在经济和文化上受到了双重灾难，民族经济濒临破产，文化也随之半殖民地化，民间艺术也被那种随着商品而流入的庸俗不堪的石印复制品而受到冲击，犹如民族工业品被洋货所打倒。而任伯年的艺术不追求庸俗的商品美术，也不直接参加吴友如发起的《点石斋画报》。他形式上并不参加那些所谓新兴的美术潮流，还是向任阜长学习陈洪绶流派作品。不可否认，殖民地上海商埠的兴起也影响到后来任伯年的作品作为商品而出现在上海。但他的技法的来源完全是传统的，并有很大的发展，其中写生的技法帮助他进入时代的先列。就他的人物画而言，同时出现两种技法。一种形象是传统的，是受任氏兄弟的影响；一种形象是写生的，是他在写生实践中创造的。他绘画生涯有30年左右，他为人画了许多肖像，他的写生技法也基本上是传统的。任伯年画的《岑铜士像》，是他49岁时的作品，他的创作经过是这样的（根据岑铜士写在画上的题跋）：冬天的一个晚上，岑和任伯年交谈甚欢，任伯年一时兴起要为岑作画，但是桌上的蜡烛刚刚点完，可画兴并没有熄灭，他用左手拿着燃着的纸卷，借这个光非常神速地给岑画成这幅画，见过此画的人都说画得很像（这幅画现藏在上海博物馆）。

任伯年还画了不少吴昌硕的像，还有他的自画像和朱氏昆仲合写在一幅中的（原作在北京故宫）。他还有不少描写生活的作品，如持鸟笼和羽扇的男子，手持打连厢棍、肩上立猴子的走江湖卖艺的年轻妇女。这种题材画得非常生动，线条流畅，这是陈洪绶所没有的技法。简而言之，这种写生的技法还是强调笔墨，强调形神兼备，与一般沦为商品的那种新兴的、庸俗的、专为暴发户所"欣赏"的美术作品不同。

任伯年还虚心地吸收同时代画家技法的优良之处，他的山水画和书法是向上海松江的一位老画家胡远（公寿）学习的，大家看了作品就一目了然了。后来他向嘉兴画家朱梦庐学习花鸟。朱的年纪比任大几岁，从任氏兄弟的花鸟画风格的古拙而变成活泼生动的过程中，朱起了很大的作用。任伯年40岁以后画的花鸟画，如牡丹花的画法，与朱氏的作品，两者放在一起不易分辨。而且鸟的画法也是朱氏的方法，这都是任伯年虚心学习的结果。有人还论述过任伯年向天主教传教士学过素描，但至今没有发现这类作品。从任伯年的传神写照的功力以及他线条的表现力而言，有无这方面的材料倒不是很重要，重要的是他的创造性，他可能从外来美术作品中受到启示，一反过去前深后淡的习惯，有时用前淡后深的方法，好像是前面受光，后面则隐入黯淡之中。说明他善于学习，从"化"字上着手。但他作品的不足之点，一是技法流于太巧，笔墨熟练而缺少古朴的趣味，这也许是离开任氏兄弟之后，在新的发展道路上遇到的新问题。因为他50岁左右就转入了第三个时期。

任伯年的朋友中如杨见山、高邕之（李盦）、郑文焯（大鹤）等，都是对艺术有独到见解的书画家兼鉴赏家。可能他们指出了任伯年作品的不足之处，这段时间内，我见到过去任伯年仿八大、青藤（徐渭）的作品里，也明确题上受某某人之教的句子。但正在他的画风力求变新之时，却过早与世长辞了。他来不及完成更多的创新风格的作品。这里说明了任伯年晚年又重新向传统认真地进行了学习。

任伯年的作品很多。最说明问题的是他的《观剑图》，系戊子嘉平月为豫园点春堂宾日阁补壁。点春堂是小刀会陈阿林的指挥所，当时革命失败之后点春堂做了某个行业的同化工会，请任伯年画过这幅画。任伯年画了红叶树下几个壮士在观剑，真使人浮想联翩。这种与历史联想的题材在任伯年作品中还多次出现。如古人没有画过"关山萧索"等题材的画，而任伯年画了一个兵士牵了几匹战马，眼望着远方；另有一幅是画了一个兵士跪在地上……这是否是对作者的戎马生涯和对当时战友的怀念，真是引人遐思不已……

任伯年的人物画对程十发的影响是最为直接的，不只是在绘画的技巧上，而且还在绘画的立意上，从程十发的人物画中都能找到任伯年的影子。程十发崇拜陈洪绶，画上常钤有"十发梦见老莲"、"十发梦见莲子"的闲章。陈洪绶对程十发的影响也是最为直接的，他笔下屈原的形象，完全是由陈洪绶绘的《屈子行吟图》脱胎而来。

程十发在学习任伯年的过程中发现对任伯年的艺术产生影响的

不只是陈洪绶、任阜长、任渭长，还有他的同乡胡公寿。胡公寿名远，公寿为其字，号瘦鹃，又号横云山民。对这位同乡，程十发是十分推崇的，他在自己收藏的《胡公寿四条屏题跋》中写道："胡公寿画，吾髫龄对于家中纱窗棂上临其大略，家人深喜，誉为有为。长而习画，师告我法乎上，如是胡画不甚重视也。中年后，探求任伯年画略广，思伯年师萧山二任外，其犀利活泼法自横云，盖公寿同笔灵动，海派之祭酒也。伯年素服膺，即法书亦类之。早岁即命馆曰倚鹤轩，乃胡公以寄鹤为轩也。"

探讨程十发的画笔行踪，是无法跳过胡公寿的。他幼年习画即从胡公寿开始，由于胡公寿的画名不大，老师要他"法乎上"，于是就去追踪名气大的任伯年。从任伯年的画风上又找到胡公寿，再回过头重新认识胡公寿，感到他的重要。如果说任伯年是海派的创始者，胡公寿则是"海派之祭酒"了。

论及任伯年和吴昌硕两者画风的关系，程十发说：这两个画家我都很喜欢，他们私交甚笃，年龄上，吴比任小。却也有所不同。文人画发展到清末，论诗、书、画、金石，吴昌硕成就均高，说他是文人画的最佳代表，并非过誉。任伯年去世早，年仅56岁，画画得好，诗、文却逊色，只是他也自有长处，如对中国民间艺术，就浸濡很深。也就是说，吴昌硕在画风上倾向"雅"，而任伯年则以"俗"知名于世。当任伯年发现吴昌硕的才华时，曾经说过一句话："像你这样发展下去，以后我们大可不必画画了！"可以说对吴推崇备至。还有，他们两人的师承也各有不同，吴走的是扬州八怪、八大山人、徐渭一路，任伯年则追随陈洪绶的路子。这也好，到后来两人艺术风格就有不同，从而引领了当年"上海画派"的兴起。

另外还有朱怀仁（虚谷）也应算是开创海派的代表人物。虚谷虽然是安徽新安人，但他常往来于上海、苏州、扬州之间，与张熊、胡公寿、任伯年、高邕之、吴昌硕等相交甚契，画风上互有影响，个人风格又十分鲜明，画面构图、造型、用色、线条均富有创造性，擅用干笔偏锋，生辣奇崛，散发出金石质

胡公寿《四条屏》之一

感和爽捷之意。程十发对虚谷多有崇敬之意，其花鸟画的用笔也有的是取自虚谷。

程十发对虚谷说了不少赞誉之话。他不止一次认为"上海派"绘画中还有一个值得介绍的人物——虚谷和尚。虚谷技法本身有半抽象的味道，画风可能与他思想上受到宗教的影响有关。虚谷，在他活着的时代已享盛名。他画得很少，后来声名远播。"假"的虚谷比"真"的虚谷多。他有一方图章，署着"紫阳山民"，隐藏着他姓朱的故实。据说他还是明朝朱元璋的后代，但却在镇压太平天国动乱时，当了清朝的军官，后来悔悟，自觉本身就是明朝后裔，怎么好助纣为虐，帮助清朝去剿太平军，于是他毅然出了家。虚谷还有另一方章，也可以帮助我们了解他的心态，这就是"耿耿其心"，表白他因何出家，无非是为了逃避做清朝军官去镇压太平军这件事。

虚谷要比任伯年年长17岁，他俩常住在上海大境路关帝庙，两人一起作画和讨论。关帝庙是一座小庙，但这是小刀会的驻地。上海旧县城在四座门楼之外，又加了四座建筑物，这庙就建筑在城墙上。初建时是在明代，清初又扩建，从平地上到城墙上有三层高阁，加上两边两根旗杆，高耸云霄，是旧上海遗存的名胜古迹之一。现在这座建筑物被民居包围起来，已经看不到这美丽的圣迹。而程十发则像寻找王蒙坟、倪瓒墓和访问陈洪绶的故居那样，曾经来这里拜谒，他不但搜集到关帝庙的旧照片，还一度曾想以这座庙为中心建一个风景区。由此可见他对虚谷的崇敬了。

书画鉴定的后起之秀

上海市文化局为提高书画征集的质量，于1958年成立文物图书收购鉴别委员会，参加者有徐森玉、方行、沈之瑜、谭治、沈尹默、沈迈士、谢稚柳、王一平、杨宽、马泽溥、沈剑知、李鸿业、顾廷龙、吴静山，上海中国画院的代表有吴湖帆、王个簃、唐云、程十发。

1964年1月，上海市文物图书收购鉴别委员会改组，徐森玉为主任委员。谢稚柳、沈之瑜任副主任委员。委员有：马承源、马泽溥、王个簃、车载、吉少甫、沈尹默、沈迈士、吴湖帆、吴静山、沙彦楷、李鸿业、郑为、郑文侨、周煦良、唐云、顾廷龙、程十发、潘伯鹰、方行。

这届文物图书鉴别委员会成立后，收购频繁。

1月17日第一次会议，经鉴定决定收购书画25件（册），其中有：

陈洪绶人物轴，售者要价1 500元，评定价1 000元。

蓝瑛山水轴，200元。四王吴恽山水册十七开，售者要3 000元，评定价2 000元至2 500元，评语："真、精，集册难得，馆藏需要。"

王时敏山水轴一件，真、精、新，顺治十三年丙申，65岁作。

王鉴山水轴一件，真、新，康熙八年己酉，72岁作。

王翚山水轴一件，真、精、新，康熙三十五年丙子，65岁作。

王原祁山水轴一件，真、精、新，康熙二十八年己巳，47岁作。以上4件售者要价1万元，评定价6 000元至7 500元。

明人尺牍4册，真，内有陈子龙、侯峒曾、夏允彝、黄淳耀等118通，评定价2 200元。

清人尺牍3册，真，龙翰臣上款，内有关清廷镇压太平天国的材料，评定价150元。

清林则徐真书徐母墓志，上海文献……林书有两种意见，一种系亲笔，一种认为恐代笔，评定价180元。

3月6日，文物图书鉴别委员会举行第二次会议，地点上海博物馆。参加者徐森玉、谢稚柳、车载、顾廷龙、沈之瑜、黎文、程十发、吴静山、沈迈士、唐云、周煦良、李鸿业等。鉴别收购书画有：清龚贤等书画扇面15张，内张问陶一开伪，评定150元。

清华花鸟轴，400元。

清樊圻山水册，原价500元，评定价300元至400元。

清项圣谟山水轴，150元。

明张观探梅图轴，1 200元。

3月27日第三次会议，参加者徐森玉、谢稚柳、吴静山、方行、周煦良、沈之瑜、顾廷龙、黎文、李鸿业、余白墅、马泽溥等。鉴别收购书画有：清梅清等书画卷一卷，此梅氏一门书画，梅蔚不见画史，康熙二十八年己巳梅清67岁，馆藏所需，有研究价值。

清纪大复山水轴一件，闵行人，嘉庆十六年辛未，56岁作，评定价20—30元。

明唐寅行书扇面一件，嘉靖元年壬午，53岁作，次年卒。评定价50元。

近代严复草书屏，严复是近代史上重要人物，补充馆藏。

明清行书扇面2册，4个五开，一册贰臣、一册忠烈。内夏言一开疑伪。评定价1 400元。

明陆深行书诗轴，明代上海著名书法家，嘉靖二十一年作。

清汪士慎梅花轴一件，汪士慎立幅少，补充馆藏。评定价160元。

5月22日第四次会议，参加者徐森玉、谢稚柳、郑文侨、吴静山、沈迈士、黎文、吉少求、余白墅、顾廷龙、方行、马泽溥、李鸿业、周煦良、王个簃。鉴别收购作品：

邓石如刻"家在环峰漕水"石章一件，乾隆己亥，作者37岁，评定价100元。明清扇八开，内胡慥一开极为罕见，王鉴、恽寿平、陆治均佳制，可配入馆藏集册。评定价820元。

6月30日第五次会议，地点上海博物馆。参加者：徐森玉、谢稚柳、吴静山、沈迈士、程十发、沈之瑜、顾廷龙、马泽溥、李鸿业、郑为、王个簃。鉴别收购作品有：清弘仁《九溪峰壑图》轴，真、精，原价1 200元。明顾正谊山水卷，真，华亭派作者，评定价400元。清罗聘《麻姑献寿图》轴，出口验关扣审，系真迹。原价九元五角。委员会有不同意见，谢认为摹本，程认为真的。以下因为陈毅副总理来馆暂停，委员们至征集组办公室继续鉴定。宋元画册2册，内宋人十五开、元人三开均极精，馆藏所需，十四开为□□作，原价22 000元。

8月10日第六次会议，地点上海博物馆。参加者：徐森玉、谢稚柳、顾廷龙、沈之瑜、马泽溥、李鸿业、郑为、马承源、吴静山、沈迈士、彭仁甫、黄昌中，最后两人为朵云轩工作人员。鉴别收购作品有：北宋苏轼《与谢民师论文帖》，春晖堂、过云楼曾摹刻上石，唐寅款图卷，真，精，倪瓒《笠泽秋声图》轴，真，以上3件17 000元。朱耷行书五言联，朱耷对联极少，评定价150元。清萧云从山水轴真，立轴少，评定价300元。明拓《道安禅师碑》一件，此碑今已残泐，不辨，与嘉庆旧拓校对，此本上半截允字均清晰，为唯一善本，评定价1 056元。旧拓《董美人墓志》一件，原石已毁，此整张精拓，评定价92.4元。

6月13日，讨论苏、文、柯、王六君子图卷，参加者方行局长、王个簃、程十发、郑为、承名世、沈之瑜，因为事关重要，亦可见此时鉴别会之情景，故作为附录于后：

6月13日讨论苏、文、柯、王六君子图卷。

出席：方（行）局长、尚业煌、王个簃、程十发、郑为、承名世、沈（之瑜）馆长。

程十发：看过之后，文与可字和《道服赞》后题字笔性相同，想要推翻它，推翻不了。细竿子时代气息相同，后来柯九思竹看上去嫌轻了。

方局长：吴湖帆意见如何？

尚业煌：吴湖帆说"与可"二字写得不佳，款与竹的墨色不一，画心上何以没有主人印章？

郑为：我也怀疑何以文画上没有宋元收藏印章，文与可竹阴阳相背，正面用深墨，背面用淡墨，李息斋说看过文与可几百张，真的不过二三张，米芾说当时看的文与可还吃不准到底是否真迹，现在此卷到底是否即伯颜不花所收的这一张。

承名世：柯九思这一张虽然文字上没有说临，但看来还是临，这一张也是没有深淡的。

程十发：柯九思如果真的，要从柯九思这一张画来造文同画可能性很少，因为很难造这样一张假画，没有收藏章可能盖在隔水上。

王个簃：阴阳相背古人描写可能更甚，这一幅小幅有相背，不一定每幅都有淡墨。这两张显然相连，气息看来文画是旧的，比柯画旧，接近是对的。至于图章问题，这画有一时期隐潜在内，做假可以做一点上去，似是而非。款是有问题，不顺，像煞有些问题，墨色比较淡。

程十发：图章很少，是一问题，艺术性来谈这一幅艺术性是比较好，款的深淡也可以这样解释，先画好画，待以后有人要再题款，是墨色不同，款画墨色不同我认为不是断定真伪的关键。

方局长：请大家看看款上的绢丝不正，也可能影响字体。

程十发：阴阳向背不仅指墨色而言，也有以形而言的。

郑为：认为特地作假是不会的。

承名世：我认为没有这么巧。

郑为：当时这类画是十分多的。

大家一致认为柯九思画毫无疑问。

方局长：沈剑老认为如何？

郑为：沈剑知他认为好，他解释文同画名贵所以不盖印。

程十发：这种论据显得不足，著录上有许多纸本绢本都差了，但有好事者把这些都装在一起。

郑为：我还认为这张是旧画，后人填款。

沈馆长：今天看的材料中是否可认为这张画最好？今天大家认为疑点有二：一是没有元代人的印章。二是款与画墨色不同，款写的弱点。大家认为墨色不同不是主要方面，弱倒比较是主要方面。

王个簃：如作伪可以做得更好点，墨色也可不差。

方局长：请大家每段估一下值多少钱。

此图卷估价为：柯九思3 000元，罗聘300元，苏轼2 000元。

从鉴定会上可知，程十发是很活跃的人物。

此时的程十发已经不是单纯地画画，鉴定书画的眼力也有所提高，对收藏也有着深厚的兴趣。在20世纪50年代末，他画连环画的经济收入不错，开始收藏中国古代书画。一次，他以2 000元的价格购进20张古画，其中包括王翚（字石谷）、八大山人、任伯年等。当时的2 000元人民币是一个相当可观的数字，对一般人来

程十发《仿八大花鸟》

说要几年的工资。俗话说艺高人胆大。程十发的胆子也不小，他一时兴起，在王翚的一幅墨笔山水上著色，变成一张著色山水。著色山水在王翚的山水中是很少见的。人怕出名，这次购买古画使程十发在收藏界名声大震，有几家文物机构看中了他的收藏，又来要他转让，王翚的著色山水被故宫博物院看中，任伯年的画被南京博物院看中，八大山人的松鹰被天津艺术馆看中。开始程十发说是自己学习用的，不愿出让。但文物机构穷追不舍，都表示要多少钱给多少钱，八大山人的松鹰开始论价几百元，由于程十发不肯让出，购者又志在必得，最后以 1 000 元的价格被购走。但是到了1964年的"四清"运动，程十发却因此吃尽了苦头，认为他低价买进，高价售出，是投机倒把，被开除党籍。

政治风暴到来的预感："我要倒霉了!"

因为收藏与转让古画而受错误的处理后，程十发作为"四不清"的创作人员，到农村去参加"四清"运动，接受政治教育了。有关程十发参加农村"四清运动"的情况，笔者采访到他的学生周根宝。除了交谈，他还向笔者提供了详细而生动的材料。笔者多次展读，每次都在心中留下酸楚的苦涩，为了让那个时代的人不忘却这样的往事并让后人了解那一段历史和知识分子的命运，笔者还是把全文抄录于后：

1960年，我考入了上海市美术专科学校预科，由于十发先生的女儿程欣荪是高我一届的同学，因此先生常常到陕西北路500号的美术专科学校来，同时还兼了一些国画的课程。这时开始与十发先生有了一些接触。有天，我大着胆子，拿了我的一幅画———一幅用十发先生用笔的技法而作的《红叶少女图》给先生看，受到了他的夸奖，从此，他也知道了在上海美专有着这么一个学生是

"程迷"。

我真正与程十发先生零距离接触还是要到1965年。那时，我已从上海美专预科毕业，被当时美专的校长、兼任上海博物馆副馆长的沈之瑜先生，带到了上海博物馆工作，并参加了社会主义教育运动（即"四清"工作队）。程十发先生也因为种种原因，被发配到"四清"工作队。这样，从1965年1月一直到1966年5月，这整整一年的时间里，我与程十发先生朝夕相处，亲自受到了他的教诲与指点。至于程先生为什么会从崇明农场转到川沙县花木公社的"四清"工作队，当时有种种说法，据我听到所知，程十发是因为犯了"投机倒把"的错误。根据"四清"运动的纲领性文件"二十三条"的规定，"四清"工作队的成员，除了由党的骨干和信任者参加，也可以吸收"四不清"的人员。因此，程十发是以"四不清"的身份到了工作队参加社教。在工作队里，他一方面革别人的"命"，同时，他也受到了队里的严格监督。那个时候十发先生做人非常小心谨慎。

程十发当时被分配的工作组是川沙县花木公社新华大队。工作组长对我说："小周！你老师来，但他是革命对象，你要好好帮助他。"说实在，我当时并不认为程十发有什么问题。大家只知道他是一个有名的画家，再加上十发先生的和善，因此他的群众关系一直很好。尤其是上海博物馆资料室的郭若愚，更是与他入双出对，形影不离，再加上两个人都是人高马大，不知道的人还以为他俩是兄弟。

1965年6月，十发先生与郭若愚一起到公社队部来看我，我当时负责社教工作队的简报编写。见到老师来我很高兴，正好桌子上摆了笔墨纸砚，十发先生见我在运动中还不忘练习，就勉励了我几句。我借机恳请老师作画。十发先生画了一幅少女牧羊图，既写实又夸张。末了先生还题了长长的款识："一九六五年六月廿一日晨十时，陪老郭医感冒，小周索画，十发记于花木公社楼上。"这幅画后来我送给了博物馆尚业煌，他又转送给一个收藏家。1980年的某一天，我在这个藏家的家中看到此画，可惜画中"陪老郭医感冒，小周索画"的字款已被挖去。

1965年6月底、7月初，花木公社工作队在清查阶级队伍的过程中，查证了花木镇上（当时叫龙王庙）有一个"还乡团"头子，作为"四清"运动的成果，震动了整个川沙县。工作队为了让大家认识"四清"运动的伟大意义，决定搞一次社会主义教育运动的成果展览，这个任务就分到负责宣传工作的我的头上。我马上建议让程十发先生将此事画成连环画，用美术形式广泛进行宣传。

图画的文字编写由工作队中人民出版社同志负责。节本出来后，绘画即由我、程十发、徐志文、承名世4人完成。十发先生主执笔勾线，我与徐志文帮着打草稿与涂颜色。承名世写展览牌上的说明。就这样，我们几个赶了两天两夜，完成了30幅的连环画。并由上海博物馆装裱师黄桂芝把画幅装裱在展览板面上。无疑，这套班子搞出来的东西都是专业上第一流的。这些画后来在川沙县洋泾镇文化馆展出时，引起了极大轰动，特别是十发先生的画。大家都在问：是谁画的？当得知是出自程十发的手笔，人们都异口同声地说："怪不得，质量这么高！"可惜，这些画在展出后，不知去向。我再也没有见到过。

在花木公社这些日子里，我们4个人一起画画，这样既可避开无休无止的会议，也可以不用去劳动。引来了不少人的羡慕，有些人干脆也学我们的样，一时间各种宣传队相继产生，如：沪剧团、越剧院、上海电影乐团等，一下子这种小分队形式遍布各个工作队。

1965年年底，我们结束了在川沙花木公社的"四清"，辗转到川沙龚路公社，继续参加运动。当时的交通只有一条小火车铁轨。我与程十发、徐志文、郭若愚、承名世等人到了那里后，起初仍是分散在各个生产队搞运动。到了1966年年初，鉴于在花木公社尝到的甜头，我又想成立一个宣传队。由于当时"四清"运动已经接近尾声，队里也需要出成绩，于是批准了我的报告，我们4个人再加上一个裱画师黄桂芝，又集中到龚路公社的队部，夜以继日地用画笔反映"四清"后农村的面貌。这一次规模大了，不仅仅有创作队伍，上影厂的谢晋也拉起了文艺宣传队。这个宣传队的阵营可不得了，除了名导演谢晋外，还有：刘琼、舒适、秦怡、黄准、强明等。队长是谢晋与桑弧。我们这两个队同住在一幢雕花楼里，房子很大，一个大大的院子，足可以够一班人的军事操练。我们一起吃饭，一起搞文艺创作，他们那里排戏，我们这儿画画，成天有不少农民进来观看，热闹得不得了。这些名演员，特别是刘琼，给我印象很深，当时他也只不过40出头的年龄，帅得不得了，一点架子也没有，常常到我们这儿来看画聊天。记得有一次为农民演出，他们拉我们绘画组的人充当"跑龙套"，这个戏是由强明编剧，黄准作曲，谢晋导演。剧情大概是讲农村里一对老夫妇，在公社怎么精心养集体的耕牛，而"阶级敌人"又是怎么千方百计地搞破坏，后被革命群众揪了出来。剧中的老夫妇由舒适和秦怡扮演。桑弧则演一个反面角色。我们4个人被要求扮演一群耕牛，在演出场上（打谷场）载歌载舞，一同唱着："耕牛是个宝，生产少不了，我伲队里吭耕牛，生产哪能搞……"一边学着老牛憨态可掬的模样，在场上摇来摇去，特别是十发先生与郭若愚，还出乎谢晋导演的意料，加上了不少滑稽动作，倒在地上打了几个滚。由于这两个人都人高马大，倒在地上翻来翻去，翻不过来，于是引起全场的哄堂大笑。

在龚路镇上这段日子，是我一生难忘的，也是我今后在绘画道路上的转折点，因为在这段日子里，可以说是程十发先生手把手地教我怎样去画画。他对我说：一个画家，会不会画，或者说他的绘画能力强不强，不仅仅是看他的写生能力，特别是一个中国画家，必须要面对一张白纸，在没有任何对象、依据的情况下，凭空能画出一幅高水平的画，这才是一个真正的画家。程十发先生就是这样一个画家。多年后，我在美国纽约见到当代著名的画家、华人收藏家王己千先生时，他就是这样评价程十发先生，推程十发先生是当今中国画坛的第一人。

程十发先生在龚路镇时，每天笔耕不断，画到兴起，他会叫我："小周，来吹一段笛子。"一曲"点绛唇"、"将军令"，十发先生即按拍舒喉，先生嗓音响亮、浑厚，有着浓重的鼻音，加上他的松江土腔发音，所以他的南昆唱得别有滋味。程十发先生博学多才，我在绘画上碰到不解的问题，他几乎没有什么不能回答。记得有一次我问他："款识中某某父，这个'父'字怎么解？"他说：这个"父"就是"甫"的意思，是"台甫"的别名。又问及家历十二个月别名，他都能倒背如流。论及董其昌，这是他的同乡，他认为是中国画近300年来的里程碑，他很是佩服，但对他又加上当时很时髦的批判。总之，在我的眼里，十发先生是万宝全书多只角。当时队里称郭若愚为万宝全书缺只角。郭若愚是我博物馆的老同事，他是邓散木的学生，精篆刻，通甲骨，在钱币、古瓷等领域的研究都涉及。

在川沙龚路，我们这些人曾合作画了一幅长卷，题为"龚路之春"，这长卷是仿效清明上河图的形式写实性地描绘了龚路老街的全貌，诸凡商店、河道、小桥行人、车水马龙热闹非凡，主题是打着红旗的农民敲锣打鼓，迎接社会主义新农村的到来。画卷大约有六七米长，除此之外，印象最深的还有十发先生独立地创绘了毛主席视察人民公社的形象。在画这幅画时，先生破天荒地用铅笔在图画纸上打草稿，尤其是毛主席的形象，他更是反反复复，一遍又一遍，并不断叫我和徐志文帮他看，轮廓准不准。直到大家满意为止。

每次画得累时，十发先生都会用浓重的松江口音讲："不来哩！不来哩！要加煤了（即要吃东西）！"由于当时的条件艰苦，十发先生也会发出奇想："我伲可以养一只猪猡，想吃肉时，用刀在它的屁股上割一块，然后贴上橡皮膏，等它长好后再割一块，这样可以一直有肉吃！"

在绘画组里，我们大约每人平均创作了四五幅画，大部分是画"四清"运动后的农村。如贫下中农科学种田；拖拉机代替耕牛的《迎接新战友》；反映农民忆苦思甜的《天上布满星》；挖河泥战天斗地，等等。这些画在1966年春节，曾在上海美术馆搞了一次"迎春画展"，当时的报纸、电台都有报道，反响比较好。就这样从1965年的冬天一直到1966年的春天，我们这几个人也不搞运动，也不参加劳动，成天画图，但是好景不长。姚文元的《评新编历史剧〈海瑞罢官〉》文章发表，政治形势越来越紧张，许多人都受到批判，我们几个人还糊里糊涂，但十发先生凭他敏锐的嗅觉，感到苗头不对。大约1966年4月，有一天早上起来，按先生惯例要到楼下外面的田埂上兜一圈，但是这天他起来就坐在桌子旁，两眼发呆，似乎在想什么，一只手拿着一支笔在一张便条纸上随手画着什么，我走近一看，原来他在一张裱画切下的纸边上画自己的漫画像。我问他："先生，你在做什么？"先生又在他的漫画像的头顶上画一枝牡丹花，对我说："杠豆开花，我要倒霉了！"他指指旁边的报纸说："姚文元批判海瑞罢官的要害是反党反社会主义，我画过连环画《海瑞的故事》，这个问题大了。"从这以后，程十发先生就心事重重，寝食不安，随着批判《海瑞罢官》的调子越高，他就越发不安。一天，十发先生卷好行李铺盖，对我说："小周，我要回去接受批判！"就这样，1966年5月，程十发先生就提前离开了川沙龚路公社。

"文革"遗珍

　　果然不出程十发所料，美术界从批判他的连环画《海瑞的故事》开始，他被诬为"反革命修正主义鬼画家"，除了接受群众性的批斗外，上海美术界大批斗资料编辑部还出版了批判程十发的专辑。

　　1958年，毛泽东提倡学习海瑞精神，报章杂志就闻风而动，出现了宣传海瑞热。吴晗写了《海瑞骂皇帝》、《论海瑞》，以后又写了京剧《海瑞上疏》，由马连良饰海瑞，毛泽东看了之后，颇为赞赏，还设家宴宴请马连良。上海也出现了京剧《海瑞上疏》，由周信芳扮演。这时由蒋星煜撰文、程十发绘图的《海瑞的故事》年画也和读者见面了，表现了海瑞刚直不阿、不畏强暴的精神。这些作品后来被批为"为右倾机会主义翻案，妄图卷土重来，实行资本主义反革命复辟"，扣的帽子比天还大。

　　被批判的还有在报上发表的程十发1960年画的连环画《李秀成》，1961年绘的一幅中堂《李秀成》，画的是太平天国将领李秀成

程十发《亚碧与山罗》

骑马的形象，陈列在上海革命历史纪念馆。把程十发的画和罗尔纲的《李秀成传》、阳翰笙的话剧《李秀成之死》放在一起批判，诬之为"为叛徒唱颂歌"。

《任伯年的画》是介绍任伯年艺术的电影艺术纪录片，由程十发编剧，上海科影厂刘思平导演，是一部优秀的电影，称任伯年的画为群众"喜闻乐见"、"雅俗共赏"，对任伯年的艺术评价是恰如其分的，此片也被批为"封建文艺"，是"借古讽今，指桑骂槐"。

批判者把程十发批为"鬼"画家，因为他画了许多钟馗像，1961年，他先后在《文汇报》上发表了《钟馗嫁妹》、《钟馗调甥》、《钟馗戏婴》、《钟馗还家》等画。前两幅都是画于端午节，是表现江南驱鬼避邪的民俗，《钟馗嫁妹》一幅画上题道："画成进士笑颜开，骑鹿悠悠终日闲。鬼魅毒虫消灭尽，轻摇纸扇返家山。"《钟馗调甥》一图上题写道："瘟君去尽毒虫无，小妹归宁乐事多，抱得婴儿能呼舅，调甥进士入新图。"这是多么有风趣啊，可是却被诬为"鼓吹三自一包"，宣扬"阶级斗争熄灭论"。

程十发绘的《中国古代哲学寓言故事选》一书插图，其中有《按图索骥》、《东施效颦》、《宋人揠苗》、《讳疾忌医》，都是家喻户晓的古代故事，却受到无理的指责和批判，称之为"上海的'燕山夜话'"。其他被点名批判的作品还有《小河淌水》、《姑娘和八哥鸟》、《唱不尽的恋歌》、《亚碧与山罗》。

这些批判还都是文字上的，如果说还算"文明"的话，随着"文化大革命"的深入，连这点"文明"都没有了。批斗、戴高帽、游街、挨打，各种花样都使出来，对知识分子进行身心的摧残到了极点。全市文博系统的"牛鬼蛇神"都集中到上海博物馆。博物馆的展览大厅被撤了出来，几百人集中在这里，每个人从家中带来被褥铺盖，席地而卧。除写交待，做思想检查外，只要一声号令，全体人员就要集中到楼下的大厅里开批斗会。在这个大厅里，斗过画家贺天健，批过唐云、谢稚柳，揪过文博泰斗徐森玉，公安局还当场抓走"陈古魁（雕塑家）之类"的"反革命"。更惨的是上海中国画院画师庞左玉被批斗得无法忍受，从三楼跳下身亡，博物馆的费恩光当众被皮鞭活活抽死。

在"四清"运动中已经倒霉的程十发，和老书画家们在一起，还算"历史清楚"，并没有被列入重点批斗对象，他每天扫扫垃圾，清清厕所。但胸前那牌子是少不了的，他曾对笔者说："1966

年'文革'以后，我成了牛鬼蛇神，不准画画，每天做不少劳动，有病也得上班，怕我们逃走，每人胸前挂了一块白底黑字的牌子，上面写了名字和所谓的反动头衔，有些人出了门把牌子藏在袋里去，第二天将到门口时再翻出来。但我认为不必要，我挂了牌子依旧坐巴士，许多乘客看到我牌子上写的是某某人加上反动头衔，向我打招呼点头的也有，表示同情的也有，倒没有一个真正的群众对我有不尊敬的地方。"

然而，在上海中国画院，程十发却成了重点批判对象。他的女婿马元浩有过这样一段回

程十发《寓言故事》（插图二则）

程十发《姑娘和八哥鸟》（连环画）

忆：有一次，他（程十发）被批斗回来，被弄得不像样，浑身墨汁，还有许多糨糊，我急忙把他拉进卫生间。我知道他被造反派污辱，身心受到欺凌，真为他难过，马上给他换衣。他说："这些造反派不拿我当人，把我变成了宣纸，在我身上泼墨汁。还把我当墙壁，朝我身上刮糨糊，好比拿我身体在裱画……你马上帮我把衣服洗一洗，你不要出去，不要让师娘看出你流过眼泪。"说完，他换了一副表情进房间去了。

当时的"革命组织"在上海博物馆附近的路口，设立了一个大批判专栏，内容是上批下联。"上批"即批当时被揪出来的各家领导人，"下联"即是本系统的"黑线"人物，如对谢稚柳、丰子恺、沈之瑜、张充仁的批判，都曾刊登在这个大字报专栏上。大批判专栏的内容每隔两周换一次，抄写的又都是有名的书画家，如胡问遂、翁闿运、沈剑知、沈迈士、谢稚柳等。这个专栏有很大的影响，倒不是因为批判内容的重要，而是书法吸引人，常常不到更换的时间，书法名家抄的大字报就被人揭下拿走了。

在这里，程十发也被勒令画批"四条汉子"的漫画。所谓"四条汉子"是鲁迅给予命名的，即周扬、夏衍、田汉、阳翰笙。四人俱为中国文化界名重权极的人物，在这次史无前例的"文化大革命"中，理所当然地被划为批倒批臭之列。程十发先生接受任务后丝毫不敢怠慢，并嘱周根宝铺纸研墨在一旁侍画。画分五段，依次为：周扬、田汉等诸公在30年代，手持"国防文学"的破旗，与鲁迅先生相抗衡；次为周扬等四条汉子以"国防文学"之名抛出自己的文章，如夏衍的《赛金花》、田汉的《胜利进行曲》等；再次，画笔转向刘少奇……第四幅点出主题，即所谓"四条汉子"一切活动的目的旨在复辟资本主义；最后一幅当则以拟人的笔法，结束此漫画作品的批判。

程十发画了那么多的作品，人物、山水、花鸟、动物；中国画、连环画、插图、宣传画或戏曲演出说明书，可是这些在特定历史条件下画出来的政治漫画，是绝无仅有的。古人说，"桃李不言，下自成蹊"，这组漫画在河南路、金陵路口大批判宣传栏上贴出之后，可谓观者如潮，行人都要驻足观看，有些人听说有程十发的画，也都远道前来观看。观者所看的并不是漫画的内容，而是漫画的艺术性，以艺术欣赏待之。那时一般的大批判专栏，无非是标语口号，或千篇一律的揭发文字，而且字都写得歪歪扭扭，哪里能看到这样的艺术品呢？

"文化大革命" 期间程十发奉命所作大批判漫画四幅

这些漫画在大批判专栏上贴出两周后就被扯了下来，扔在上海博物馆的废纸堆中。当时就职于上海博物馆的周根宝接受程十发在花木公社画的画没有能保存下来的教训，感到不能再让这些画烟飞尘灭了。于是他冒着被批判的危险，将它们从废纸中悄悄地捡了出来，藏在他浦东老家的阁楼上。以后他到了哪里，就把这些漫画带到哪里。他去美国时，又把画从中国带到美国。直到1990年，他

第一次回国探亲，请博物馆的裱画高手将这五幅漫画装裱成一个卷子，并请上海博物馆当时的见证人马承源、承名世、郭若愚、单国霖等，一一在拖尾题跋，追忆当时的非常情景。

上海博物馆马承源在跋语中，这样述其由来：

1966年为"文革"全面夺权之前夕，知识界已失去自由，上海文化系统人士全被禁囿于今上海博物馆河南路旧馆中，程先生亦在其内。一日忽见金陵路大批判墙栏上贴有批判所谓文艺黑线之漫画数帧，这在彼时为寻常事，每位著名画家都要被迫表示对"文化大革命"的态度，非十发一人而已。但其画被保存而传世者极稀见。画艺之精妙，足以显其本色，以此亦在劫难逃。余观之顿觉有历史回旋之瞬间真实感，令人叹息。

上海博物馆专家郭若愚当时和程十发一起被关在"牛棚"中，他在题语中写道：

甲申三月间，周根宝同志来访，根宝是为38年前余同在上海博物馆工作的老同事，精工绘事，为人热情可亲，"文革"后赴美深造，此次会面，实为意外，欢乐之情可知也。根宝兄又出示程十发先生所作漫画五幅，似曾相识，忆此画乃十发先生在"文革"时批文艺黑线所作，当时张贴在金陵路大批判专栏内，余曾目见。根宝兄收而珍藏，真奇迹也。十发先生之绘画艺术超人一等，为余所钦佩者，此等作品，非特殊情况不能作也。忆余与十发先生"文革"

时同系牛棚，今见此作，不能不感慨万千也。爰书此数语记之。

居住在美国的收藏家王己千（选青）题曰：

满纸荒唐画，全是辛酸泪。右乃程十发先生于十年浩劫中所作画五帧，滑稽倜傥，精妙绝伦，当为近代中国美术史上之罕见资料。根宝周君见示，深庆眼福之不浅也。

《中国画》的出版与批"黑画"

在"文革"期间的"批林批孔"运动中，有一阵批判"崇洋媚外，复辟回潮"，批"黑画"只是其中的一个环节，上海市工艺品分公司编辑出版的广告画册成重点批判的靶子。后来才知道这次批判是针对国务院总理周恩来的。

"文化大革命"使中国经济极为困难，出口也萧条，作为一国总理的周恩来提出以出口工艺美术品换取外汇，只要不是反动的、丑陋的、黄色的东西，都可以组织出口和生产。又说风景画不能叫"四旧"。为此，上海市工艺品分公司编了一本图录《中国画》。这本画册有山水、花鸟、人物及仿古画37帧，出版前都送给上海市有关领导审查，也都点头通过。"批黑画"的风波并不是由这本画册引起的，而是黄永玉画了一只猫头鹰，只画了一只眼睛，有一个画家以"小报告"进行揭发，说黄永玉对社会主义有刻骨仇恨，这样引起"中央文革"的注意，江青看了这本画册，批评陈大羽画的公鸡是"好斗的公鸡"，并指示开"黑画"展览会，先在北京展出。

这本画册是上海出版的，徐景贤为了逃脱干系，指示《文汇报》派记者到北京参观，又要《文汇报》组织文章批判那本《中国画》图录，1974年3月20日发表了《一本地地道道的"复礼"翻案的画册——评中国画》，作为开场戏。这场闹剧一直闹到5月份才结束。按照徐景贤的指示，上海也从工艺品公司、上海中国画院及美协搜了一批画，学北京的样子举办"黑画展览"。在展出之前，徐景贤亲自到上海美术馆预审，对一些画作出批评，如对林风眠的《山村》一图画的黑瓦白墙，他批评说：阴暗没落的情绪。北京批评陈大羽的《迎春》，他批评说：好斗的公鸡！对唐云的《公社鸡群》，他批评说：把公鸡画得尾巴翘上天。对来楚生的《黑鱼》，他批评说：怎么画得这么黑？对刘旦宅的《琵琶行》及《梨花一枝春带雨》，他批评说：颓废的唯美主义。对周昌谷的《荔枝少女》，他批评说：这是十足的现代仕女画。如此等等。当时在场的美术界人士有的悄悄议论："这个徐老三懂不懂画？"

上海市委写作组主办的《学习与批判》，也发表了作者任犊的文章《"新"国画的"新"在哪里——评上海市工艺品分公司编的〈中国画〉》，重点批判了程十发的中国画《秋》，文章说："有一幅名之为《秋》的国画，画的人物比较大，可算是其中的'凤毛麟角'了。可那是什么样的人物呢？一个放牛娃，戴着玉琢，身穿一件古装百衲衣，手拈一枝香草。而就在这个不知是哪朝哪代的放牛娃头上，又画了几头比她大几倍的神态桀骜、姿势怪僻的'老牛'，气势汹汹地霸占了画面的大部分，真不知作者的用意何在。"文章还批判了林风眠的《山区》，说："一幅题为《山区》的画，令人看了头皮发凉，社会主义山区都给画成了黑山恶水，乌云遮蔽的天空，修道院式的房舍，细瘦欲摧的电塔，还有魔影似的群山……"由于江青已经点名批评陈大羽《画春》中的那只公鸡，文章当然也不会饶过，说是"一只尾巴翘到天上、昂首待搏的恶公鸡，它的眼珠子顶在眼眶的上角"，是"八大山人朱耷常用"的手法，"八大山人"寄托着覆灭了的封建王朝贵族后裔的"白眼向人"，"蔑视时事"的满腹牢骚，"今天画家在这只白眼公鸡上寄托了什么？颇足玩味"。

在画家中，程十发有独立思考，见解新颖，这在他的艺术创作中都鲜明而突出地表现出来。但他又和其他经受磨难的知识分子一样，经历了历次的政治批判，在"高压锅"中的脱胎换骨的思想改造，使他对自己也失去了信心，心理被扭曲，不敢相信自己的正确。在"批黑画"的政治恶浪中，他给学生苏国超的信（这批信现藏成都市美术馆），可以看到他那心灵被扭曲之一斑。

1974年2月22日，程十发在信中谈到"批林批孔"运动，他说："像我们受孔孟流毒深的人要自我革命，投入这场运动。本单位到现在还未见到点名的大字报。"虽然是简单几句话，已可感受到他处在胆战心惊之中，时刻都在从大字报上观察运动的动向，关心自己的命运。

经过一阵批判之后，4月14日，程十发又给苏国超写了一封长信，其中有一段讲到那本《中国画》的事，他写道："上海外贸工艺品进出口公司一个经办员自作主张出了一本样品画册，名字竟称'中国画'，其实里面都是些旧东西，是工艺美术旧货中的一个品种——新旧字画。而这个经办员还在画册前面写了一段前言，意说是三新的作品，这样就否定了十年动乱，故都作为'克己复礼'的活典型，中央文革组发现问题要重点批，我其中一幅《秋》也是重点批判的作品，徐景贤同志指出这幅画是抽象派笔触加上士大夫闲情画出浦江西岸的秋天。现在正在批判中，但这幅画还是作者的世界观艺术观没有改造问题。还有香港华丰国货公司他们自己为我开个人画展和我本人并无直接往来，他们自己开的，这个公司是我们国家投资的，发起人经理姓陈我也不认识，是国家外贸干部，他们还出了一本（19）64年月历，其中6幅（即一半）用了我的作品，现在事情都弄清楚了，我平日也没有反动言论，所以最近经过审查，要我把遗漏问题都交代清楚，准备矛盾转化工作。我平日上午至单位，下午在家休息，这是真实情况，请放心，而那本《中国画》影响太坏，还必须要批判，把批林批孔进行到底。"

5月29日，程十发又给苏国超写了一封长信，其中有一段写道："关于我目前情况，我参加了全市性大型批判会两次，第一次是由上海市美术创作办公室举办的，会上批判了黑画册《中国画》的出笼前后，点名批判了刘旦宅和我二人，发言稿已于5月28日的《解放日报》上发表，请你检读，最近一次全市大会是由市总工会、团市委、妇联、文化局、出版社（局）等6个单位主办，共批判了5个美术界复辟代表人物——刘海粟、刘旦宅、丰子恺、我、张自尊，工农兵发言批判，对我教育很大，发言稿可能要见报，请注意《文汇报》及《解放》二报，我相信你读了以后一定有收获，我情况根据市领导同志意见放到社会上去批判肃清流毒。"

艺术家都是以自己的艺术作为安身立命之地，即使政治上受到批判，如果他们还有一块艺园，还可以当作精神家园，使人生有所寄托。这次"批黑画"，使程十发在艺术上受到致命一击，在致苏国超的信中，他说："我总不想在运动中做反面教员，因此我感到这种旧画没有再制作的必要"，"我已几个月连毛笔也没有接触过，这样比较安静"。艺术家对艺术的绝望，那才是真的绝望了。

这本《中国画》是怎样出来的？它的出版与批判和程十发又有什么关系？且听听主持编辑这本画册的徐伟达的自述：

1971年，上海文物商店拆散后，我进入上海市工艺品进出口公司工作，负责中国画的出口业务，经常参加广交会。1972年下半年，公司为了扩大出口业务，纷纷印制出口商品的样本，工艺品公司也制订了一套印制出口商品样本计划，其中由我负责编制现代中国画的广告样本。我在编印这本广告画册中，根据国外客户的需要，以及当时的形势（如谢稚柳、陆俨少等画家所谓的政治问题没有解决，所以不能编入），画家的名单曾逐级上报批准才决定的。程十发先生的画作在海外以及港澳地区很受欢迎，而且出口价位也较高，广告画册中占有一页。我和十发商量后，他很认真，他认为：虽然是一本广告画册，却是"文革"中第一本中国画画册，他自己选了一页《少女与牛》，并亲自定名为《秋》，意思丰收之日，牛与人休息之间意。画面是傣族少女牧牛群，有老牛又有小牛，生生不息，国泰民安。这本名为《中国画》的外贸广告样本印成后，

程十发《黄歇浦西畔》

还没有对外发送，即遭到批判。他们在批判时，把十发先生的题意也曲解了。十发先生的题款是"程十发写于黄歇浦西畔"（十发先生住在浦西延庆路），批判时有意把"程十发写于"几个字漏去，批判文章称之把"大好的黄浦江西岸遍地红海洋"画成"仕女、老牛的闲情逸趣，封资修的景象"，成为上海头牌"黑画家"，我也受到批判。可见这些人文理不通。

更为严重的事还在后面。"文革"期间，徐伟达利用工作之便，将一些古画带出来借给谢稚柳、程十发等几位老画家观赏，因为那时没有东西可看。但是这些画都没有办理登记或借阅手续。"一打三反"运动时，程十发感到事情严重，心中有些紧张，就主动到上海中国画院工宣队"交待"了这件事。画家杨正新是画院"革委会"的领导，也是党支部的领导成员，很快就知道了这一消息，就设法通知徐伟达想办法来应付这件事。徐伟达说：

　　一天晚上，杨正新匆匆来告诉我那些古画的事。程十发已经向工宣队交待了，让我要有思想准备。我和杨正新商量了一阵，想不出好的对策。杨正新虽然是上海中国画院的党支部书记，但他也没有能力挽回。不过，杨正新曾建议我主动找我们单位的工宣队去谈。我想，都说明了是借的，没有多大问题，所以没有找工宣队去谈。但没有几天，工宣队就找到我的头上，要我交待这件事情，我如实地说了这是借的，不但借给程十发，还借给谢稚柳。他们到谢先生那里去调查，谢先生也说是借的。但工宣队认为我的错误是没有办理登记手续，不但给我戴上罪名，还对我批斗、隔离审查，最后关进监狱。说实话，我当时并没有责怪十发先生，我们相交颇深，深知他画画胆子很大，但为人处世胆子很小，常常会优柔寡断。自1964年"四清"之后，他就成为"老运动员"，使他比惊弓之鸟的胆子还小，他向工宣队交待很合乎他的性格和处境，不是别有用心地去揭发。十发先生虽然自己主动去交待了，但工宣队还是没有放过他，十发先生受到批判、挂牌、站台。"文革"结束以后，一次我与十发先生见面，他重提这件事，说是害了我，对我表示歉意。我就把话拉到了"批黑画"一事，我说："印一本画册，竟会印出如此的风波，使你们都受了批判，很遗憾。"而十发先生则笑着说："你不印这本画册，他们也不会放过我，一定要整我。啥人叫我是'老运动员'呢。""也好，他们越是想整人，说明越恨这些人，被整的也越是出名。"十发先生当时哈哈大笑，毫不介意。十发说的一点也不错，当时被整得更厉害的几个画家，如李可染、林风眠、傅抱石、潘天寿、黄胄以及程十发等画家，都是当代中国画的大师级人物。

粉碎"四人帮"的消息传来，程十发给在杭州的大儿子程助写了一封信，洋溢着激动的情绪，他在信中说："信已收到，马上给你回信。昨天，天安门大会已经开过了，这种全国上下一片欢腾的情景是从来没有过的。""西安暂时不去，以后还可以去，单位里我参加了一次游行，以后也没有通知开会，昨天我自发去看电视（彩色），只有 6 个人，国画组一个也没去，老头只有我和张充仁二位，有些青年人到人民广场去了。""老曹来沪，不必言明，他是来工作的，不是来玩的。他到杭州，你也不可能碰到他，现在已回来了，他常常来家，他留在上海较长时间。""老曹带来黄胄给我的一幅画，我的画现在要画。"程十发在给程助的另一封信中写道："老曹同志是工作组成员，他是负责人之一"，"形势大好，只能是一个序幕，慢慢来……要讲的事情很多，有些待你回沪时再说。"

走出国门

    1979年，实践是检验真理的标准还未提出，在文化思想领域中还是禁锢的，对十发的政策还未落实，他当然也在禁锢之中。日本方面和北京荣宝斋联系，邀请荣宝斋去日本举办中国书画文房四宝展览，要求把最好的画家请到日本参加该展。荣宝斋询问日方，他们认为最好的画家是谁？日方回答：程十发。这样，荣宝斋的代表米景扬就从北京赶来上海，找程十发商量去日本办展览的事。主掌上海中国画院的沈柔坚积极支持，经文化部批准，程十发成了"文革"后第一位出国办展览的画家。程十发深深感叹地对米景扬说："你真有本事，不但把我的画弄出去，还把我的人弄出去。"这次在日本的商业性展览，程十发的画销售行情不好，一幅最高售价合7 000元人民币，而程十发所得仍然是15元一尺，即使是四尺大中堂，他的所得也不过是100多元。在日本，程十发喜欢逛街，这样可以了解日本的风俗民情。在一个咖啡馆里，有一个可以烧瓷器的炉子，画家来到这里，可以当场画、当场烧，程十发当场画了两

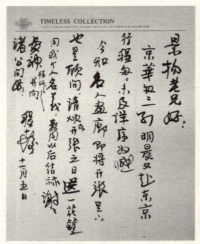
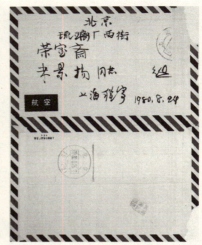

程十发致米景扬信札和信封

只盘子，一只盘子上画的是不倒翁，另一只上画的是山茶花。画家将它们送给日本人，日本人说啥也不敢接受——无偿接受艺术家的作品，在日本没有这样的规矩，但在当时的中国很通行。这和程十发给苏国超的信中所描述的事情形成鲜明的对比。他写道："前郭琦同志派了女婿来沪各处奔波要画，数次来我处，又拿了你和石公的情面，我没有办法给了他一幅旧作。不料此人拿了我的画再到别的老画家那里去招摇，这样影响不好，他又不知道这些人和我的关系。但我友人不少，他们马上给我反映，这也是我自己疏忽亦不责怪别人。"

由于北京荣宝斋的给力，程十发首次带着他的艺术走出国门。归来后，程十发和荣宝斋的关系就更为密切了。1980年5月5日，程十发在给荣宝斋米景扬、王大山的信中说："北京一别已有数日，回

程十发赴日本展览目录

家甚好，望勿念。不过觉得有些疲惫，休息数日已恢复。此番东渡多亏宝斋及各位鼎力，十分感谢。大米一同前行，极为照顾，事先事后辛苦安排，心中感激，不能言辞所可尽也。"他的作品常借荣宝斋参加展览，扩大自己在北京的影响，他在给米景扬的另一封信中写到乘家人来北京之便"带上一到二幅近作以作展出之用，原作送给你斋或借给你斋皆可。目的是多得到一些首长及同志们的批评，以利改正今后创作方向。"在另一信中又说："蒙关注，谢谢。属画扇，匆匆图就两个，奉教。有关拙画供贵斋张壁，亦是光荣任务。"荣宝斋也用木版水印出版程十发的画作，他在给米景扬的信中写道："《水牛与小孩》请缓制水印，约数日内有几幅请教。"程十发也曾致信荣宝斋购买旧朱砂墨及旧画，他给北京的朋友写信，请寻找旧画，信中说："余之所好最极者为老莲，请不管有存疑者，亦请发下

程十发赴日本展览海报

一见。其余所好，在余另一纸中请一检即得，而近日又思见李复堂小品（二三尺立轴），也请留意。……仿石涛二册页，祈留意。"

　　1995年7月末，程十发又一次到了日本，随行的有程多多、韩天衡、韩回之。在日本期间，程十发一行有九州之旅，看了世界上最大的活火山口阿苏山、熊牧场、别府地狱温泉；在福冈的柳川，泛舟于水乡之间，品尝着当地的名品屉蒸鳗鱼，程十发赞不绝口。

柳川之地，在江户时代朱子学大家朱舜水曾寓居于此。

在日本期间，还有中日书法交流活动，并于九州市八幡西区的皇子饭店举行"中国现代巨匠亲和宴会"，有350人参加，日本人称之为战后50年祈望两国和平之盛会，提出了"汉字文化圈中的我们希望和平"。在这样的气氛中，程十发挥毫写了"不再战和平友好"；在经久不息的掌声中，程十发说："曾经有过不幸的时代，今天，我们要以行动将枪变为笔！"

程十发一行还拜访了九州市市长末吉兴一，并提出作为文化交流的象征建立吴昌硕胸像的建议。是年正值吴昌硕诞辰150周年，同年11月，吴昌硕胸像塑成，由程十发题写胸像碑座："吴昌硕先生——程十发敬题"。还有汉光武帝下赐的"汉倭奴国王"金印，在江户时代在福冈出土，现藏于师村妙石的"金印沙龙"工作室内，程十发在签名簿上留下了"金印沙龙题名 十发""1995年8月7日上海市松江县程十发"。

程十发这次日本之行，还受到上海旅日画家周之江的接待，周与韩天衡是朋友。此时，周之江已经旅日八年，娶了日本女子山中真知子为妻。周之江就在真知子开的饭馆里接待了程十发、程多多和韩天衡。席间，他们谈起异国他乡谋生之涯，此时多多已经入籍美国。程十发问起周有没有加入日本籍，周之江说："没有，老爸不让加入。"十发听了大笑，说："你娶了日本太太，你老爸知道吗？"周之江说："知道。"十发笑得更欢了，笑得周之江不知所措。十发说："之江，你到日本已经八年了，太太又是日本人，还坚持听你老爸的，不全心全意投入日本社会、投入日本艺术，假！"在饭桌上，

程十发在日本写大字

程十发、韩天衡在日本金印沙龙，右为师村妙石

十发除了开导周之江融入日本社会，浸入日本艺术外，还特地为他起了一个日本名字叫山中竹史，妻子叫山中真知子，大家都在山

程十发在日本和韩天衡及周之江夫妇

中，才能成为一家人。这虽是十发日本之行制造的一个笑料，但周之江则视之为"指点迷津"，成了日籍华人，后来其作品《祥瑞图》为日本奈良招提寺收藏。招提寺为鉴真和尚于公元759年创建，周之江敬献的《祥瑞图》即纪念鉴真和尚为中日两国人民之间友好往来所作出的贡献。2008年，胡锦涛访问招提寺时，会见了该寺住持和周之江。

1979年，是程十发的转机之年，西泠印社为他出版了一套30册《程十发书画》丛书。这套画册是曾为十发佳婿马元浩以"一虹"的笔名，花了两年半的时间编辑而成的。丛书为：一、山山水水；二、草本花卉；三、飞禽走兽；四、滇南塞北；五、历史人物；六、艺术形象；七、书籍插图；八、构图设色；九、书法篆刻。丛书为24开本，彩色16幅，黑白20幅，草图几十幅。每册文字有5 000至7 000字，由姚雪垠的秘书俞汝捷撰写。俞汝捷为上海书香文化世家子弟，是马元浩初中同班同学。俞对传统文化有所了解，故对画的理解及分析都有独到之处，且能诗，文字优美。再说马元浩，为介绍程十发的艺术可谓费尽心血，倾其所能。还在"文革"期间，他用在机械进出口公司样品宣传科负责对外宣传职务之便，以及承办几家北京进出口公司的对外宣传品印制任务之便，把程十发的画印成贺年卡、挂历，向国内外发行。所谓"贺年卡"又称年历片即是如扑克牌大小的篇幅，一面印着年历，一面印着画，发行量都相当可观。当时文化萧条，贺年卡成为向亲友送礼及收藏的热点，成为那个年代的一道亮丽的风景线。

在香港举办画展期间，一位收藏家在博雅公司购得清初小名家所画扇面十开，只有一面作画，藏者遂将成扇揭开，用无画的一面请程十发作画。此金笺扇面当为明代之制品，程十发见之珍爱有加，今人能以明代金笺扇面作画真是难得，直呼福气，能在此纸上作画，是人生一乐。从戊辰（1988）到辛未（1991），费时3年，断断续续作金笺扇面十开，钤印：十发（4次）、白牛泾上程氏图书（2次）、修竹远山楼记（2次）、程十发（2次）、二陆邻人（2次）、程潼印信（2次）。

在这十开扇面上，又分别作了题识：

一、梅：雪满山中高士卧，明月林下美人来。辛未东坡生日，法南宋人，程十发泼墨。

二、兰：郑家兰草王家竹，一处相生不孤独。何可一日无此君，祖香风飘生迷谷。戊辰七日，程十发漫笔。

三、竹：三釜书屋藏有王友石先生窠石修篁小轴，今写来近似之。戊辰秋。程十发漫笔。

四、菊：黄花早发陶公前，爱菊之人已万千。何必见南山山好，秋霜万里碧云天。辛未嘉平程十发泼墨。

五、松：强致南山树，来经渭水滩；生成未有意，鸦鹊莫相干。写简笔松并寻东坡诗。辛未苏公诞日。十发泼墨。

六、葡萄：咫尺西林等，有名温和尚。泼墨写葡萄，不知何处藏？十发泼墨。西林寺离余旧居相近。时辛未东坡诞生日。

七、牡丹：玉环生秀眼，青莲具慧眼。牡丹有心眼，我当创法眼。梦中题牡丹。时辛未十二月十九日，程十发晨窗泼墨于三釜书屋。

八、荷花：暨阳道上雨如狂，四百年前一草堂。都说老莲何处去，新莲开遍旧池塘。去访洪绶故居，遇雨即事。戊辰七月，程十发。

九、竹石：其质劲而心则虚，风虽撼而节操不渝。辛未东坡生日，程十发泼墨。

十、一束幽兰二月春，墨池研水亦生金。自从画得潇湘后，更不闲题与俗人。辛未嘉平写后，借青藤老人诗补空。程十发泼墨。

答记者问

1985年8月,程十发去新加坡开画展时,接受了《联合早报》资深记者吴启的访问,访问结束后,以《坐看云起时——访中国著名艺术家程十发》为题发表了访问记,从问答中,可以看出程十发的绘画艺术在海外华人世界的影响,也可看到程十发对艺术的理解及对他自己艺术的看法,比较难得,故摘录于后:

问:要是有人形容你是自任伯年、吴昌硕以来,中国近代画史上难得一见的大师级人物,你有何看法和意见?

答:你所说的这两位画家,我都很喜欢。他们私交甚笃,年龄上,吴比任小。却也有所不同。文人画发展到清末,论诗、书、画、金石,吴昌硕成就均高,说他是文人画的最佳代表,并非过誉。任伯年壮年去世,年仅56岁,画画得好,诗、文却较逊色,只是他也自有长处,如对中国民间艺术,就浸濡很深。这也是说,吴昌硕在画风上倾向"雅";而任伯年则以"俗"知名于世。

他们两人的师承也各有别,吴走的是扬州八怪、八大山人、徐渭一路的，任伯年则追随陈洪绶的路子。这也好，到后来，两人的艺术风格就有不同，形成并领导了当年"上海画派"的兴起。

问：这对你产生了怎样的启示呢？

答：艺术史上有这样一个现象，每个时代在跨越另一个时代时，往往产生一些继往开来的优秀画家，吴、任两人也一样。他们生于清末，吴活到民初，任却以15年之差，逝世于清朝年间。若任伯年寿命长些，可能艺术成就可以和吴昌硕相埒或更大也说不定。

另外，"上海派"绘画中，还有一个值得介绍的人物——虚谷和尚。虚谷本身的技法，有半抽象的"味道"，画风可能是与他思想上受到宗教的影响有关。

虚谷早在他活着的时代已享盛名。他画得很少，后来声名远播，假的"虚谷"确比真的虚谷多。

问：这么说，你是否自认为"海派"人物了？

答：不！不是的！不能这样讲。我们继承任、吴，两人是道道地地的"上海派"，也有人不同意如此说法。事实上，是因为两人都在上海一地活动而得名。

主要的，一般只是依地缘分，把他们两人归入"上海画派"，就时代来说，从近代到现代，他们在画坛上贡献很大。这就等于说，分法可有"地区"和"时代"两种。我们的老师王个簃先生，正是吴昌硕的及门弟子，而当年上海美术专科学校校长刘海粟，也对任、吴两位的艺术给予极高的评价。因此，现在的中国艺术发展史，不能忘记这些"桥梁性人物"的作品和贡献。

问：和其他画家相比，你的作品较倾向于民间性，也即具有民间工艺美术作品，如年画、陶俑的特色味道。

答：有时要为"艺术"两字下界说，也颇不易。对此儒家有儒家的观点，道家有道家的观点，西方的观点又和东方有异了。另外，古代与现代，也大不同。只是美的一些境界，也可以追求做到民间和文人画的矛盾和统一。大师如齐白石，可说为我们树立了极好的学习榜样。过去的历史事实也显示了：艺术常是来自民间的，却也在士大夫的艺术圈子中产生大影响，可以说，艺术的根在民间，如何把这两者（指民间和士大夫）加以统一，是否应该说，可以做到在绝对中有相对，如明朝徐渭，所画当然是典型的文人画，但明朝瓷器上的纹样与图案，还是与徐画有共通之处的。几乎可以说，这两者有意无意间合而为一了。此为"民间与士大夫文人画统一"的确证。

还有另一种统一，指东西方而言，大家也许都知道，汉朝西安茂陵的霍去病墓前石雕，所作极为突出，造型不像秦朝的写实，中间用了不少夸张手法，一大块石头，石质本然的特色，都被善加利用，所用技法，有弧雕，也有立体雕。西方人前往参观，莫不异口同声认为是很现代的一种表现手法。而实际上，在中国人心目中，它是古代的一件美术作品，个人蠡测，这类表现手法，可能来自道家的影响也难说。你说我所画近于民间艺术品，这是真的。因为长期来我对唐三彩、陶俑和明器，极富兴趣。只是在本身从事画画时，还应考虑到如何化古为今，谨防照抄"古董"的毛病，以使人易于观赏和了解自己的艺术。

或者说，所谓美，应该理解为：艺术家把美带给人类世界，并共同为美好生活做出想象。我上面所说古今、东西的统一，只是一种手段，怎样以此扩大到人类对美境界的总体追求，才是重要的，只有凑合古今中外诸种因素，艺术才能达到本身的功能与任务。这也就难怪有人单纯理解一些画作，认为所画极为善良，有如世界真是如此美好。其实不然，这是纯由画家本身想象出来，画家的想象无远弗届，可以飞到古代，也可及于现在、未来。

问：传统中国画中常说的诗、书、画三结合，在你的画面上取得了极为协调、统一的总体效果，这三者之间是否存在共通性？

答：你这样讲，我倒要事先声明一下，因为迄今我还不断地在探索、尝试，我始终认为，"艺术"之为物，不易搞好。

问：程院长太过客气了！

答：不是的！比如说，往往今天觉得新鲜的东西，若不思改变，而径自把今天的"新奇"当作明天的"成就"看，后果可悲。所以我不乏自知之明，有不少东西我已了然于心，最后还是要割爱、放弃；也有丢弃许久过后再加起用的。像齐白石，是一个很好的例子，他到四五十岁时始习画，六十几岁突起变化，后终成大家，若他当年不思变化，停滞不前，就难望有什么生命力可言了。

问：谈到变化，有时也不是件易事，个人的条件，还是顶重要的。

答：是！是！虽然如此，我们还是要力图做到。比如人还是同样的人，在画时却应求得不同。还有一点，艺术家若想独立完成时代面貌，根本不可能，这方面非得集思广益，众志成城不行，而我们现在所能做的，就是尽一点绵力，刚才你说到我的成就，个人认为还谈不到也相去尚远。不是也有一种情况，画家活着时，名字响当当，等到人一死，全部作品顿时沦为废纸吗？

问：现在的中国画坛，有无一个较为明显的主流出现？

答：这件事可分两方面来说，现在看来，年轻一代表现不俗，他们都敢于试探、创新，精神可嘉。年轻人对传统技法不满时，就会向外学，这是好现象，也值得鼓励。

而中国画的框框也着实不少，这里我想提出三个"性"来加以说明，即：一、民族性；二、时代性；三、创造性。有此"三性"后，还要位置摆对，这才不会偏离民族绘画发展的大方向。总的来讲，比起"文革"前，目前中国画坛已很少受到政治的干预、骚扰，因此，所画所写，都是真实的。"文革"时则鼓吹画假画，艺术中的真、善、美三种要素，可说荡然无存。至于现在于题材的择取上，也可以自由选择，并无问题。

问：看你的作品，发现较少以现代人入画，是否现代人无法画得好或另有原因？

答：在和朋友聊天时，我常提到一点，即：在现实生活中，有些人希望"全部一样"为最好，有些人则认为"样样不同"为最好。"文革"时提倡"全部一样"，服装上最可明显见出，举凡男女老少，全部一样蓝色，但实际上，人类在现实生活中，还是以要求"不一样"的人居多。比如我到新加坡来，发现这里的楼房处处不同，觉得好极，至少易于识别认路，不至于迷途。那么，在一个要求"一样"的时代中，画画变成一件苦事，也是可以理解的。有了上述的看法和认识后，往往我们就爱处理一些少数民族的、古代的题材，传统中国画中的线条，是更适于表现这类题材，若你到过泰国或云南傣族地区，对于那里住民的言行外貌，当会留下更为深刻的印象，也就可以印证上述我所说的话不假。

我们是认为应该保留各民族间固有的民族服装，只是放眼一看，国际性的服装还是多过各民族本身的服装。当然，要是我今天穿着中国的长袍马褂，出现在新加坡的某处热闹街头，当然是太过于引人瞩目。（哈哈大笑）到少数民族地区去，是我们所深感兴趣的。长期来，我不仅以他们入画，还广泛搜集该地的民谣、民歌和民间故事等各种不同的艺术形式。

问：若你画太多少数民族，观赏者又都是汉人，会否产生观赏上"隔"的问题呢？

答：其实这问题不存在，少数民族的歌舞，不是很受欢迎吗？少数民族也有因为交通与对外接触频繁的关系，而逐渐失去本色。记得我到云南西双版纳去，见到那里的少年人手持一个录音机在倾耳细听，初以为所听是他们本身民族的音乐，不想竟是时下最流行的"迪斯科"（Disco）。因此，我在画少数民族这一题材时，力图把他们的"美"保留在画面上，且试着让他们看到本身的美好之处。若画家能多处理这类题材，想必不会产生什么消极的作用。

问：你是在为少数民族准备一套教材了。

答：我还想在此补充一点。少数民族的音乐、戏剧、故事、文学，我们都很重视。

问：不少人认为你在线条的应用上，具有很高的造诣，传统的所谓"十八描"，已对你不产生束缚，希望你能就此多谈一些。

答：线条是我们传统绘画技法中的一大财富，从远古开始，六千余年前的彩陶，所画图案的笔触，那线条就是日后中国画的主要特色。而后来的西方画家，如马蒂斯也爱用线条表现。线条也可补充色彩的不足。线条易于表达，却富有感情。通过线条，可以见出情绪的变化，情感的波动。画画之时，不论有没有用到素描，是离不开线条的。至于画法，也脱离不了对线条用法的理解。

问：是否画家有意用"线条"来分别出摄影与绘画作品的不同？

答：摄影也有追求绘画效果的，如暗房中所用的色彩处理、曝光效果，想使一张相片具有"版画"味道。其实，艺术的手段，彼此之间很多相通之处，如郎静山先生的摄影作品，用的正是绘画中的"组合法"，以取得形神兼备的效果。摄影中的绘画性、线条性，西方作品中尤其多见，如以两张底片，通过一阴一阳的粗叠，产生线条效果等。

问：有人认为画连环画是小道，中国画家却乐此不疲，优与为之，几乎所画每一小幅都以大画态度来认真对待处理。对此你有什么高见？

答：刚才我提到古今与东西的统一问题，这里还有一项，就是"提高"与"普及"的统一，连环画基本上朝这个方向走。

过去有些人不愿画连环画，说是小人书，不屑去作更高层次的艺术加工。个人感觉，形式上可以是连环画，却可以放入文人画的画法，我个人就有意做此尝试，可惜不尽合人心意，如《阿Q正传

程十发创作的连环画

一〇八图》、《胆剑篇》，是两种完全不同的表现。

问：但你的风格已基本形成了，所画和你后来的作品，可说相去不远，至少一见就能得知是出自你手。

答：对！对！这点我也同意。

问：连环画的绘制，费时旷日，没有专业性的固定收入，很难坚持下去。

程十发创作的连环画

答：我想，对画画来说，还是应该首先考虑到兴趣的问题，至于能否卖钱，还在其次。凡事不能本末倒置，把第一个意图和第二个意图对调过来看待，我不表赞成。现在我也画专业以外的东西，有时高兴起来，也为人画说明书的封面、海报或甚至为明星画像，只是这要有个前提，就是和我有关，是有感而画。作为商品，无可否认，作品本身离不开钱，只是对艺术家本身来说，兴趣还是重要的。

问：这也等于说："心术要正。"（哈哈大笑）

答：就这点说，不管所画是张挂在博物院，或者只是随便散置于路边，画家的最大幸福与骄傲，莫过于所画引起观众共鸣一点了。

问：程院长情操很高。

答：不瞒你说，我画连环画，也有利于我个人的技巧训练。通过我前面所提的几种统一，目的是使本身的艺术能对社会有所裨益，能够"雅俗共赏"，是我最大的成功，也是个人所欲追求的最高境界。

问：中国方面极为注重连环画这门艺术，贺友直不已成为教授？

答：这是受到鲁迅当年所说的影响，在他看来，画连环画也可培养大画家。

问：法国有人在研究你的连环画？

答：是有一个叫戴千里的法国人，在博士论文中提到我和张正宇两位。

问：最近你所完成的《山水册页》连作，受到画评家的高度赞许，这组画作，有何创新与突破吗？

答：其实，说到创新，这组画中所见不多，主要还是取法古人，然后再择用于现实生活的内容中去。这12张画，张张不同，共有12个样子，技法上避免雷同，这是我最新的一种尝试。话又说回来，技法是旧，整个构图与意境，还应求新求变。册页已准备印成月历牌，张数刚好是12张，而大小有异，月历是比原作大些。

问：中国画的惯见技法，可分为"写意"、"写实"两大类，以"写意"来说，八大山人之后，很多学他的人，大抽其"象"，以致越抽越少，最后甚至无象可言了。

答：其实，"写意"、"写实"并无大冲突。画中应"以神为重"，或相反的"以形为重"，都行得通。工笔与大写意，也可在同一幅画中求得统一，只是到最后必须达到不留痕迹的效果就是了。

问：论者认为你的画在60年代后发生很大的变化，比如设色、构图，都较自如、豪迈，浪漫色彩也浓。同时大幅度在画中采用夸张、变形等手法，像夸张、变形，有没有一个限度呢?

答：所谓夸张、变形，说的还是"形"与"神"的关系。"形"不是最主要的，为了表现"神"，故"神"有时又是内容、又是形式；为表达内容，"神"要通过形式，来促成其事，有时必须加以夸张。还有，由于绘画创作过程中临纸必不可少的激情、冲动，有时会所想与所画，有不尽相同之处。因此，我常说自己的一些画"是梦境的反映"，有了白天生活为根据，晚上会做梦，内容却不可能雷同，因此，作品中所出现的形象，并非画家刻意想去夸张表现或什么的，而是兴之所至，自然形成。

问：你认不认为贯休和陈洪绶两人变形过甚了?

答：两位都是中国画史上最最伟大的艺术家，贯休传世之作不多，他的风格，表现在《十六应真图》中，相信陈洪绶也受他影响（陈曾在杭州生活过），两人在线条处理上，均不同凡响。陈画有些人物形象头大身小，而比例得体的，也不在少。

问：西方现代画，从画中诸多因素抽取一种出来孤立对待、强调处理，产生以色彩、构图、明暗的单一效果，这是否也能适用于中国画?

答：前面已有言及，我们必须画出具有民族色彩的中国画，并兼顾到"时代性"与"独创性"，违反上述原则的任何技法，我们似不宜加以考虑。

问：一般写字的人很重师承，字各有体嘛；而台端的字，结体奇特，章法也怪，对此，你有什么看法？

答：字体的怪不怪，也很难说。王羲之的字，名作如《兰亭序》，于今看来，字体娟秀，和同时代人的作品相比，发现相差很大，他的字所起的变化，在晋朝应该是前所未有、新颖奇特的吧？

问：你在字体上的求变，是为了配合画作上协调的需要吗？

答：不是的。画家写字与书法家写字有很大的不同。前者写字，富于绘画性，用画的笔姿、感情来写字，也注意到字整体的章法。书法家用的是"笔法"，所写每字都见章法，却较少顾及整体的结构问题，此外，也少以情入字。以上是我个人一些不太成熟的看法。

问：许多人都在追摹你的画法、画风，对此你有何看法？

答：要画得像我，意图、动机无非学我，学我而像我，实际上就不等于学我。为什么呢？我最大的不同，就是异于他人，其实，我画的也不是很好，与人不同就是了。那么，学我的人亦步亦趋，学到一般无二，实际上已经走样。学我的人千万要谨记一点，学我绝不可像我。你学我就不要像我，不像我的，才算学我。

问：你的话，很有禅味。也许年轻人起步，非学人不成，这是一个必然的历程吧？

答：为人师表者，最大的责任，还应在自己走过的道路上，指导、规范他，使他明了民族性、创造性、独创性的重要。一开始即懂得去写出具创造性的作品，此人前途当是不可限量。

问：要是学你的人多了，迟早绘画史上有"程派"的出现？

答：当然，徒子徒孙多点，也是福气。只是，我的作品要对人产生大束缚，我于心不忍。此外，要是跟着我的老路走，我虽也可随时帮他在学习道路上克服困难，修正成果，但这很难，最好还是不要的好。学人最要紧的是勿学表面形式，要学对方的"内在"、"精神"、"内涵"。

问：西泠印社的《程十发书画》一套书，已经出齐了吗？这里只能买到九本。

答：出齐了，早就出齐了。也就是到第九本结束，预告的《砚边拾遗》，是收入前面九集中遗漏的一些篇什，觉得没有必要再出，也就到此打住，还有，这套书在中国已售罄，发现也没有什么价值，不过是一些资料，利于初学，因此，也无再版的打算。

问：这套书对普及作用很大，希望你能早日出齐，并予修订再版。

答：好的！好的！谢谢你的好意。回去之后，我再考虑一下，把这书印得好一点，现在这个版本，印刷质量并不高，或者最后一本出成大开本算了。

问：对作品的不朽，你是否已心中有数了？

答：这点是在个人的意图、愿望之外，要传世，历史的考验是最公正的，也是最残酷的。有人在活着时，大名鼎鼎，死了之后，全部所作顿成废纸。我现在所做的，可能只是制造废纸，也未可知。

问：许多人都认为，你早已不朽了。

答：哪里！哪里！

问：你能否和我谈谈每日的作息时间？

答：每日早上，依时有司机载我去上班，行政工作有各位主任分劳，我是没有私人秘书的，下午接待客人，晚上也有工作，画画的时间说来有限，因此，有时若发现并无大事可干，我就索性留在家中作画，估计最多一周中可有两个半天左右时间可资利用。所以，有一点你不能不知道，就是我时间不多，画也有限，为何市面上仍常常见到我的画？这是我做梦时完成的吗？（在座者都哈哈大笑）记得我在新加坡一个地方看见挂有我的10张画，其中两张是真的外，其他都是赝作。香港也有不少我的假画。

问：将来有什么计划吗？

答：也谈不上有什么计划，只希望减少俗务，专心作画就是了。还有，我现在是在为人作画，多少有点情非得已。

问：东方画家都讲"师造化、师古人"，对此你有何哲学性的思考吗？

答：所谓"中得心源"，一定要有"外师造化"为先决条件。否定掉形象的因素后，实际上画家仍然受到外在客观因素的影响。色彩与笔触，其实也为客观的存在，古代中国留传下来具有"心源"两字的作品很多。中国传统画论中的"六法"、"六常"，对画家影响不小，这些理论，能说明过去，重要的，还是未来的发展。"六法"（谢赫著）中也有不少缺点，不可照搬，如书中所说"随类赋彩"，说的是只能用一种颜色来画东西，这就不尽合理了。另外，在为画家排名时，他也不无偏见，大画家顾恺之就被弄到后面去了。

问：这是看人不准了。

答：书中也有极好的看法，"气韵生动"就是由他提出，但有些看法，还亟须后人发展。

问：中国画发展了好几千年，优秀作品也多，技巧方面是否已被发掘完尽了？

答：没有这样的事。这有如接力赛跑，选手往前直冲，必须要不断向前。

问：你对吴冠中先生的画，香港吕寿琨或刘国松的画，有什么看法吗？

答：吴先生留法，过去画油画，最近则多画水墨，所画线条漂亮极了，其风格是受西方现代派的影响。至于刘国松，他在中国开过画展，年轻画家仿他的人不在少数，他利用一些特制的纸张，画后再一层层地撕掉，他的教学方法很好，学生仿得一模一样。

问：他是把画"制造"出来，他也有很好的理论基础。

答：他画作的意境也有中国味。对艺术形式的探讨，法门极多，也是被容许的。到底他们也在追求一种美，何况这"美"又都是东方的。还有，刘国松画"太空画"，对宇宙进行探索，也是很了不起的一项尝试。形式上，不应反对人家，艺术的好坏，还是应由时间来鉴定。

问：像这类画，内容上不如韩滉《五牛图》或张择端的《清明上河图》，对比之下，斤两可能就轻了？

答：张择端是否为《清明上河图》的作者，尚属待考，但那是一幅通俗画，把当时汴梁的街景描绘在画上，巨细无遗，可惜并未完篇。但换一个角度，宋代苏东坡的竹子图，是否就没有社会性、时代性了？喜欢苏东坡，应该也容忍张择端的存在，各种题材、各种构图，应求不同才是。画家的探索精神，付出了很大的代价，应予尊重。所以我极为赞成年轻人多作尝试。

"我家是个马戏班子"

1990年，正值程十发70岁生日，暨他和张金锜金婚之庆，他们邀请了几位老朋友参加家宴。在宴会上，《解放日报》高级记者许寅举杯致辞，引用了西方谚语——"一个伟大的男人的背后，必有一个女人在默默作出牺牲"，并以此语义加以发挥，程十发带头鼓掌。讲完坐下，欣苈、程助和多多姐弟三人一齐向许寅敬酒，表示感谢。程助还特地和许寅"咬耳朵"，说："许叔叔，你这句话不仅讲出了我们子女心里话，也讲到了老爸的心底里。这个评价对我妈妈来说，太贴切了。真的，没有我们这个好妈妈，我们好爸爸可能就没有今天这么大的成就！"就是在这个欢庆宴会上，大家建议程十发举行一个全家画展。

经过一年的筹备，1991年7月，"程十发全家画展"开幕了。程十发很风趣地说："我家是个马戏班子，倒也不错。旧社会的马戏班子，多是一家一户为演出单位，有的顶碗，有的蹬车，有的钻桶，有的爬竿，有的腰斩，有的喷火，各有所能。"班主程

程十发和他的三个孩子：
女儿程欣荪，儿子程助、
程多多

1983年程十发夫妇和四个孙辈们

孙子当兵复员后回家

程十发和孙女

十发本人自不用说了，山水花鸟人物样样皆精，这时尤以人物为主，他的作品当然是全场的压轴大戏，其中有一幅《杏花双燕仕女图》是画给爱妻张金锜的，题跋特别有趣："金锜吾姊七秩晋三寿庆，以此杏花双燕仕女图相奉祝，时庚午蒲月十一日，程十发并记于帝利市。"庚午即1990年。从题跋中我们知道程十发还是一位"小丈夫"。张金锜与程十发是上海美专同学，专攻花鸟，是王个簃的高足。两人从上海美专毕业后，就夫妻双双把家还。由于经济困难，张金锜放下画笔，相夫教子，扮演起家庭主妇角色。时隔40年，她才又重提画笔，参加这次全家画展。她参加展出的作品有《大瓢》，由其尊师王个簃作题："大瓢，金锜女弟此帧依然是缶庐风度。个簃八十四岁补笔。"她的另一幅作品是《五色牡丹》，由刘海粟作题："沉香亭北倚阑干，相见时难别亦难。佩玉鸣鸾罢歌舞，凭君传语报平安。金锜女弟设色牡丹笔意苍浑，集唐诗题。壬戌大寒刘海粟专书，年方八十。"刘海粟是上海美专的校长，张金锜是他的女弟子，为学生题字理所当然。女儿欣荪先后毕业于上海美专和上海戏剧学院舞台美术系，为著名舞台服装设计师，曾参与《白毛女》、《金舞银饰》等舞台服装设计。这次展出了她的《丽人行》，由谢稚柳题识："丽人行，程欣荪笔，辛未春谢稚柳题。"另外，欣荪还有《采莲图》，笔致劲道，看得出她是深得家学渊源，风格酷肖乃父。长子程助，受家学熏陶，自幼习工笔花鸟，此时在杭州歌舞团绘制舞台布景，展出的《婺源秋色》、《华舍水乡》，从写生中得来，颇别具一格。次子程多多，毕业于上海师范大学美术系，此时正旅美深造，所绘《墨水枫

程十发说："我家是个马戏班子"

叶》、《美国国家公园夜景》和《圣海伦火山远眺》，别有新意。外孙女马晴，毕业于华山美术专科学校，外公外婆是她的最好老师，以画花卉为主，这次参加展出的《月季》，有其外公题识曰："马晴临余瓶花极为神似，岂我家之云山樵乎！时己巳夏仲，十发记于三釜书屋。"外公对她的喜爱之情跃然纸上。唯有女婿马元浩，本非画界中人，但他是个有才能的摄影家，曾获英国皇家摄影学会高级会员头衔，为凑全家画展，才临阵磨刀，所画的《汉迹》、《风雨双鹅》虽然幼稚，也还算是别有情趣。

程门全家画展在上海颇受好评，《文汇报》、《解放日报》、《新民晚报》都发表了展览作品专版。诗人萧丁还吟诗祝贺曰：

程十发和张金锜

一门大小尽丹青，
为画神州满眼春。
欲借长天作长卷，
恨无鲸笔吸洞庭。

美术评论家丁羲元亦有四言诗称赞曰：

一门画笔，满堂生辉。
翰墨香古，逸兴遄飞。
寄意非遥，万里共辉。
二陆绵邈，千载芳菲。

程门这次全家画展，张金锜不只是以她的画引起人们的关注，因为以往大家都不知道她还是一位女画家，更因为她放弃自己的艺术爱好，在幕后支持程十发，而以她的人品引起人们的敬重。但在程十发的艺术生涯中，张金锜扮演的又不是只管柴米油盐的家庭主妇，正如程多多所说，"她的感觉和审美眼光一点也不比父亲差"，而且"在爸爸的艺术发展过程中，妈妈总是帮他出主意，提出中肯的批评。记得她常常笑着对爸爸说：'我可是你作品的第一个观众，也是一个批评家呀！'在关键时刻妈妈总能给爸爸以有力的支持，做坚强的后盾"。

对程十发来说，张金锜是奉献的一生。

天意从来高难问。正当张金锜拿起画笔，重新开始艺术生涯时，却与世长辞，离开人间，离开艺术相伴四十余年的程潼。

1993年夏天，张金锜以画家的身份与程十发同赴新加坡举办画展，归来不久，突于7月21日上午9时，因心脏病并发脑溢血，急送中山医院抢救。程十发在女儿欣荪及著名笑星王汝刚的陪同下赶往医院看望。病房中，张金锜已是面如土色，不省人事。欣荪走向病榻，大声呼唤母亲："姆妈，爹爹来看你了，你眼睛睁开来啊！"尽管女儿大声呼唤，病人还是没有反应。欣荪不禁失声痛哭。十发见状，对女儿摇摇手，轻声说道："不要打扰她了，你妈操劳一辈子，让她安静点休息吧。"说罢就默默无言地坐在夫人床边。欣荪担心他的身体，几次敦促他回家。十发默默走近夫人，两眼一动也不动，紧盯着夫人的脸，眼中涌出了泪水。他伸出双手拉着夫人的手，久久不愿离开。回到家里，十发对女儿说："你姆妈不会回家了。"他见女儿不解,又说:"我仔细观察了你姆妈,她已魂飞魄散了……"

一语成谶,7月25日上午6时38分张金锜溘然长逝。天夺其寿,为什么就不能让她多画几年,多享受几年艺术家的生活呢?

按照程十发的意见,夫人张金锜的丧事按上海一般人家的习俗办理,寿衣是"五领三腰",即五件寿衣,三条裤子,寿鞋上有两颗夜明珠。王汝刚还提醒:"沪上习俗,要请道士来念念经,为亡灵引路。"十发说:"要的,说不定到那里(阴间)也在搞什么高速公路、地下隧道,没有人引路,夫人容易迷路。"虽然出语幽默,但大家知道他此时心中在流着血,是在用谈笑风生来掩盖自己的极度悲痛。晚上,程十发到夫人遗像前,双膝跪地,磕了三个头。在旁的人劝说:"你和夫人是平辈,不必行此大礼。"十发说:"虽然我们是平辈,但张金锜是我的夫人,又是我的姐姐,她为程家相夫教子,含辛茹苦一辈子。今朝姐姐出门远行,我怎能不行礼恭送。"为张金锜送行的那天,灵堂里布满花圈、花环,但有两样东西,令人触目难忘,一是夫君程十发送的特大花篮,两条血带上程十发亲笔所书"爱妻金锜夫人千古 程十发敬挽"。他打破了夫挽妻常用的"泣挽"而改为"敬挽",可见张金锜在他心中的地位,也是他对其贤妻一生的评价。另一个就是那副长长的挽联,此联为张金锜的堂弟张之江所送,为丁锡满(诗人萧丁)撰文,韩天衡书字,联语为:

食同锅,坐同凳,姊弟情,全家福,乐在钱塘,往日旧人唯我在;

案头闲，灶头热，同窗谊，夫妻爱，心献淞沪，先生大业有卿劳。

这副挽联堪称美妙佳制，生动、贴切、传情，描述了张之江与张金锜不是一母同胞，胜似同胞的骨肉之情，也表明了张金锜与程十发非同寻常的夫妻关系——由同窗而夫妻，情深义重。开头两句"案头闲灶头热"点明了金锜大姐归程之后，不计搁笔离案，终日操劳灶头，全心扶持夫君成才，所以盛赞"先生大业有卿劳"。这也正是十发不用"泣"而用"敬"的原因所在吧。

程十发由王汝刚搀扶着走进龙华殡仪馆中央大厅。王汝刚的舞台搭档李九松迎上前来，说："老太太遗体已经整理完毕，妆化得很好，请程先生去瞻仰一下，有啥不妥，马上改进，化妆师是我的老友，不满意可以重新再来。"程十发双手抱拳，连声道谢："谢谢，谢谢，九松老兄。"李九松一愣，说："程先生，你的岁数比我大，怎么叫我老兄？"程十发微微一笑，说："不，是你比我大。喏，我叫十发，你叫九松，九总归在十前头的，阿是你比我大？"

程十发缓步走到夫人的遗体前，双目紧盯着夫人的脸，用颤抖的双手，把鲜花高高举起，而后轻轻地放在夫人的胸前……

追悼会上，程家长子程助致答词，对其母亲评价谓："集孝、贤、慈三字于一身"，这三个字惟妙惟肖地刻画了张金锜的高尚品格，这也正是中国女性共同的美德。

回家的路上，程十发得知，这天上午，人们在这个大厅里为昆曲表演艺术家俞振飞送行。他若有所思，突然眉毛一扬，对同行的女儿欣荪说："不要难过了，侬姆妈是戏迷，终身痴迷昆曲，现在她

1985年程十发夫妇和女儿欣荪

随俞振飞大师看戏去了，侬姆妈听戏去了……"相濡以沫、同甘共苦的爱妻撒手西去，对他心灵的冲击是难以言表的，而此时他仍然是那样豁达。

在程十发的生命中，夫人张金锜和女儿程欣荪是他的两大精神支柱。夫人的逝世，使他的精神殿堂倾塌一半。三年后，程十发的爱女欣荪又被癌症夺去了生命，他的精神殿堂的另一半也倒塌了。这样的打击使程十发陷入痛苦的深渊之中。

笔者读到程欣荪生前用圆珠笔写的一篇《女儿情絮》，把她对父亲的感情如剥茧抽丝一样，一缕一缕地抽了出来。她写道："1942年的金秋，农历八月二十七日，正值孔子的诞生日，在上海老西门附近，一个过街楼里，我出生了。我出生的第一天，爸爸就喂我吃云片糕，这么粗的食品我怎能咽得下，当然是吐了爸爸一身。第二天，我尚双眼朦胧，爸爸就抱我去照相馆拍照，我无法坐下，照相师傅认为无法拍，可爸爸坚持要拍。结果还是爸爸的主意大、聪明，让我睡着拍。师傅第一次碰到这样的顾客，于是也就留下了我一生的第一张照片。"从这段文字中可以看出，21岁就做了爸爸的程十发的窘态及望女成凤的心情。

张金锜因体内缺铁，而又无法吸收铁质的食物，经常会晕倒住医院。因为是私人医院，收费很贵，程欣荪写道："爸爸工资低，要负担全家，经常付不出医药费，爸爸只能日夜赶画连环画和插图，中午回家利用下午上班前的那点时间画，晚上要画到深夜，晚报一刊登，第二天取稿费就马上送医院交医药费……人们只知道爸爸画了许多连环画，但不了解背后的辛酸，当时我小小的心灵非常清楚。"

谈到在美术专科学校学习，程欣荪写道："大多数同学都学过素描，而我没有学过，一把铅笔拿在手里什么型号也不知道，跟不上同学水平。爸爸看到急了，一放暑假不让我出去，上班前交给我素描稿叫我画，下班后还要检查修改。"

程欣荪还谈到程十发对她要求很严。说她在上海戏剧学院舞美系读书时，"爸爸常来讲课。记得那时我的画，爸爸每次都给批'3'分。有一次我忘记写自己的名字，居然得了'5'分，爸爸表扬这张画画得好。后来才知道即是我画的，我心里既不服气又得意。"

程十发在"文化大革命"中劳动时用的手套，虽然磨破了，女儿欣荪还珍藏着，她说："爸爸被批斗，过着非人的生活，他每天都不表露出来，免得家人担忧。去农村劳动，又不让戴手套，否则要被工宣队批判劳动态度有问题，天气十分冷，寒风刺骨，我花了整整一夜，赶结了一副蓝色绒线手套，手指露在外面，免了批判又可以御点寒。"

文章的最后，程欣荪写道："爸爸在艺术上是一个伟人，在生活中是一位慈祥的父亲，他的一生无个人享受，多的是奉献，为别人操劳。"

在"文革"中，欣荪伴着其父母度过了艰难的岁月，她的丈夫马元浩有这样一段回忆：

1967年"文革"进入了高潮，十发先生的长女程欣荪从上海戏校毕业后，已经成为《白毛女》等剧目的服装设计师。她仍单身，无男友。有人给她介绍了一位医生，程欣荪婉言拒绝，她不喜欢。那时师娘有个长辈，尊称三外婆，也为外孙女的婚姻着急。她给师娘提出：那个经常来家中的元浩你们不是都很喜欢吗？我看这个青年倒不错。她先问师娘，又问十发先生，得到同意后，再来问我。欣荪大我两岁，每逢星期天休息，我去程家，有时见她周日休息在家也在专注设计与画画。总之，我们讲话不多。我很高兴地应允婚事，最后三外婆去问程欣荪本人，说二老同意，元浩答应，只等她表态了。程欣荪点头同意。好笑的是平常我与她见面不少，居然还要三外婆做媒。于是在1967年我与程欣荪结婚了。

筹备结婚时，我用碱水将我家里的老家具洗了洗，再油漆了一遍，睡觉的棕绷是当时在杭州剧团工作的欣荪的大弟程助，请人穿了一个，再送到上海。结婚那天，我们两人只有9元钱，老丈人到了晚上很晚才来看我们，因为那时他已成了"专政"对象，在淮海路扫马路，收工之后才可脱身。

因为欣苏的大弟程助去杭州工作，二弟程多多又去农场，我与欣苏在上海，我应二老要求，随欣苏搬到她家，与十发先生一同生活。于是我在程家承担了16年的买菜和洗衣的家务。家中经济困难到何种程度我一清二楚。最艰难的一天，全家只有2角钱，煤米油盐全告急。当时十发先生家无朋友来往，也无处借款，此时只有去旧货店卖旧物这一条路可走。十发先生叫我将他家里清朝制的一只圆红木桌子及四只圆凳拿到旧货店出售，当店家发现东西是程十发的，就变成"阶级斗争"新动向了。

夫人走了，女儿又走了，程十发真的孤独了，程助和多多又不在身边，没有人能和他进行沟通交流，他只能在孤独中度日。

敬老·尊友·扶幼

　　深入到程十发的世界，可以进一步发现他在艺术上取得的成功，除了向传统艺术汲取营养外，更重要的还有是他的心地宽广，能包容一切。凡是对他有所帮助的人，他都不会忘记。凡是他的同辈画家他都能取其所长，没有文人相轻之病；对青年后学，他是爱护备至，赢得青年人的拥戴。当然，对青年的奉承，他在乐滋滋之中还是心中有数的，为人处世多在"缘""圆"二字上著功夫，都蕴蓄着他的一片真诚。尊师之情和程十发是相始终的。如他对恩师李仲乾，总是一再写文章回忆，说自己的艺术道路，是受"李师的较多影响"，李师鼓励他临摹《郑文公碑》、《张猛龙碑》，使他在以后对《石门铭》、《石门颂》、《瘗鹤铭》的笔法和书体产生了较大兴趣。对老师的点点滴滴教导，他都深深地藏在心中。

　　程十发不承认自己的书画是"海派"艺术，他甚至怀疑"海派"这一说法的存在，但他对高举海派旗帜的王个簃恭敬有加。王个簃当年是艺专的教师，也是他的夫人张金锜的老师，他以恩师待

程十发、张金锜夫妇与老师王个簃在杭州

之，在报上撰文介绍王个簃的艺术、诗和艺术随想录。

1987年5月，王个簃90寿辰书画展，程十发以《生命和艺术的霞光》作贺。文曰：

王个老从事中国书画篆刻艺术活动已有70年。这次书画展，难能可贵地展出了他自20年代迄今的全部代表作，特别是近几年充满活力的新作，王个老的作品和艺术实践，使我受到极为有益的教育和启示。

中国画的创新和继承是我们常谈论的课题。不可否认，吴昌硕画派使国画走向近代，当代老一辈的大师都受到这一派的影响和启发，王个老的可贵，在于他继承吴昌硕画派而加以发展。如何突破传统，如何以优秀的传统来突破保守的模式，王个老以他精深的文艺修养，包括诗、书、画，全面的涵养来丰富自己作品的内涵和形象，取得了极大的成绩。

王个老热爱祖国，热爱社会主义，这成了他艺术创作的动力，特别使人感动的是他八九十高龄，仍被中国运动员的拼搏精神所感奋，为蝉联世界冠军的中国女排的成员每人创作了一幅画和一首诗，表示他——一个艺术家和人民、和祖国在一起共享欢乐的赤子之情。

在"王个簃九十寿辰书画展览"中，大家可以感受到王个老正在变法，正在创新，打比方说，他过去几十年好像在铸造一座金属的钟鼎彝器，为使他这座艺术品的古茂斑斓而不断冶炼它，使它增加重量和光彩，这是他花了极大的心血才达到的艺术高度。可是，他今天的作品，表明他在追求另一个高境界，仿佛是将一尊古茂的彝器，化成满天的星斗和彩虹，使人能看到而摸不到的满天飞舞的珍宝和霞光。他所新创造的一切，正是我们最需要追求的东西。

同时，程十发还介绍王个簃的嫡传曹用平。通过对曹用平的介绍又进一步折射出王个簃的品德，说他们"师徒之间不尚虚伪而笃重真挚情谊"，介绍他们在"文革"期间，师徒二人相互关心，相互扶持，共同走过那艰难岁月。王个簃已经是80岁高龄，对60岁的学生仍然有着严格要求，为学生写下了座右铭"勇心前闯，全力进修"；曹用平要进行作品观摩展览，还要请老师对将要展出的作品进行审评。程十发把王个簃、曹用平的品德相互映照地写了出

程十发和学生毛国伦

来，归结为这是"溢出画面以外的美"。

　　桃李满天下的程十发，自称只有两个半学生，一是汪大文，二是毛国伦，还有半个是柯青，柯青跟他学画的时间很短，故称为"半个"。汪、毛二位是他用心血浇培出来的，这是人所共知的，这里就不多说了。即使不是他的学生，向他求教时，他也是热情指点，真诚地评论他们的艺术。韩天衡本是篆刻家，后来也画起画来。程十发看了他的画后有一种别样心情，说："想不到现在，我发现有些年轻书画家，他们很有才能，这就让我有了前不如古人、后不及来者的感觉"，"若论年龄，我要比他年长二十来岁，他要成为我的后辈；但是学问不是靠年龄排队的，当我们走进故宫博物院的绘画馆，十几岁的王希孟照样和七老八十的李晞古不分前后、平起平坐。所以卖老有时卖不掉，大拍卖也无人要。"进而又说自己"不及他用功"，"不及他的见识"，"不及他的处世"，"不及他的谦虚"。20世纪80年代，上海的住房还是很紧张的，韩天衡虽然在篆刻艺术领域中脱颖而出，名声大振，但那名声还是换不来房子的，仍然蜗居在自来水公司职工宿舍的斗室之中，并自榜为"豆庐"。喻其房如豆，小得可想而知了。1981年除夕，程十发为韩天衡书"豆庐山房"贺岁，在画上题曰："文徵明先生刻一印，曰：'印造斋'，取此斋造于印上，亦属子虚乌有之意。辛酉除夕仿此意造山房，赠豆庐主人，以为新岁微意，虽子虚乌有，亦可效庄周之梦，少文卧游，不见世俗争房之恶习，而获林泉高致雅趣。"韩天衡对程十发也是尊敬有加，一篇《立雪程门》，真的把"发老"的艺术理解透了，也说透了，在对程十发的艺术评论的诸多文章中，可以说找不到第二篇。

对韩天衡的《新艳图》，十发题曰："天衡画莲曰新艳图，客问何谓新艳，余曰八千年莲实能发新花，岂非新艳乎！"如此一解，别有新意。

1991年，青年画家陈世忠画扇，程十发题曰："梅不属和靖，菊不始渊明，风雅之颂，当为天下之劳人。"后来，十发又将此诗改为"梅不属和靖，菊不与渊明。天地长悠悠，风雅属谁人？"改了之后，诗境更佳。

陈明本是伏文彦的学生，但也常携自己的画作请程十发指教。有一次，程十发把陈明的画作在画案上展开，改了几笔，忽而另寻一张纸画了起来，画成题识曰："陈明画一坛酒，余亦仿画此作赠

程十发作教学示范

之，但不能饮，只能看，奈何?”他对求教者不是指手画脚的说教，而是以示范作为启发。陈明善篆，曾将程十发书写的《陆机文赋》长幅巨制刻于漆屏上。

1991年，画家徐子鹤之子徐怀玉举办个人画展，程十发题曰：“师古不论新意匠，中西一贯得心源。”

甘肃画家蒋志鑫，被誉为“当代黄土地画家”，很年轻就来上海开“黄土魂画展”，程十发赞曰：“美哉，陇东黄土高原。”他写道：“一踏入上海美术馆展览大厅，置身于蒋志鑫描绘‘黄土魂’作品的氛围之中，你一定会感到：黄土高原是那样雄伟，那样古老，那样庄重；又是那样壮丽，那样活泼，那样新鲜。通过这些画幅，我们既可以意识到这大片黄色土地上古老的民族魂，更可以感觉到今日陇东高原的黄土魂——悠久的历史传统与强烈的时代脉搏，紧紧地拥抱在一起——高原的历史意识，浓重的泥土气息，亲切的生活情趣，同时融在一幅幅画图中。"对蒋志鑫作品的艺术性，他说："蒋志鑫善于用笔——无论笔法、笔意、笔兴，都有独到之处。欣赏他的画，乍看，浓墨重彩，气势磅礴；细观，山水树木，飞禽走兽，乃至一石一草，力求刻画精细、生动，不要花俏，不施懒笔。"

笔者看到程十发留下的写给青年人的信，大都是对向他求教者的回复，其中有一封信是在1982年2月写给友根的，说：

友根同志：

我收到你来信（上一封），为了你的遭遇，使我难受了几天，天下事，如此的不公平，使好人受难，我也没有及时给你写信。

今天又收到你的第二封信，以及把我以前胡说一通的所谓"论画"，片言只语都记下了。

首先我感到你的心灵是那么想追求美的东西，而不受一些不快的事情干扰你的美的事业，使我十分钦佩，在山西省的一个小城市中还有这么一个青年在发出光辉，使人十分痛快。

其次，我十分懊悔，我不应该好为人师，对你胡说一气，我当时也是十分无聊，对山水画发议论，特别是对着你的作品指手画脚。

当然，你这样把我的话记下来，我读后，首先教育了自己。我感谢你，你真把我当作老师。现在我把你当作我的老师，特别是你不管受到怎样的挫折和折磨，还要保存着纯洁美丽的心灵和理想，我是万万不及你。

最近有些印刷品，还有一些照片（山水），我都陆续寄给你，请你批评。

我把你给我做的记录，我略改几处寄回给你。尚有一本我留下当作"忏悔录"，谢谢你！

希望你遇到一个灵魂高尚的女人做你的伴侣，可以弥补你的损失，那一定可能的。

祝你事业成功！

十发于上海

82.2.25

可能是因为程十发的画充满童趣，引起青少年的特别兴趣。在程十发的学生中，有一些就是在青少年时代就鼓起勇气给他写信的，而他也是有信必回，进行悉心指导。四川画家苏国超就是这样的。程十发在1991年为苏国超画册所作的序言中，写下了他们相识的经过，他写道：

在50年代初期，我就认识苏国超了，虽然那时还没见过面，我当时还是40岁不到的青年，而苏国超还是一个在小学念书的儿童。我是收到苏国超的来信而认识苏国超的。我觉得他很爱好美术，而且很有礼貌，而且我当时还在画通俗的美术品，如插图和连环画，他也把他的作品寄给我，就是这样相互认识了。这样，年龄和地区差距不存在了，所谓没有时空差了。而且四川人姓苏往往使

程十发与苏国超在四川

人记起眉山三苏，我姓程，是苏家的亲戚。是不是还有什么现代人，尚没有认识到什么差距之类原因，便成为我们认识的条件。

经过平静的岁月，或者不平静的年代，我们都是很平静地研究中国画，他儿时只有母亲，后来与大君结婚，生了个男孩，写信叫我起一个名字，我写了一个赟字给他们。当我看到这个少年，介绍时就是用了我起的这个名字。

1967年的夏天，23岁的苏国超有机会来到上海，和老师通信六年尚未谋面，本以为这次可以见到老师了。可是，苏国超来到上海中国画院，程十发还被关在"牛棚"里，苏国超日思夜念的老师还是未能见到。直到1975年夏天，苏国超来上海才见到老师程十发。对这次见面的情景，苏国超说：我没有想到老师经过"文革"初期及"批黑画"的磨难，谈起话来还是那样热情、开朗、乐观、幽默，我们从家事谈到国事，从艺术谈到政治，最后谈到当时在社会上流行的那份《江青同志与美国作家维克托关于〈红楼梦〉问题的谈话纪要》，老师讲："在这篇讲话中，江青犯了不少常识性的错误，把历史颠倒了，明明是陆放翁的诗，她说成是唐诗，明明是清朝人写的剧本，偏要说成是关汉卿写的，这岂不是滑稽吗?"

临别的时候，程十发为苏国超画了一本册页，并对他说："我画的都是有针对性的，你回去慢慢看。"后来，程十发给苏国超写信时提到这本册页，说："前年给你画的一小册，其中内容是批判江青对《红楼梦》的歪曲和纠正她常识性的错误，日后有机会我当注明。十发七七年五月六日。"

他们师生之间有几次通信，十发的信多为肺腑之言。这在当今师生的情谊中是很难看到的了。

为青年人出画册写序言，作题跋或撰文在报上作评论，程十发都以热情、认真诚恳的态度待之。他为做园林工作的方攸敏的画撰文介绍，说：

他开始来的时候总是带些鲜花给我，春天是牡丹、芍药或是梅花，夏天是月季，秋天是菊花，冬天是腊梅花，等等。那时，我从他的这些折枝花卉里了解和想象到在我斗室以外的美好自然景色。因为我那时还没有落实政策，出门的机会不是很多。因此，我觉得他通过这些花朵把春夏秋冬四季逐一带到我的画室里来了。我从他带来的花朵中写生，我许多的花卉画作品就取材于他的礼品。

又过了一段时间，他还带来了他自己的花卉画让我欣赏。起先，他画得比较生疏，可能是没能掌握熟悉中国画材料的性能，但后来慢慢地进步起来。我发现他的一个特点，就是不从人家的作品入手，而是从真的花卉入手，所以产生了不少新鲜的技法，使画面上有一种特殊的生气勃勃的感觉。

正因为这样，我们彼此从真花里取得画花的营养。一个园林工作人员和我这个专业美术工作者一起相互鼓励，心头也产生了一种培养花卉的温暖。

小方从事业余绘画条件是很艰苦的，他的爱人长期患慢性病，他要照料她，还要做家务，在单位百忙工作中抽时间进行练习和创作，晚间在家里往往作画到深夜。他把生活寄情于描绘花卉之中，而且他把这种情趣送给我分享，我觉得他不为自己，而把生活热情送给了别人，他是一个高尚的青年人。

一个平凡的小方，在绘画上成长起来是不容易的，正如鲜花一样，需要有园丁给他施肥、整枝、除虫，但是，在党的"双百"方针指引下，他一定能在文艺的百花园里开放出茁壮的花朵来！

程十发还以《走自己的路》为题，对青年美术爱好者赵黎华的画作了评介，他写道：

我觉得一个青年美术家最重要的是走自己的路，有个人的特色。例如我看到一些青年的作品，好像很熟悉，仔细分析都是模仿一些老画家的风格，自己的作用不过是"剪裁"而已，但应说他们已经有了一些功力。我想以后如何办？走出自己的艺术道路是他们最重要的课题。

还有不少青年画家，他们的作品充满着自己独特的生气，尽管他们羽毛还不丰满，但相信他们会飞到很高很远的地方，不久定会取得不凡的成果。

我读了赵黎华的作品，就给我看到一种走自己道路的艺术风格。有她自己的艺术构思。我看到她画了不少连环画和插图，造型能力很强，画笔非常流畅，有不少插图的造型色彩是有些独创性的。而且她还在创作国画。她将插图和连环画中的造型能力提高到另一种艺术的创作中来，有些人认为基本功会妨碍笔情墨趣的表达，我是不以为然的。

从赵黎华的国画人物画看，假使没有基本的锻炼，她是不可能创作这些优美而又有独特风格的作品的。看了她的画，证明我的看法是有根据的。

程十发有许多女弟子，有的是正式举行过拜师礼的。曹用平之女曹晓明就向程十发、张金锜夫妇举行过古代的跪拜之礼。那是1980年，由香港电影导演李翰祥策划，有众多名人如赵丹、黄宗英、张瑞芳等参加的，在杭州酒家举办的盛宴上，程十发对曹晓明不但指点画艺，而且撰文为她捧场。程十发以《善于学习——记女弟子曹晓明》为题，介绍曹晓明是如何把"吴派"和"程派"的艺

程十发和女弟子曹晓明

术风格统一在她的画作中。他称赞曹晓明的画"娟秀清丽如其人，而且家学渊源，继承乃父吴昌硕派国画艺术"，从"家学吴派算来为第四代传人"。"有意思的事情还有这里，我内人张金锜已有40年为了家务放弃了国画创作，近三四年又重理笔墨生涯，画来虽觉生疏，但磅礴古拙之趣盎然，下笔似有千钧之感，十足吴派谪传，但她往往叫我修改或补不足之笔，但我感到为难，因为我的画风和她的极为不同，一落墨，非常明显不和谐，有时叫我题字，我也怕题，也怕有损于作品的统一。我内人还以为我不与她合作而有点不快。但我倒完全尊重她，建议请个老师题，效果也很好，但总觉得我和我爱人的画风如何调和起来，这是一个新的课题，因为以后还要互相合作"。"但这个难题落在我的徒弟晓明身上，她本来是画她师母（我内人）一派，而且有根底，现在又从我为师，学我这一套，就是说我和我内人画风画格的不同，而这矛盾须由她来统一"。

"晓明送作业来看的时候，也有吴派的，也有学我的，把两种画法折衷一下，就产生了新的面目，也可以说是善学者矣。关于这一点精神，已经超过了我。"

顾婷是位很活泼的女孩，经常与画家走动。可能因为她是苏州大收藏家顾之禔的后人，家中藏画甚丰，很引起人们对她的关注，大家都称她为"小老虎"，以示虎虎有生气。据周根宝介绍，是他介绍顾婷拜程十发为师的。周根宝说："80年代初，在上海博物馆我接待了一位不速之客，此人叫戴珊妹，家中颇多收藏，是上海博物馆之友。她来的目的是想通过我而认识程十发。后来，她想让她的女儿顾定娟拜程十发为师。十发先生听说有这么一个人想认识他，便答应了。"拜师礼是在顾家举行的，周根宝说："（顾家）早已准备好酒宴，使得十发先生很高兴。在这种情况下，顾定娟拜程十发为师当然不成问题。但问题是，顾定娟从来没有接触过绘画，连毛笔怎么拿也不知道，十发先生怎么教她呢？于是十发先生对我说，小周，你先教她三个月，让她用毛笔勾线，并临摹几张宋人团扇，然后我再来教她。顾定娟的确跟我学了大约三个星期，后来听说她已经到十发先生家中学画了。十发先生很喜欢这位女弟子，并亲自把她的名字改为顾婷，婷者，亭亭玉立的意思。"后来，顾婷到美国去了，画也就无法学下去了。否则，今天也应该是一位很有成就的女画家了。

柳芯是电影演员王丹凤的女儿，从程十发学画多年，后到美国芝加哥深造，这对师生相见更难。当程十发再看到他的这位女学生的画时，写下了这样一段话："柳芯是位勤学而有天赋的青年，她在上海时曾问画于我，但她一笔也没有学我的皮毛，而她有她自己的艺术道路，我非常高兴。这是难能可贵的。""她学宋人工笔花鸟写生，有自己的个性，她的勾勒敷色比古人更有装饰性；她学唐人人物画，她的造型虽受敦煌壁画启示，但她的画更赋现代人的情趣。""她现在美国芝加哥进行深造，我相信她在自己的艺术道路上更为精进。我和她有一年多没有见面，我看她的作品，写了这段话，作为对她的怀念，祝她不断进步。"

程十发的女学生还有顾炳鑫的女儿顾晓燕、邻居罗洁。笔者曾对十发说："你是当代的袁随园。"他幽默地回答："你这是捧我，不敢和随园老人攀比。"

程十发对学他的人有句名言告诫："学我，不能像我；不像我，才是学我。"这是他一贯主张。早在1961年，他给学生乐秀镐画册页所作的题跋，就言简意赅地说明了其中的道理。这则题跋写道："秀镐同志以学板桥字示余，余曰不可学，板桥之字，一过即生习气，有器式者，当师宋人之行书，兼习汉隶；如是不必板桥而板桥之长得之矣；拙画品不足学，过之亦有习气，积习难返；善学者求诸骊黄之外，不必求形之似。质之秀镐同志，以为如何？十发又记。"

以后，他就经常用类似的话对学生谆谆告诫。

女弟子汪大文

汪大文出身于书画世家，母亲丁静影是上海美术专科学校图案系首届毕业生，她的父亲也是以"藏"会友，结识了许多画家。这样，她幼年即看到许多画家在家中进进出出，潜移默化，她自己也爱涂上几笔，少时即师从钱瘦铁、唐云、樊少云。1960年，刚成立不久的上海中国画院准备招收五名青年学员，继承中国画艺术，汪大文被选中，跟随程十发学习中国画。这样，18岁的汪大文就成为程十发的第一位学生，而且是女弟子。程十发为女弟子上的第一堂课是讲解他亲手制订的教案，开出了完整的读书目录并告诫曰："要从唐宋的画作开始临摹，打下良好的基础。如果学不到唐风宋韵，至少还能追摹明清笔墨。但如果一开始就从明清入手，一掉下去，岂不是跌入沟渠？"以后，程十发还经常对汪大文说："登山登到最高峰，登上喜马拉雅山，即使掉下来也高于其他山峰。记住，传统笔墨是老祖宗。"汪大文就带着老师的谆谆话语，开始了漫漫绘画之路。

1960年程十发和汪大文摄于上海中国画院

1981年，随着画家出国潮，汪大文带着程十发的推荐信和儿子谷谷来到美国，拜见了在美国素有"CC王"之称的收藏家、画家王己千。程十发在信中写道："季迁道长先生如握：今番足下临舍，斗室增光，弟获多教益，然匆匆，语意未尽为憾，又不及送行，至为遗憾。今女弟子汪大文来美旅游观光，特持书敬谒前辈，望多照拂、教导。小儿多多现在卡歇尔教授那里，道长与教授联系时可知一切。蒙卡歇尔教授照顾，学习生活甚好，如见教授时再烦致意。弟程十发。七月二十六日。如需制画桌，弟可代劳，请即示

程十发和王己千

可。"王己千原名王选青，又名季迁，为吴湖帆入室弟子。

　　这是程十发对王己千的嘱托。王己千欣然应允。留汪大文母子在家中住了下来。这样一住就是四年。汪大文在美国生活20年，一直得到王己千的关心照顾，直到2003年他去世。

　　汪大文虽远在大洋彼岸生活，程十发不能手传口授，但他勤奋的画笔使汪大文感到他就在身边。程十发作画，看上去是不急不忙，而他的性子却很急。汪大文在老师身边，总是劝他做事不要太急，出国之后，仍然对老师这方面十分关心，有时在信中提醒。老师回信说："你来信，一再关照我不要性急，但是还是老毛病，改不掉。今天上午发了一信，因为晚上王元元送来你4日发出的信，看了信，我又性急起来，又写了第二封信。"看来，十发性急的毛病真是难改了。

　　程十发又在信中说："我又很寂寞，因为西安方济众同志今晨走了，现在我一个人坐在灯下写信。先告诉你方济众同志的女婿前几天死了，他和他（方济众）的女儿是去年结婚的。老方的女婿在汉中附近林场工作，不幸被大马蜂咬了一口，中毒死的。对老方来说，这个打击实在太大了，他一夜没有好睡，今晨即回陕西去了。我对他的处境非常同情，但人死了又有什么办法呢？"

他们师生之间经常在信中讨论艺术问题。汪大文赴美后，首先遇到的是如何面对西方艺术。在一封信中，她问老师"洋为中用"如何理解？程十发洋洋洒洒地写了一封长信作为回答。他在信中说：

我们画国画的应该首先解决"古为今用"，先继承遗产，发扬民族绘画为前提；第二是用外来艺术来营养它，也就是民族最基本的东西不能丢掉，在不丢掉的前提下，吸收外来艺术的长处。决不能把（用）"洋为中用"去冲掉"古为今用"，特别是中国画，民族的东西是一个核心。所以那些不研究笔法而追求色块的作者完全是把民族自己的东西去掉而追求不适合国情的东西。但是油画完全是外来的东西，可以先提出"洋为中用"，再加"古为今用"。如何使油画也走向民族化道路那是合情合理的。林风眠先生的花，画展中放在水粉画一类，但我觉得他画鹭鸶可以说是国画，因为它有笔法的缘故。关于如何吸收西洋的东西，那当面再谈，我画的线条实际上有外国的东西，研究英国18、19世纪版画的人，是会看得出来的。像插图的单线是英国的拉斐尔前派的影响，但一般人不知道。一句话，运用民族的东西是出发于爱国主义，借用外来的东西是出发于国际主义。一是民族影响，一是国际影响，这是一个前提。

这是程十发多年前的见解。艺术创作受文化因子的影响是重要的。程十发在信中还对汪大文说："石门铭、石门颂，我回来后找。郑文公碑可以写'北朝差许郑文公'，龚定盦诗。"

有一次，程十发和谢稚柳在北京参观故宫博物院陈列馆，心情有些兴奋回到住处，程十发提笔给汪大文写信，继续谈中国画的笔法问题，他写道："看了新陈列的唐宋元明清的代表作品后，我和谢稚柳先生的见解是一致的，就是民族绘画的结晶是笔法，用笔法来传神。有了笔法就是有了最根本的技法，反之没有笔法，构图色彩再好也没有用。所以，我希望你千万不要丢掉笔法，多写字。那些像月份牌的'擦笔画'涂得好像西方广告牌的庸俗色彩，包括那些丢掉笔法东涂西抹的'革新家'，一定不会受到历史的重视。当然，为了一时风尚画几幅参加某些画展还是可以画些，但还不是根本，你相信吗？我今天更相信了。我看到了楚国帛画，展子虔、阎立本、韩滉、韩熙载、马远等有名和佚名大师的作品。使我醉心的是他们迷人而又生动的笔力，是一个历史见证。元以后笔力好的画家不多了，所以就衰败了。我们现代的绘画从生活题材来说，比古人丰富多了，但是不少同道丢去了这些主要的东西，而去追求自己不需要的东西。"但是，参观的时刻汪大文不在，程十发感到寂寞，他在信的旁边留笔，说："这些话好像是参观时当面给你说，但是参观的时候，旁边没有自己的人。"

汪大文画观音菩萨百帧，印刷出版时，程十发为此册作序，云："余弟子大文女史，虔诚合十写百帧观世音菩萨真像，画中神形高旷，亦古亦今之笔墨，此无量功德，善哉善哉。昔吴道子写地狱真形图，周长史画三十六大士像，此古贤人之志，以丹青教化，益

1984年程十发在香港文华酒店代表中国画院专程看望林风眠

人伦，今虽盛世，科学昌明，然人事纷扰，颠倒荣辱，比比皆是。大文以观世音菩萨渡人与慈航，解除一切烦恼，此释氏之旨也，观图像人谨合十参之。今闻图像印刷问世，余喜极矣，恭之小序。岁在乙丑三月云间程十发并书于三釜书屋之雨窗。"

　　程十发在信中有时也谈别人造自己的假画，表述了对商品画的看法。他在一封信中写道："我的假画很多，在纽约的一家拍卖行的黄君实先生来信，还寄来照片要我鉴定，我发现了一张小手卷是假的，原作是送给一个上海朋友的，不知此公叫人盖了假章牟利。"在信中，程十发又写道："说实在的，那种无休无止的商品画像潮水一样涌来真叫人难受。有些地方（全国性的远在东北）只要有外商订货，他们不经我同意，自说自话签了合同，以后再来向我要画，

程十发为汪大文题画

几十张上百张的订。假画的来因是真画没有，只能到市上去搜罗，或者索性造假画。他们扬言真的没有所以卖假的。你想，这个搞工作的人要进《镜花缘》去才好。"

索画者太多也给程十发带来烦恼，他在给汪大文的信中也有记载。他在一封信中写道："我就说我今天一天做了些什么事，清晨送方出饭店后，就画七尺大横幅一张，人物加鹿，这是这里最后一张作品了。中午前，外交部总务司司长翟荫塘叫我和唐云到他家看画，中午回家。因大家知道我们8日离开饭店，所以来访的人特别多，有陈植（上海）和曾涛夫妇、金瓯卜（北京市建委）、李平凡等人，金光瑜好友陆善家同志来索画，周葆华明日出国来辞行（北京绘画代表团去日本），李真政委女婿来索画（总政文工团

1976年，程十发、汪大文、吴玉梅、张迪平登黄山，在歙县太白楼前留影

歌唱家），曾涛夫妇的儿子女儿将结婚，我各画了一幅作为礼品，同时程熙又来了，看我画画，还有电话。明天早上和小荣上文物商店，明天晚上到李可染先生家，大山来约，陈英来约8日上午去他家……忙得不可开交。但是那张七尺大画现在已经完成了，所以最后一个节目是读信和写信了。"

一次，程十发和毛国伦、吴玉梅、柯青去佘山，住在山上竹林环绕的宾馆里，程十发给汪大文写信，信的一开头就说："今天趁晚上无事，在宿舍里给你回信。"接着写道："天气特别好，像冬天里的春天，阳光照耀，可能比起纽约来要温暖得多，但是缺少你在一起，那真是有一种说不出的味道，要是你在多好啊。而且我们在山路上走，我会回头望望，你是否落在后面，但真的回头，这种幻觉马上就消失，只有一种怅惘，而想到你在地球的另一面，而且在

1977年，程十发、汪大文、魏金山摄于内蒙古（陈逸飞摄）

睡梦中，或许你在梦中也在爬山……"信的最后写道："还到东佘山访问了陈眉公坐过的钓鱼矶，还去寻访我童年几次来这里的一座小庙中的一株白牡丹，庙尚存，而牡丹花已经不见了。大概年纪老了，反而对童年遇到的事物留恋不忘，因为现实世界不断变化，变得旧的东西消灭光，光留得像梦一样的记忆。这可能是艺术产生的原因，把记忆当事实。"又写道："但不可能存在，只能用灵魂中的火焰将它消灭，而明明像是你亲手把它烧掉。""可能我以上的话，因我最近画浮士德封面，而受了歌德的影响。"这信写得何等好啊，充满了青春朝气和青春似的思念，谁说程十发老了！

程十发一生中最可倾诉的是汪大文，对程十发了解最深的也只有汪大文。那年，他们师生到内蒙古体验生活，牛车、马车、火车……程十发向汪大文诉说自己家事及他对生母的思念……

老师，永远的慈父（程十发和汪大文）

　　2007年，程十发去了，带着艺术家一颗青春的心走了。一年后，汪大文在半幻半真中写了《悲欣交集——师徒对话》，记下了老师的回答：

　　不用伤心，记得有一次我对你说过：我们都是旅客，只是到站了，先下车。用弘一法师的话："悲欣交集"。人是渺小的，万物皆飞尘，我是一个画画的人，可以留下的只是笔墨。人好像是为了生，实际上是为了死，有些地方看穿些，只有精神可贵，它是不死不老的东西……

倡导发挥民间书画组织的作用

　　上海开埠之后，特别是太平天国运动后，大批知识分子纷纷寄居上海，有文人、学人，当然也有画家。起始真的是群龙无首，一盘散沙。当时的上海，地盘很小，知识分子们都生活在同一个屋檐下，可谓低头不见抬头见，由相见到相识，由相识到相交，又由相交到相知，渐渐地就聚堆成群，相互依傍，也就以文会友，许多群众性自发自娱的组织就诞生了，如诗人、画家唱和的蘋花吟社，就成了知识分子聚会意游的组织。真正的书画组织是1889年诞生的徐园书画会。徐园主人徐鸿逵（棣山），斋号鸿印轩，开缫丝厂，做出口生意。他的私人花园双清别墅（俗称徐园），聚集了一大批名载画史的海上书画家，主人"鉴赏书画，独具慧眼"，"园中所悬书画，无非名人之笔"。任伯年、虚谷、蒲作英、潘雅声、黄静园、徐小沧、蒋鹤年等当时的名家都聚集在这里，作绘事交流。此外还有李伯元"纠合同志"开办的艺文社（后改名书画社）；1900年，许幻园、李叔同为"提倡风雅振兴文艺"创立的书画公会。1907年，徐园书画会开展书画赈灾活动，邀集了许多书画家参加。从吟诗作画遣兴而结社赈灾，进而结社鬻艺这一连串微妙变化中，发生了书画家从个体行为到集体行为的渐变，都说明书画家主体意识的觉悟。这种渐变导致现代两大书画组织的出现。1909年的邑庙书画会（又名豫园书画善会）及1910年的小花园书画研究会（即海上题襟馆书画会的前身）。两大画会成立之时，已是老一代画家谢幕之秋，此后的10年，清道人、吴昌硕、曾熙主导上海画坛，又有新一代青年画家为开拓中国画新路而呕心沥血，这个上海画坛的"幕间过场"历经10年，到20世纪20年代，上海画坛进入一个新时期，书画会层出不穷，展览会此起彼伏，后起之秀辈出，中国画生存危机转换为中国画振兴的话题。

程十发熟谙上海画坛的这段历史，也深知民间书画组织对振兴绘画发展所起的作用，他更知道上海画坛所面临的难题。此时，程十发虽为上海中国画院院长，但他感到上海中国画院无法承担重振上海画坛雄风的重任。

1989年初夏，程十发找到徐伟达，在他的画室里，谈了许多画院内外的情况，分析海上画坛情况以及海上书画发展的问题。他明确提出单靠上海中国画院支撑不起海上画坛的发展，提出要成立一个民间书画组织，而且要有一个颇具规模的书画会，才能使海上画坛活跃起来。对如何筹备、组织、召集哪些画家，徐伟达也说了自己的看法。程十发说："小徐，你在书画界活动面比较大，认识的人多，你牵头成立一个画会，我一定支持你。"程十发还说了民间组织的许多好处，以及组织方式、活动方法等。徐伟达对笔者说："这次，十发先生是很认真的。"之后，徐伟达去拜访谢稚柳、陈佩

程十发和施大畏、钱琦琦、车鹏飞、韩硕在一起

秋，说明了程十发的倡议，征求他们的意见。谢、陈完全同意程十发的倡议，并表示竭尽全力支持。过了几天，徐伟达又找了蔡天雄、陈世忠商量，讨论程、谢、陈三位前辈的意见，决定成立"上海书画会"。以后，徐伟达又去征求周慧珺、车鹏飞、杨正新、许韵高、张强辛等书画家意见，再向程、谢汇报，程十发提出改为"上海书画研究院"。上海书画研究院成立时，聘请谢稚柳为名誉院长，程十发、杨堤、任永贵、顾金生、蒋道明等为顾问，选杨正新为院长，蔡天雄、车鹏飞、陈世忠为副院长，成立大会在上海外滩海鸥饭店举行。以后，程十发参加上海书画研究院每一次的活动。

2005年，程十发行动不便，已经坐在轮椅上，但仍心系上海书画界。某日，徐伟达、徐伟忠兄弟二人去看望他。这天，程十发谈兴很浓，畅谈海上画派的发展，他提出要大力宣传海上画派几位

程十发和陆俨少（左二）

有影响的著名画家，提升上海的中国画画家在国内的地位，要筹备
出版一套海上画派十大家画集，他们一起拟定了海上画派十家的名
单：任伯年、吴昌硕、林风眠、吴湖帆、陆俨少、谢稚柳等。徐伟
达把这个信息告诉上海书法家协会李静，并建议书协编辑出版"上
海十大书家"的书册。李静向书协主席周慧珺汇报，她听了认为很
有意义，并付诸实施。经过一番筹备，《海派代表书法家系列作品
集》终于出版。周慧珺在"前言"中对海上书派作了概括，她写
道："'海派'书法阵营大致可分为三个时期：前期代表人物有赵之
谦、张祖翼、吴昌硕、沈曾植、汪洵、曾熙、李瑞清等；中期有
沈尹默、李叔同、潘伯鹰、黄宾虹、吴湖帆、张大千、马公愚、来
楚生、白蕉、洪德邻、邓散木等；后期有王蘧常、陆俨少、王个
簃、唐云、陈巨来、谢稚柳、方去疾等。这个阵营的书家或以书法

为主，或书画双绝，抑或书画印三者俱精，乃复更有旁通国学、诗词、音韵、考释、鉴赏、西方美术者。可谓异人辐辏，巨将如林，成就之高，影响之深远，堪称百年来之仅见。"而程十发倡议的"海上画派十大家"，因他去世而未能出版。

"他总是想让大家开心"

　　画家毛国伦在评价老师程十发时，用了这样一句话："他总是想让大家开心。"和程十发相识交往的人都会有同样的想法。

　　他不只是以艺术让人开心，他的幽默天性，更是给人们带来了欢乐。手指发抖，这是许多画家到了晚年都会遇到的问题，给创作带来不便，他却以"精神抖擞"自我解嘲；电梯出了故障，上上下下不停，他以"七上八下"，解除乘电梯人的紧张心情；啤酒与汽水掺和本是饭局中常见之事，他说"喝了会发脾（啤）气（汽）"；喝酸奶，他说"不能喝得太多，喝多了有酸腐气"。在饭桌上，十发常机锋迭出，令人喷饭。十发患气喘疾病，常喘息不止，他与人戏曰："我气量小。"十发曾住高邮路，不知者问曰："居何地？"他答曰："咸蛋路。"因高邮的咸蛋闻名于世，由联想而产生幽默。某理发店请他题匾，他挥笔题写"要侬好看"，求者不解其中的幽默，说："万万使不得，顾客都给吓跑了。"一位画家见十发作画，欲乞一色，不日赠其颜料一盒，并戏曰"给侬点颜色看看"。

晚年程十发在创作

　　十发画，素来求者如云，且有求必应，故其应酬之多，世间少有。有位书画爱好者向十发索画。十发因画事太多未能及时画出，索画者说："我已经跑了七八趟了。"十发戏之曰："你倒是八大山人了。"并将此语戏题于画端，别有风趣。有一求画者，十发从已画的画中选一帧相赠，那人回家后，论者有称画不真。索者旋即回沪，言其原委，十发不仅不怒，遂当此君之面，挥毫作了一幅，并令拍照存真，以此画与照片并赠索者。此事足见十发善解人意，大度有致。

　　社会上的一些活动，常请一些名人、要人、闻人参加，以壮声势来装点举办者的脸面，对一些善意的人，程十发常常是给足面子，而对另外一些人则是一点面子也不给，但他能以幽默待之，也不会让人家太失脸面。有位富翁想以风雅装点门面，请程十发去澳门办画展，程十发委婉谢绝，说："我最近没有画，开不成画展。"来者不肯就此罢手，仍坚持说："只要大师到场，没有画也没有关系。"程十发闻言大笑，说："没有画还开什么画展，要不开我的'人体展览会'？"他以这样的幽默结束了这场僵局。像程十发这样的画家，向他说几句恭维捧场的话也是难免的。有位先生初见程十发就恭维说："程大师，你气度不凡，精力充沛，身体真好，你一定能长命百岁。"程十发笑着问道："请问仁兄，你是不是姓阎？"那人不解，说："我不姓阎。"程十发很风趣地说："只有阎罗王能知道我活几岁，你既然不姓阎，肯定不是阎罗王，怎么能知道我能活几岁？"还有一位欢喜程十发画的农民企业家，把程十发当作朋友了，向程十发叹苦经，说想找一个年轻漂亮的女秘书找不到。程十发知道他的意思，讲的也是心里之言，但又不好直接批评农民企业家，就一本正经地说："你不妨找一个五六十岁的老太婆，满头白发，气度非凡，出去办事，没人欺负，十拿九稳成功。"农民企业家不解："啥道理？"程十发说："人家看见老秘书，一定会联想你们公司历史悠久，属于少东家带老管家，办事牢靠。"这些本都是很尴尬的场面，程十发都以妙语解之，绵里藏针而又不伤和气。

十发爱朋友，重友情。电视主持名家曹可凡，曾煤气中毒，经抢救化险为夷，十发慰问之，曰："不要怕，不会有事的。因你名字起得好，曹可凡……曹可凡，就是讲一旦出了什么事，还是可以从阴曹地府回到凡间的。如果你叫曹不凡，那就麻烦了。"文弱的十发欢喜勇猛的足球，但和足球教练徐根宝素昧平生。徐根宝兵败

王汝刚、李九松、曹可凡常以笑话与程十发相聚

吉隆坡，责怪之声沸起，十发赠一套《孙子兵法》，以"胜败乃兵家常事"之语相慰；徐根宝在崇明办足球学校，十发坐轮椅前往祝贺，和足球娃娃们一起玩了一天。勇猛的人也有脆弱的时候，十发深知此理，徐根宝去昆明训练，十发作《迟开的茶花》相赠。某日，徐根宝来看十发，十发向客人介绍曰："我们是手足之情。"客人不解，十发又曰："我用手作画，他用足踢球，乃手足之缘也。"香港电影导演李翰祥是程十发的好友。李翰祥病逝，十发伤心，对曹可凡说："你还记得李翰祥吗？他去世了，这两天我晚上做梦，天天梦见他。"失去朋友悲恸之深，尽在几句话语中。

　　日本著名书法家梅舒适，和十发交谊甚笃。梅氏在上海中国画院举办书法展览，开幕的那天大雨滂沱，迟迟不停，到会的人很少，冷清得很，这对来自东邦的书道大师来说，多少有点美中不足之感。十发致辞曰："今天落雨，只来了五六十人，其实已经不少了。当年王羲之兰亭雅集，到会的只有42人。王羲之是书圣，只有42人到会。参加梅先生书法大展的有五六十人，超过书圣王羲之……"真是妙语惊人，克诚相敬，皆大欢喜。

程十发的幽默风趣，是以广博的知识作铺垫的。上海美术电影厂的一位摄影师，有一个奇怪的名字，很少有人能读得出。他到了程十发那里，不说自己的名字，只是把"黄俏"两个字写在纸上。这可是调皮的做法，意思是考考程十发。

程十发看了纸上的名字，随口说："你的名字黄俏（音'忆'），很少见，'俏'字在《论语》中用到过。"

黄俏说："对极！程老师你真是有学问，我读书至今，没有一个老师能读出这个字。"

黄俏还告诉程十发，有一位老师特别聪明，上课点名时，他读一个学生的名，学生就站起来答应一声"到"，把黄俏放在最后一个。老师问："还有谁没有点到名的？"黄俏站起来说："我没有。"老师问："你叫什么？"这样就知道这个字的读法。"俏"是"人八月生"。

生活幽默和艺术幽默相一致，在艺术的幽默之语中藏着真知。郭熙论山水有"平远、深远、高远"三远之说，十发云："要在'心远'。得心远之法，'三远'也就在其中矣。"中国画界常有激越之猛，视优秀传统为粪土，猛烈抨击之，十发语金石书画家韩天衡曰："汽车朝前开，还要装上反光镜呐。"气息平和，言浅理邃。对

《火烧圆明园》拍摄期间，李翰祥夫妇在他们的巴士上招待程十发夫妇

程十发和小足球队员

艺术的新与旧，十发常以饮茶的杯子相喻："如果不把杯子的旧茶倒掉，又怎能再泡新茶呢？"艺术体验与生活体验相通，把生活中的悟性运用到艺术中去，即是悟艺之大道。

从程十发浓厚的乡情之中，我们知道他很恋旧，常常在画中表现对故乡的留恋，这给故乡人带来宽慰和快乐。对故乡是这样，对以往生活过的地方，他何尝不是如此呢？他对云南佤族画家布饶依灵——张可的支持，就可见一斑。1992年，在程十发的支持下，布饶依灵在上海美术馆开了画展，十发为她的画展题词曰："高高山上有一朵小小的金茶花。"后来，《布饶依灵画集》出版，十发以蘸满温情之笔写下了这样一段话：

> 有一次，当然是很久以前，在云南，我从景颇山上下山的时候，遇到一个景颇族小姑娘，像小布饶依灵现在那么大。她牵着一头水牛上山，牛头间挂着一个木铃，一晃一晃地发着沉重的声音，那小姑娘看到我有些害怕，避得很远。尽管她上山我下山一晃而过，但这个印象数十年来一直留在我脑际。因为我是外地人使她陌生。但今天的小画家布饶依灵对我一点也不腼腆，像是很久前就相识。当时我遇到的是景颇族姑娘，而我们布饶依灵是佤族姑娘，因为都是高山上的民族，有些大致相同的装束，我天真地想起我那年在云南遮放景颇山遇到的小姑娘很像布饶依灵。
>
> 今天小布饶依灵在艺术的旅途上遇到了一个下山的老人，那就是我。这是一种幸遇。我年长，已经学画数十年，受各种影响，把心境弄得十分复杂，而年轻的布饶依灵的画笔是那么自由自在。我

看了她画的动物、风景，真是毫无拘束，她在自由天地里飞翔，我好像拖着沉重的步伐下山……这段相识的初会是那么的宝贵，祝布饶依灵成熟起来，还是那么自由，向天空飞翔。

今天布饶依灵画册出版，我就在这里祝她幸福、进步，成为一个未来的大画家。

这段语重心长的话传到云南山寨，那里的人们会怎样想呢？

程十发不只是给朋友，给求索者，给学画者带来欢乐，对本单位的同事，同样让他们快乐。这一信息我们可从上海中国画院院长施大畏及十发的学生毛国伦的回忆中得来。

1984年，第六届全国美展在南京举行，画院的人前往观摩，有员工，也有画师，差不多都去了，住在一个宾馆里，开支不是一个小数字，钱从哪里来，带队的人有些发愁。在参观之余，此时还没有担任院长职务的程十发画了一张五尺的秋景人物，画中的枫树落叶满纸，一个女孩在饶有兴趣地拾红叶，题为《栖霞红叶》。有了十发这张画，就把全体参观人员所需的费用解决了。

迎春联欢会，全体职工、画师、离休和退休人员，假虹桥度假村欢聚一堂。这也是要花钱的。又是程十发领了一个头，捐献一张画，办好一件事。在以后的许多年的迎春会上，就由朱屺瞻、刘旦宅等捐画相助。

当书画没有形成市场化，画家的画不是很值钱的时候，上海中国画院也想办第三产业，增加收入，改善画院职工的生活。程十发为上海中国画院的"三企"茶馆题了个名字叫"博士茶馆"。他解

程十发和施大畏

释道："博士"谐音"不是"，真的含义是"不是茶馆"，也就是告诉大家，画院不是茶园，画家不是卖茶，还是画画。身为中国画院院长的程十发也就顺理成章地成为茶馆"董事长"，但他谦和而又幽默地说："我是不懂事的'董事长'。"

还有，上海中国画院要赴深圳办展览，随行的有不少行政人员，那时都是囊中羞涩，但又不能失掉面子。程十发要求深圳方面提供一些费用，邀请画院的随行人员前往沙头角中英街浏览购物。但这一人情债不能不还，于是程十发便留下来作画以答谢对方。

1990年底，上海住房还很紧张的时候，从文化局传来消息，有新房分配，画院住房紧张的人纷纷提出申请，共有20份。而文化局只分给画院一套住房。这时作为院长的程十发深感肩上担子沉重,他日思夜想,想出了一个办法,依靠画院自己的力量,捐画筹款为职工买房。为此,他带头捐献。为了排除干扰,他回到松江修竹远山楼,"义务劳动"好长一段时间,精心创作了20件作品,其中有两套册页,每套作为一件,还有通景屏也作一件。这时,他已经70岁了。在程十发的带动下,画院中老画师、青年画师都捐了画,一共筹款买了10套房子,通过合理调配,终于解决或改善了几位画师和行政人员的住房困难。

这一切都不能作为一般的好人好事来看待,而是程十发的人生信仰及"使他人快乐"的为人宗旨使然。

更多的给人带来快乐的事例,还是在他任院长期间的"打破围墙"的改革:实行"课题制",保证了画家的创作自主及经济自主;聘请外地兼职画师参与画院的艺术活动,使画家们呼吸了新鲜空气;开门办学、举办青年艺术沙龙、开讲座、写生训练、艺术研讨活动,使一批青年画家的艺术水平有所提高,成了后备人才。

收藏与捐献

　　十发有一方收藏印，其文曰："供养白阳、青藤、老莲、新罗、清湘、吉金、八大、两峰之屋。"这方收藏印不只表现了十发对以上诸位画家的推崇，而且表现了他的收藏品位，十发常称收藏的古画是他请来的"老师"，观赏请教，画艺才有长进，笔者曾就这方闲章问过十发：印章上的画家都是你崇敬的，你曾说学水墨不如师白阳为上，青藤不羁而狂，不若不狂而醇，故我舍徐而取陈也。这说明你对陈白阳、徐青藤是有选择的。你对任伯年是取其"用笔灵动，犀利活泼"，你从老莲、罗两峰的艺术中吸取了什么？

　　十发说："陈老莲、罗两峰都擅画人像，画人物不能不借鉴，我借鉴的是他们把文人画走向通俗的艺术精神，普及非常重要，历史上的画家都没有注意。毛泽东的《在延安文艺座谈会上的讲话》很辩证地讲了普及与提高的问题，对我影响很大，普及与提高都是不可缺少的，我始终沿着这条路子走，注意两者的调整。"

　　对十发的收藏，其长子程助有着这样的回忆：

父亲其实不是收藏家，他收藏古字画的目的是为了学习传统，借鉴前人的技法。正如他在捐赠给国家的122幅宋元明清古代字画时讲："这些历代字画是我的学习资料，捐出来后供更多的人学习和观摩。"他从不提起这些画值多少钱。

让很多人感到诧异的是，我父亲既无家传，又无财力，何以收藏那么多古画。其实我父亲收藏是有历史原因的，大致上旧字画来源有这样几个方面。

50年代末和60年代初，社会上还流散着许多明清时期的旧字画。我12岁左右就经常为父亲跑旧书店、旧画店，物色有名头的古画。因那时他画连环画等工作忙，经常会差我出去，先去粗选，粗选之后可将旧画先带回家，如果是真迹就照价付钱，不是真的就退回去。选择的范围不大，大致有陈老莲、董其昌、任伯年、任渭长、任阜长、吴昌硕、虚谷、八大、石涛、郑板桥、李方膺、黄慎、恽南田、新罗山人等。

还有一个收藏旧画的来源是收旧货的担子箩筐里，有些走街串巷收旧货的人从人家那里收到几卷，甚至一捆旧字画，我父亲见到也会一张张自己阅看，沙里淘金，有时也会淘到宝贝，那只要几元钱一张，收旧货的货郎他们收到旧画会直接送上门给你。

还有种来源是朋友手头从外地带来的名家字画，我记得经常来往于苏州的画家庞美南，还有上博的裱画泰斗严桂荣，等等。

有时候看到好的名人字画要价高，父亲手头拮据，他会向出版社商量预支连环画稿费来买画。有时购旧画资金不足，搞得家中开"伙仓"的钱也没有，只好再向画院借互助金30元以供家用。

收藏历代字画的过程，也是我父亲学习提高鉴定能力的过程，当然也付了不少"学费"。我记得新中国成立初期及三年困难时期，国家经济不景气，也没有太多的画册作参考资料，父亲看真迹只能从旧书摊上买那种解放前出版的珂罗版黑白印刷品，分析真迹画中的笔法和风格，来评判手中字画的真伪，但一时很难从小小的印刷品中断定的，他就会对比印章来评真伪。父亲有一本历代名家的印鉴，他用透明玻璃纸或赛璐珞片，复在书中的印鉴上用细毛笔一笔一笔描下来，他描下来的印章不下几百个，然后把描下的印章复在旧画上对照，对不上时，就断定是假的。但图章真假也不一定能判断真伪，这是他从实践中认识的。

有一次，他十分喜欢一张旧画，但章却是假的，他仍对那张画不嫌不弃，不相信画是假的，最后只能忍痛割爱。后来还有一次，他收到一幅画是假画真图章，从此以后他对图章不再那么迷信了。

十发在收藏、鉴定古画的过程中，虽然颇具眼力，但他不迷信自己，十分重视比他年长且更有学识的专家，在杭州有潘天寿、余天任，在上海有钱瘦铁。为此跑腿奔波的则是长子程助。某次，程助去杭州，十发让他带去一幅画请潘天寿鉴定。潘天寿把画打开，说是陈洪绶的，旧裱头。潘天寿仔细端详之后又对程助说："画是真的，你回去对你父亲说画是真的，信我就不写了。"

杭州另一位书画鉴定家余天任，诸暨人，是一位不与时流合的倔强者，十发称他鉴定书画是火眼金睛，十发有时带着画专程去杭州请他鉴定。他也把自己的收藏拿出来供十发鉴赏。在程助的印象里，老人住在杭州红门局的一条小巷子里，是一座极为破旧的木瓦房，家里的桌椅也是破旧不堪，但一旦把画打开，珍贵的藏品却使十发惊得目不转睛，老人在旁更是津津乐道收藏的经过，两人孜孜不倦地探讨着前人绘画的风格和历史渊源。

十发请钱瘦铁鉴定书画的时间较长，程助受命跑腿。程助那时年龄还小，还没有资格和钱氏谈书论画，每次都是父亲交给一卷书画，一般都有几张，然后从静安寺出发，坐上有轨电车到外滩，走过外白渡桥向右转，来到一幢老式洋房里，就是钱瘦铁的家了。这条路叫黄浦路，是一条很短的马路。程助爬上窄小的楼梯，进了堆满书籍和纸张的书房，将画和信交给钱瘦铁。钱氏一张一张地仔细看了之后，将意见写在信笺上，交给程助带回。这样的往来持续多年，直到1964年"四清"运动开始后才中断。

1977年国庆前夕，十发在北京，看了故宫博物院展示的宋元明清古画精品后，给学生汪大文写信说："我和谢稚柳先生的见解是一致的，就是民族绘画的结晶是笔法，用笔来传神。有了笔法就有了最根本技法，反之没有笔法，构图、色彩再好也没有用。"他在信中又说："我看到了楚国帛画、展子虔、阎立本、韩滉、韩熙载、马远等有名和佚名的大师作品，使我醉心的是他们的迷人而又生动的笔力，是一个历史的见证。"在书画鉴定上，程十发和谢稚柳一样，把书画自身的、内在的规律放在首位，其中包括画家的个人风格、流派的传承及时代风格。一次，程十发在上海中国画院工作室开学典礼上，给学生讲中国绘画传统，对文人画、院体画、禅宗画如数家珍，一一道其风格、演变和技法，这既是他的学画心得，也是他对书画鉴定的心得。

画家注意的是技法，鉴定除了注意古画的技法，还特别注意气息。程十发认为看画的真假首先要看画的气息，然后再深入进去。他在陈洪绶的绘画艺术中三沐三浴，对陈洪绶是很熟悉的。他认为陈洪绶是明朝遗民，愤世嫉俗，所以他的画特别高古、清雅，完全是为释放心灵情绪而画。生活上好酒、好美女，所以他的作品以美女居多，而且描写真实生动。陈洪绶画中的美女不是明代服饰，而用唐代服饰来装点，更显陈洪绶的复古美和别有情绪。十发在鉴定陈洪绶书画中也注意材质，他的经验是陈洪绶的绢本画都是用粗绢画的，因为他穷，置不起细绢。如果鉴定陈洪绶作品的真伪，一打开看是粗绢，那六成真已经有把握了。

程十发的人物画另一取法是来自任伯年。他认为任伯年为了生活，一般都是应客户要求而作，不是为祝寿就是为乔迁新居作画，所以任伯年的大画不如小画生动，因为小画是任伯年休闲时所作，笔墨奔放，气息清新，这是真正的任伯年，是任伯年的精华所在。程十发藏有100多幅任伯年的画稿，都是单线白描，且大小不一，大到六尺整张。任伯年是应客户要求挑选画稿创作，所以这些画稿既反映了任伯年的创作内容，又表现出他精细认真的风格。更为珍贵的是那些没有完成的画稿，是研究任伯年艺术创作的重要资料。可惜，这些画稿在"文革"期间被抄了，下落不明，至今未见面市。

从居住在松江的时候起，为了学画，程十发就开始收藏，到1966年，他收藏的古画也很可观了。经过"文革"的抄家，他又变得一无所有。在"文革"结束后落实政策时，他的被抄走的几百张画，据"文清"小组的人说，已经被文物商店外销了。他们不让程十发自己到"文清"小组的库房里去挑选，十发就委托徐伟达从一大堆查不到来源的抄家交来的画中挑选几幅古画，来抵消他的损失，有几张古画就是从一大堆旧字画中翻出来的。另外有些古画是后来朋友送的。某次，程十发在话剧表演艺术家蓝天野家中看到一张陈洪绶的绢本花鸟，爱不释手，蓝天野当场将此画相赠。回沪后，程十发画了一幅《丽人行》作为回赠。

20世纪80年代，中国不再闭关自守，许多不能相往来的家庭可以往来走动，特别是一些收藏世家，手中多多少少还有些藏品，但不允许带出去，但程十发的画在海外深受欢迎，卖价也不错，并且可以出关带走。这样，一些藏有古画的人家就用旧画来调换程十发的画，一张旧画可以调程十发的十几张新画。这也是程十发收藏旧画的一个来源。

收藏是一个渐进、漫长、坎坷的历程，有时是踏破铁鞋无觅处，可是有缘又是得来全不费工夫。如陈洪绶的《秋花山鸟轴》是在当时华亭路的地摊上觅得的；又如董其昌的《山水轴》是从北京琉璃厂的被视为赝品的纸堆里拣出来的；再如沈周的山水妙品《秋林曳杖图》是从旧货铺的一叠散页中发现的。

程十发所藏古代书画200件，是他50年的精力心血所聚。应该说，在收藏过程中，每一张字画都有着一个离奇动人的故事，每一件字画的入藏都会令他欣喜不已，乃至夜不成眠，食不知味。与每一件字画的朝夕相晤，细嚼慢咽，都会使他若有所悟，以致茅塞顿开，技艺大进。可以说这是收藏家生命中的生命，甚至视为"性命可轻，至宝难得"。

早在20世纪50年代，程十发就参加上海书籍文物征购鉴别委员会，自己又有着几十年的收藏磨炼，鉴别的眼力是很不错的。1989年，徐伟达来访时，他又拿出新购的古画给徐伟达鉴赏，并对徐伟达说："我有一个想法，能不能请谢稚柳先生到我家里来，看看我的藏画。"徐伟达向谢稚柳转达了程十发的邀请。谢稚柳欣然同意，约定时间后，谢稚柳在徐伟达的陪同下到程十发家里去看画。

"我第一次到你府上就要赏画，哈哈……"谢稚柳说。

"能请谢公到家，算我的面子大。"程十发说着又继续解释说，"是我要向谢公讨教，本来应当送到你府上的，东西实在多，搬来搬去不方便，只好拜托小徐来请谢公。"

谢稚柳的到来，让程十发特别高兴，他亲自搬出几十件藏品，一件一件请谢稚柳过目。谢稚柳仔细看了每件藏品，并对每件都有评价。他们三人还谈了欣赏古画的体会和看法，很是投缘。这次共看了三个小时，随着看画又讨论了许多问题，涉及的范围相当广泛。

在回家的路上，谢稚柳对徐伟达讲："十发看画的方面，有自己独到的一面，他对画家的用笔、意法研究得较深，他认为一张画只要画得好，就值得收藏，这也是一种办法。"

程十发也在乎谢稚柳的意见，除了少数几张有点异议，他俩对绝大部分画的看法都是一致的。事后，程十发还特地拿出几张谢稚柳有异议的画，和徐伟达再一次很认真地进行研究。

在程十发捐赠的书画里，不乏珍奇之品。如元初大家钱选的《青山白云图卷》，曾为明权臣严嵩所藏，末有明诸家题跋，董其昌跋称此卷"得李将军父子遗意"，评价甚高。如元代王蒙的《修竹远山图轴》，也是一件绝构，在清初学人顾复的《平生壮观》一书中，就作了具体的记载。如明吴门四大家唐寅的《雨竹小鸟图轴》，是唐寅画赠友人严竹沙的，故其诗题末句有"夜潮初落蟹爬沙"句。以蟹爬沙而赠严竹沙，事涉游戏，而足见唐氏之洒脱、倜傥，诚性情中人。如明代丁云鹏的《文殊菩萨图轴》，是罕有其匹的精严之品。张瑞图大字唐诗十二屏条，也堪称是少见的巨幛。陈洪绶是被学人称为画风不落宋元，直接晋唐的千古怪杰。而今其画，一件动辄价值百万，程十发即有16件。如其中《罗汉礼佛卷》，白描写十六应真，笔墨圆润自在，造型、意趣趋于平淡，当是其最晚年之笔，有着非凡的意义。又如清大家石涛的《长题山水图》轴，为石涛画给其文友王梅庵者，故石涛作长题，论笔墨，抒主张，多创见。此则文字未见于石涛之著作，是极具意义的新史料。

画家的收藏和收藏家一般的收藏不同，有着特殊的自我境界，起始都是为了丰富、充实自己，是为了向前人学习。一旦自己艺术上取得成就之后，他会回顾自己走过的艺术道路，更会看到那些后来的学画者，有的是自己的学生，知道他们向他这位老师学习还不够，还要向古人学习。程十发就是怀着这样的心情，在他75岁的时候，他向上海中国画院捐赠了122件宋元明清书画，他说："这些历代字画是我学习的资料，捐出来让更多的人学习和观摩。"这100多幅古画中，计有宋画1件、元画4件、明代书画62件、清代书画

53件、近世书画2件。

75岁就捐赠毕生收藏，对一个画家来说是否早了一些？笔者想这可能与程十发晚年生命中遭受的两大打击有关。一是夫人张金锜的去世，接着是最心爱的女儿去世，这两大打击使十发开始考虑其所收藏书画的归宿问题。为了做好书画捐赠工作，女儿在病中时，程十发就一一征求子女的意见。儿子程助、多多及女儿欣荪，都理解父亲的心情，知道他珍视藏品如生命，把这些藏品捐献给国家，对他是最大的安慰。但此时女儿已染沉疴，他本想待女儿病情好转，再把最后的决定告诉她。但女儿的病情不见好转，直到她病危，程十发才坐在女儿病床前，把捐画的最后决定告诉她，女儿报以会意的微笑……

我们的艺术大师逝世之后，他的儿子程助和多多，又继承父亲的遗志，把另一批古画捐赠给家乡，以报故乡的养育之恩。

谈艺篇

艺术靠形象征服人

　　程十发说："艺术当然要用来征服人，不能靠线条、笔触征服人。线条、笔触是表现形象的手段，但最后显示给人们的应当是完整的形象。"

　　对人物形象，程十发追求和把握的是"真"。什么是"真"？十发说："'真'是得其神韵，应该是神似、形似的结合，不是在神似和形似之间。"

　　形似与神似，夸张与变形，自神、形之说提出，争论长达数百年，如今仍然在争论，仍然有着不同的理解，仍然是各行其法。对此，程十发指出：

　　画面要生动，要神形一体。要夸张，进行艺术手法的夸张，但怪不等于夸张，夸张要具有目的性，夸而不诬，饰而有节，要追"极"。

　　艺术要夸张，要比真实的高，例如唐三彩中的骆驼，头就略微抬高一些，比一般照片中平视的骆驼更显得高昂有劲，显示出它的艺术魅力。艺术要变形，但要变得好，变得不好就显原形了。

艺术要求对描绘的对象进行必要的提炼、概括、变形，但必须以写实为基础，无写实基本功的"变形"，是无本之木，无水之源。

程十发的绘画、线条及表现方法是夸张的，而形象是写实的，在写实中得其神韵。这在他的有关牧童的画幅中，表现得尤为突出。

笔者看到他最早的"牧童"作品是1958年，画家自称为"习作"，画上题识："曾见罗两峰有牧童横笛图，今用其法。"虽然有着自家的墨韵，仍然是古画中常见的画法。和这幅画前后所画的牧童，也都是写实的手法。但是到了20世纪60年代之后，他笔下的牧童，经过夸张和变形，与现实生活中的迥然不同，而显得更稚气、更纯真，更富于幻想，也更活泼可爱，是一种理想化了的儿童形象。

那种夸张给画面带来了强烈的装饰性，圆圆的面孔，小小的身材，特别大的头巾或斗笠，与小巧玲珑的身躯成为鲜明对比。虽然夸张，但牧童仍然散发出真人的气息，圆圆的脸上，那两块膏药似的胭脂，使人想到少时放牧时用野花染出的红润；还有那一双细长的眼睛，既秀媚又流动，分明显出活泼的生命。

画家笔下的牧童形象，不只是处理好了形似与神似的关系，更为重要的是把传统的文人画和富有生命力的民间艺术嫁接联姻，文人画飞入寻常百姓家，从而获得新的生命。这个变化的轨迹极为清

程十发《牧童横笛图》

楚。用罗聘笔意画的《牧童横笛图》，虽然有着独创的新意，但从画中流露出来的文人画的飘逸之气，与《我们的队伍向太阳》那种争取民族自强的时代进军号声，虽然不能说有格格不入的背离，却确实有些不入俗人之眼。他把在江南水乡所见到牧归的童年记忆，移植到少数民族牧童的形象上，把民间耳濡目染的色彩、生活情趣

程十发《村晚吴牛将犊归》

在画面上作巧妙的结构布局，特别是牧童和牛、羊等情感交流的亲和情景，编织成雅俗共赏、老少皆宜的审美之网，实现文人的与民间的、传统的与现代的双重超越，为社会主流所接受。

陆放翁诗意《村晚吴牛将犊归》，从少女的衣裙、草帽到肩背多种线条的运用，水牛从尾部到颈部的一根表现出阴阳肥瘦几面讨好的线条，水墨淋漓的渲染，充分发挥了文人画的水墨技巧的作用，而那幼稚的牛犊与母牛，与少女在情感上的脉脉相应，谁看了都会有赏心悦目之感。《秋山短笛》画的是牧羊女，少女背着背篓，背篓中插着采撷来的野花，吹着短笛，老羊在侧耳静听，小羊羔被笛声陶醉得欲睡，更有一只飞鸟，似乎也是被笛声吸引从远处飞来……在世俗的画面中，飘逸着画家闲适的情思。

绘画的真与假，程十发认为主要表现在感情上。为什么画画？

在作者思想感情有了愿望。画花，对这花不产生感情就只能画成图解式的。他以齐白石为例：如齐白石画的不倒翁，他在画上题了诗："乌纱白扇俨然官，不倒原来泥半团。将汝忽然来打破，通身何处有心肝！"他对国民党汉奸有看法，在民间玩具里没有这种不倒翁，完全是他自己创造出来的。现在人看起来又有新的理解，艺术作品是假的，思想感情是真的，使看的人一直永远要看下去，子孙看到这种官僚主义存在，还会有补充，有联想。这就是艺术品。如果作为科学，画成挂图，一定要去无锡把泥塑取来，作说明书用，起不到艺术效果，不会有另外想法。绘画的真与假与绘画艺术一样，假的不一定是完全假造的，假的实际上是真的，只是思想感情上的东西。如果只是有天真的思想感情，画出来的东西就不好。齐白石画蟹，不是画蟹，鱼虾尚能负剑，蟹如何无肚肠，实际上是张漫画，寄托了他的心情。程十发还说：中国画概括下来有三样：一意，为啥要这样画，我的意境寄托在啥地方。齐白石为何画蟹，是他想触人家的霉头，所以画。画不倒翁，有爱憎的倾向性。作者的感情在立意时就解决了。二形，如果只有意而无形，也不知道蟹和不倒翁。三意和形后还要知道法度。

动物是人的伙伴

动物是人的伙伴，这在程十发的绘画中表现得特别突出。程十发画中的动物，如牛、马、鹿都是伴随着人物出现的。十发画动物，大体经历了这样的过程：20世纪50年代，羊和鱼画得最多，60年代牛画得最多，70年代鹿画得最多，也兼画马，80年代又画起羊来了。此中缘故，十发回答说："莫笑迁翁又写羊，只缘揪出害人狼。"其间有隐语，"害人狼"者，"四人帮"也。程十发之所以如此题识，只因在"文革"期间因画遭劫，给他留下了切肤之痛。那时，十发画以秋为主题的画，选景不是以"大战三秋"的主战场，而是取自"主战场"之外的一个小镜头，到野外采青的牧童，采了一朵野花在手中玩着。后面有几头老牛跟着，姿态悠闲，一副并不急于择草而食的模样，背景有几朵野花开放，把金色的秋天装点一番。牛背上还有几只小鸟，给画面添了几分情趣。悠闲的牧童，悠闲的老牛，悠闲的小鸟，表现了田园闲适文人画的情调，通过侧面描写，含蓄、巧妙地点了"秋"的主题。

程十发《苏武牧羊》

这种给人以无尽回味的妙笔，用"大战三秋"的主题来要求当然有些不协调，1974年被当作"黑画"展出示众，十发也成了"黑画家"。

当代画家中以画动物象征某一画派的有三位，一是徐悲鸿画马，一是黄胄画毛驴，一是程十发画羊。十发画羊，不只画出了羊的千姿百态，更画出了羊的表情，随着画中人物的身份、心态及所处的环境的不同，每只羊的表情也不尽相同。《苏武牧羊》中的苏武，手持牧羊鞭，迎风而立，长髯在风中飘动，围着他的羊群对他翘首相望，有的张着嘴，有的抿着嘴，有的又双目圆睁，有的闭目沉思，晚霞成绮，雁过长空，一点没有忧郁与凄清之感，而是激情高昂，人和羊融为一体。庖丁解牛，目有全牛，十发画羊，亦目有全羊。谈到画羊的经验，他说：

赵松雪初写二羊图，世为神品。余日日涂鸦，不成半器。得雪松以察马之法以察百兽，腕下即有真羊。余胸中只知一羊，不知百兽，如是腕下无羊矣。

道理很清楚，画一种动物必须了解各种动物。

程十发笔下的动物注重神韵，注重动物与人物的关系，人不是动物的驾驭者，而是与动物相互为友，动物和人处在平等的地位，求得一种平衡，这种艺术思想来自生活，亦来自古代文化遗产。他说：

画动物古来不乏大家，且传至今日有名可作参阅，如韩滉之《五牛图》、李龙眠之《五马图》、五代人画的鹿等等。必须从写实中求神韵。写实如照相虽也不易，然乏神韵，此神韵当于古代名作及明器雕刻中求之。如霍去病墓前之神兽，南唐陵墓前之辟邪，再如唐俑中之佳品，见其中何处夸饰，何处去繁，再对照生活中之动物，如是可得能事也。画中之动物，必须有生气，生气即和人物相呼应，以求生活之趣，在劳动中和动物之关系，人和耕牛，人饲羊鹿，其中千变万化，作者当掌握之。余总之曰：不能不似，不能太似；不能太真，不能不真。有虚有实，有工有率。先求大体，后求细节。不失结构，有得有失。工处极工，拙处尽拙。得之可爱画中之物，与观者同喜悦此，我为之术。

对古代艺术，程十发也是有选择地吸收。他说：

如果拿秦始皇墓中出土的马俑和霍去病墓前的石马或前几年出

土的也是汉代的"马踏飞燕"相比，我更喜欢汉代的作品。因为秦代的马俑不知是否受了当时文艺政策的影响，太忠于自然，太像标本了；相形之下，汉代的马俑不作自然主义的描绘，却显得生动、美妙而富于魅力。

十发所画的动物，多为家畜，很少画猛兽。他画水牛、黄牛、羊、马、鹿，以人物画对待之，重在一个情字。动物是有情的，但动物如何表达感情，十发体察入微而运笔细腻。他的粗犷减笔，把次要的东西都减去了，而使表达意念的地方更突出了，这叫笔减意不减。他画的《引雏图》，画面是母鸡、小鸡和女孩，天真的小鸡蹦到女孩膝上，天真的女孩正用眼角斜睨着它，四只母鸡一动不动，老成非凡，但目光中都掩盖不住对鸡雏的关心。这样就以鸡雏为中心，使观者感受到母鸡和小女孩的情感交流。

鹿，也是程十发笔下画得较多的动物。早在40多年前，松江的天马山或小昆山就有养鹿场，远近闻名。笔者曾前往采访，并写了《天马山养鹿记》。十发看到这篇文章后对笔者说，松江有一块石碑，浮雕着一头梅花鹿，这说明松江人早就有养鹿的习惯。十发曾到天马山养鹿场参观，应主人之请，当场写了长题，曰："上海医药管理局药材公司天马山养鹿场附近古有晋代大文学家陆机、陆云故里，松江旧称茸城，远古即以产鹿驰名，然千百年来未见驯鹿者。中华民族有复兴古事之气魄。今日与上海科教电影厂诸公一起参观鹿场，主人属题。乃写此不恭并记。一九八四年七月十一日，程十发漫书。"从参观鹿场归来后，十发画的《鹿苑长春》画了两个少女与鹿相伴。《乡思》画的是蔡文姬与鹿相依。《春游》中的钟馗，胯下也是一头鹿，《吴真人采药图》中背着采药篓子的吴真人，骑的也是一头鹿。他总是把美、善和鹿结合在一起。十发以湿润的减笔为鹿立像，表现了鹿的温驯可爱。后来松江地区的考古发现证明，在新石器时代，松江人的祖先就开始驯鹿了，姚家圈遗址和汤村庙遗址都发掘出梅花鹿的骨骼、牙齿和鹿角，这也都是淞泽、良渚文化的遗物，说明四五千年前，鹿已经变成松江人的家畜了。元代诗人钱惟善在《佘山》诗中就有"麟洲鹿苑带烟霞"的句子，清代诗人周士彬的《天马山》诗中也有"时时唤鹿群"的描述。看来十发画鹿，其中还蕴含着他"松江人"的乡思乡情。

《橘颂》、《屈子行吟》、《礼忠魂》

画历史人物、神话人物及既非历史又非神话的古装人物，在十发的画艺宝库中，很富有光彩。十发是一位很有历史责任感的画家，把"以形立言"作为天职，他通过为历史人物造像或诗意图的创作，以抒发情怀。

屈原是十发画作中最多的历史人物。他笔下的屈原基本上是《涉江》中的形象："余幼好此奇服兮，年既老而不衰。带长铗之陆离兮，冠切云之崔嵬。"画中的屈原佩着长剑，戴着高冠，或行吟于泽畔，或漫步于橘林，或昂首而向天，是高傲的亦是忧郁的，是痛苦的亦是悲愤的，种种复杂的表现都通过那深邃的眼神、高昂的头颈、飘拂的髭须、舒展的袍袖表达出来。

《橘颂》是屈原的少时之作，用"绿叶素荣"、"青黄杂糅"、"纷缊宜修"等词句写橘之美丽；用"受命不迁"、"深固难徙"等词句写橘眷恋江南厚土，志坚不移的坚定；用"遗世独立"、"淑离不淫"、"秉德无私"等词句来赞美橘之品德高尚。橘有这样多的美

程十发《橘颂》

德，"岂不可喜兮"，因之"愿岁并谢，与长友兮"，最后就"行比伯夷，置以为像兮"，年岁虽少，要以橘为做人的榜样。看来句句是颂橘，句句又不是颂橘，人与橘是一是二，彼此互映，有镜花水月之妙。橘颂所写的是一种性格，这也正是屈原的性格，也正是画家十发欢喜之所在。

　　画家有一幅《橘颂》，画的是屈原佩剑昂首而立，他的得意女弟子婵娟手托果盘，盘中放着几只黄色的橘子。两个人物面部用线勾勒，衣服则是墨彩交融的大写意，轻松潇洒，并题写《橘颂》，

程十发《橘颂》

书法交错，把人物包围了起来，仙气飘逸。观之者均情不自禁地惊叹：画家胸中的仙逸之气尽倾纸上矣。细看原题，此画家画给女弟子汪大文也。屈原一婵娟，十发一大文，又一个是一是二，我佛无说，均在镜花水月之中矣。

另一幅《橘颂》作于1972年，画的是果实累累的橘园。透过橘园远处一角，屈原手里拿着一只橘子，婵娟手捧古琴相随，屈原低眉垂眼，有些郁郁寡欢，是否有着"天惟捷径以窘步"之感呢？屈原的这一形象，使我想起十发曾经说过的一段话：

过去读《楚辞》，读郭沫若的《屈原》，总觉得屈原是一个受了委屈的形象，尤其令人感叹的是，受了委屈，依然忠贞不贰，爱国之心始终不变，永远对自己的君主和人民充满了热爱。

程十发《礼忠魂》

　　十发自己何尝不是如此呢？他经受过几多风雨，始终是那样幽默乐观，始终是那样热爱生活，热爱人民，热爱祖国。受委屈的事各个时代都有，远自汉朝的贾谊，近至他作此图的时刻，一大批老革命、知识分子，乃至一个极为普通的人，都有着受委屈的经历。受委屈的屈原始终活在他的心中，用他自己的话来说："委屈，委屈，在我的画中便是'委托屈原'的意思，对受屈的知识分子表示同情。""以形立言"，十发在这幅画中要诉说的心声，我们不是很真切地听到了吗!

《屈子行吟图》则表现了屈原希望的破灭。图中屈原背负双手,似已走到了纸的尽端,而将大块水面和空白抛在身后,使人物面向沧波,"思随流水去茫苍",既能表现烟波的浩渺无际,又能表现人物的胸襟开阔。画家这种一反常规的构图,恰恰和屈原的受诬被逐、悲愤欲绝的心境相一致,行吟泽畔,已经走到了天的尽头,再也无路可走了。不难听出图的画外之音:魂兮归来,哀江南。

《礼忠魂》作于1979年1月8日,画家在画上题着"礼忠魂",画题之下又题了两行小字:"为纪念丙辰清明节而作,一九七九年一月八日。"图中屈原手捧巨樽,樽中插满鲜花,目露深情,遥望中天,敬献忠魂。身后的婵娟也捧着荷花,但没有仰首望天,而是俯首低眉,面容哀戚。整个画幅运笔疾速,线条苍劲泼辣,充满激情,特别是婵娟的秀发和衫袖、裙边在风中飘动,笔笔都是锋芒毕露。1976年1月8日是周恩来逝世的日子,随后"四人帮"的灭亡,"天安门反革命事件"的平反,使许多遭受不白之冤的人得以昭雪,在周恩来逝世三周年之际,画家创作了《礼忠魂》,是对亡者的悼念,也是胜利的颂歌。《礼忠魂》为屈原《九歌》中最后一节,也是"九歌之舞"的最后一个歌舞场面,前人评之为"送神总曲",本意歌颂"身既死兮神以灵,魂魄毅兮为鬼雄"的国殇英雄,画家以此诗意作画,体现了"春兰秋菊,长无绝兮终古"的永恒境界。

《广陵散》、《高山流水》、《箜篌引》

　　《广陵散》画的是嵇康的故事。画中的嵇康身披古时犯人狱衣，不过不是黑色而是红色，袒胸、昂首、须发虬结，但目送飞鸿，手挥七弦，陶醉在弦声里，不知足戴铁镣，死之将至。嵇康膝前，一少女捧盘长跪，盘中置酒肴，是对他行刑之前的祭奠，为他送行，又有菊花数枝，杂乱横陈于画面。这种生死之际的傲然沉静，笔力千钧，如山崩地裂，令人震撼。观此图，笔者激情难抑地诵江淹的《恨赋》："及夫中散下狱，神气激扬，浊醪夕引，素琴晨张。秋日萧索，浮云无光，郁青霞之奇意，入修夜之不旸。"

　　嵇康，字叔夜，拜中散大夫，故又以中散称之。与阮籍、山涛、刘伶、阮咸、向秀、王戎，常集于竹林之下，肆意酣畅，故世人称之为"竹林七贤"。山涛为选曹郎，推荐嵇代替他，嵇康随致书与之绝交，即是有名的《与山巨源绝交书》，刘勰称赞说"嵇康绝交，实志高而文伟"，是千古名篇。因"绝交书"中有自况之语"七不堪"，"非汤、武而薄周、孔"，司马昭看了非常不高兴，遂诬罪将他下狱，最后处以死刑，与好友吕安同时被害。程十发广涉史籍，所画《广陵散》即此时的情景。嵇康临刑时的情景，史书多有记载："康刑于东市，顾日影援琴而弹。""嵇中散临刑东市，神气不变，索琴弹之，奏《广陵散》。曲终，曰：'昔袁孝尼尝请学此《广陵散》，吾靳固不与，《广陵散》于今绝矣！'太学生三千人上书，请以为师"，"于是豪杰皆随入狱"，这是何等悲壮的场面。

为什么要画《广陵散》，程十发说："嵇康是晋代人，与我没有什么历史联系，但我画了他在刑场上弹广陵散的情景。为什么要画他？艺术的感情来自生活，把生活变成艺术，那是不完全相同的。这是因为我去墓地祭扫朋友，看到邻近的一位在'文革'期间被迫害的女钢琴家墓地，我想要表现她。直接表达生活当然也可以，但我还是想借古人的形象来传播我现实生活的感情。"

嵇康旷迈不群，高亮任性，恬静无欲，善打铁，是一个非常魁梧的美男子，"岩岩若孤松之独立，其醉也，傀俄若玉山之将崩"，"弹琴咏诗，自足于怀抱中"。嵇康善操琴，作有《琴赋》，自云"余少好音声，长而玩之，以为物有盛衰，而此无变，兹味有厌（饱），而此不倦，可以导养神气，宣和情志，处穷独而不闷者，若近于音声也"。

嵇康是作曲家，所作的曲目有《嵇氏四弄》及《风入松》。嵇康所抚《广陵散》，在嵇氏之前即已流行，宋代的陈旸曾拿它与《诗经》相比拟，并说是"曲之师长"，《晋书》有记载："康常游乎西洛，暮宿华阳亭，引琴而弹。夜分，忽有客诣之，称是古人。亦不言其姓字。"嵇康逝世之后，所弹《广陵散》还是流传下来，临

程十发《广陵散》

刑前所说的袁孝尼即是他的传人。因为嵇康与授琴曲之古人相约，秘而不传，自此之后，每于幽静山林无人之处，即鼓其曲。他的朋友袁孝尼亦善鼓琴，愿以闻见，但无法得到，遂以诈死之法进行学习。袁氏母亲对嵇康说："我儿平生想听《广陵散》，不能如愿，现在他已经死了，你就弹一曲给他听听吧。"嵇康听了这话很受感动，把其他人赶走，取琴而弹。袁孝尼聪明特异，一听即会，"寻其谱，弹其声，颇得大道之旨趣"。袁孝尼所弹《广陵散》，"其怨恨凄感，即如幽冥鬼神之声。邕邕容容，言语清冷。及其怫郁慷慨，又隐隐轰轰，风雨亭亭，纷披灿烂，戈矛纵横"。这个传说是否可靠，我们今天无从知道了。《广陵散》流传下来倒是真的。历时千余年，每个时代都有弹《广陵散》的高手，并经不断补充丰富，由短而长，发展到今天的44段长曲，是符合音乐发展规律的。不知今日尚有人能操《广陵散》否？即使有能操之人，笔者想此《广陵散》非彼《广陵散》，与其如此，还不如观十发之画《广陵散》，用心去听画外之弦音吧。

《高山流水》画的是春秋时俞伯牙鼓琴遇钟子期的故事。画家以淋漓之水墨画俞、钟二人在高山流水处，鼓琴相娱。山的顶部及下部均以重笔浓墨画山石之质感，山腰以淡墨晕染，画出白云飘荡，俞、钟二人袒胸而坐，在山风水声中弦音缭绕。画上题杨升庵的诗："流水高山唱咏，明月清风主宾。尘上不惊幽梦，乾坤自有闲人。"

《箜篌引》是据李贺此诗画的诗意图。在诗史上，李贺有"诗鬼"之称，是有浪漫色彩的诗人，他的《李凭箜篌引》是描写音乐家李凭所弹箜篌的美妙，想入非非，奇句迭出，出人意想。然而，即使想象力丰富的李贺，他万万没有想到，他所熟悉的梨园子弟李凭，一千多年后竟在一位画家的笔下变成了风姿绰约的美貌少女，画家似乎在有意和诗人比想象力似的。

《箜篌引》也是十发常画的题材。画上用蛇龙驰引的书法题写李贺《李凭箜篌引》，弹琴的则是一个云鬟斜插、彩裙曳地的少女，

程十发《高山流水图》

神情专注，似乎是在听着从自己灵巧的手指下流出来的美妙琴声，
沉浸在自己所创造的音乐梦想里。画家的长题书法和弹者颤动的手
指相映相融，更加生动地表现了空山玉碎、芙蓉泣露、凤吹兰笑、
石破天惊、秋雨点沙、老鱼跳波、瘦蛟狂舞的音乐形象。如果没有
画家这样长题，这张画不会有这样好的艺术效果。从这里又可看出
画家"以意立形"的巧妙的造型手段。

程十发《箜篌引》

　　李凭本是个小生类的人物，画家为什么偏偏把他画成一个秀女？十发回答得非常巧妙，说：

　　你读过古诗《为焦仲卿作》吗？就是孔雀东南飞，十五弹箜篌，不就是个15岁未嫁的少女吗？在唐代壁画和陶俑中，弹箜篌的也都是女的，我是用现代技术，给李凭整容，改变为异性人了。

程十发《箜篌引》

程十发《迎春图》

他所说的"现代技术"，就是指用形象思维，挥他手中的那支笔——手术刀，给李凭动了手术而使之"变性"了。十发还谈到他对《箜篌引》的具体描绘方法，这个同样题材他画过好多张，先上色，后加墨，墨是最后加的，加的时候，还没干。一般先画大墨线，细的后画，再染色，不够的地方加墨。

十发笔下的《箜篌引》，构图美妙，色彩华丽，线条多变，无论是他画少女脸部所用的减笔，画纤纤十指所用的勾勒，还是服饰彩色的粗线，都统一在完整的诗意形象中。如果说，李贺的诗充满浪漫的画意，十发的画则流溢着浪漫的诗情。在

《箜篌引》的世界里，两位不同时代的艺术家，将诗情画意紧紧地融合在一起了。

以音乐为题材的还有《香山听阮图》、《花下寻声图》及现代国画表现少女弹筝的《迎春图》。白居易是以诗句写音乐的高手，一曲《琵琶行》，"大珠小珠落玉盘"，留下了千古回响，不少人物画家都画过此诗的诗意图。除此之外，白居易还写过有关筝、琴、瑟、五弦弹等许多赏乐的诗，而《和令狐仆射小饮听阮咸》这首诗不甚为人所注意，但十发着力地画了《香山听阮图》。画上白居易盘膝而坐，一手捋须，一手扶膝，身旁两位侍女，手捧托盘，盘中放着两个酒杯，身后老树繁花，左边是白描双勾的竹子，对面即是弹阮老人，坐在假山石上，面对着一块假山石和一树白花，在慢捋轻挑地弹奏着，弹阮老人和白居易都沉浸在音乐声中。

弹拨乐器阮咸因制作及善弹者阮咸而得名。阮咸是阮籍的从子，与籍齐名，时称大阮小阮。小阮善制乐器，作为弹制乐器的阮咸到了唐代就不为人所识了。唐刘𫗧《隋唐嘉话》记载："元行冲宾客为太常少卿，有人于古墓中得铜物，似琵琶而声正圆，莫有识者。元视之曰：'此阮咸所造乐具。'乃令匠人改以木，为声甚清雅。今呼为阮咸是也。"白居易听阮，当时可能感到新鲜而好奇，我想十发作《香山听阮图》不是为了新鲜，而是被白居易的诗意所打动。白居易在诗中有"古调何人识，初离满座惊"，"时移音律改，岂是旧时声"。因此用诗劝诫曰"还弹乐府曲，别占阮家名"。此诗恰恰写出了画家的心声，他所钟情的古乐古曲，此时不仅被改造得面目全非，有的甚至销声匿迹了，这也正是画家心痛之所在。

程十发《花下
寻声图》

程十发《香山
听阮图》

忧时伤世的《眷秋图》

　　《眷秋图》也是一幅颇使人陶醉的画。极为简练的笔墨，描绘出老人的精神世界，似有一种激昂与忧郁相交织的情感在折磨着老人。画家画识曰："方秋崖词人造像，并书其《满江红》半阕。"方秋崖名方岳，南宋江湖诗派的代表人物，是十发祖籍安徽的老乡。方有着热爱国家、嫉恶如仇的品质，在南康军与贾似道（字秋壑）的斗争是有名的历史事件，他用奏章、简启、诗词揭露奸臣贾似道的罪恶，傲然宣称"怪吾今，鬓已成丝，胆还如斗"，表现出他无畏的气概。斗争的结果是方被迫去郡，郡民作一大旗书曰："秋崖秋壑两般秋，湖广江东事不侔。直到南康验体统，江西自隔两三州。"当时郡民为方岳送行者"呱泣之声填街"。画家在图端录秋崖《满江红》词的上半阕："且问黄花，陶令后、几番重九？应能笑，秋崖人老，不堪诗酒。宇宙一舟吾倦矣，山河两戒天知否？倚西风、无奈剑花寒，虬龙吼。"读之令人感到词人忧时伤世愁贯古今、无可奈何之思盘结其间。画家笔下的词人不正是这种形象吗？

程十发《眷秋图》

　　令程十发钦佩的还有杨维桢。杨维桢，字廉夫，号铁崖，会稽人，是由元入明的志士。程十发多次为杨铁崖造像。杨维桢为元泰定丁卯进士，不愿做官，避地富春山，后又移居华亭，筑室百花坛上，号小蓬台。周游九峰三泖，获断剑，炼铸为笛，头戴铁叶冠，衣兔皮褐，吹之作《回波引》，遂号铁篴道人。游寓张景良家，著

程十发《采药图》

《干支志》。明洪武初，以编纂礼乐书及修《元史》被强迫出山。编纂结束后，遂以"白衣乞骸骨"，皇上许之，仍继安车还山。回到家中即逝世。宋濂为作《墓志铭》。杨维桢与华亭陆居仁、钱塘钱惟善同葬山麓，称三高士。吴梅村有《过杨铁崖墓有感》诗："天马龙为友，云山鸟自飞。定愁黄纸召，独羡白衣归。长卷心同苦，狂歌调已非。悲来吹铁笛，莫哭和人稀。"周厚地有《访三高士墓》诗："君不见梁鸿死傍要离家，逐客孤高烈士勇。贞魂毅魄两相知，白杨萧萧悲风动。铁崖本是山阴贤，白衣宣至白衣旋。一时高尚与谁匹？华亭之陆钱塘浅。有官不仕甘肥遁，笑指云间多佳胜。扁舟往来三泖乡，蜡屐登临九峰院。生前长为元代民，死后同结干山邻。五百年来余韵在，风晨月夕冷魂亲。我来吊古发长啸，累累荒陇埋衰草。只见青山不见人，断碑零落余残照。"

　　吴梅村、周厚地两人的诗，把杨铁崖身世及人格已写得很清楚了，程十发为杨铁崖造像，其中的敬仰之情也就可想而知了。

《濒湖问药图》、《采药图》

　　十发出生行医世家，喜以医药题材入画。有关医药题材画，表现的是画家追索童年的情趣。《濒湖问药图》画的是村医问药于药农祖孙的两对祖孙，村医右手拿着一枝草药，左手握铲，背后两大包草药，谦恭地屈身求教，小孙女双脚着地，双手用力在拉着那个挣扎吃药草的羊，是一趣；老药农歪着头，斜着眼，右手指指点点，左手扶着村医的臂，似乎在边说边想，态度亲切、温和而又谨慎，小孙女在旁边跃跃欲试，想插话说几句，但又怕说错了，把手指放在嘴前，表示又不敢说，又是一趣。两趣相映，把人物的身份、所处的地位及心态活灵活现地表现了出来。李时珍晚号濒湖山人，此图所画应是李时珍问药的故事。

　　《采药图》画的是父女二人骑着鹿，背着药，似在采药途中，老人双目远眺，还在寻找草药，是静中有动，有着山路行进之趣。画上题识："吴本为北宋时厦门白礁村民间医师，活人无算，因采药中不慎落石间，失足而亡。后人建庙祭祀，今写吴真人采药图记

程十发
《濒湖问药图》

之。"画家在其中有些身世家世之感吧。

这些以幽默、风趣为特点的作品，通俗明白，但俗而不腻，俗中有雅。谁也说不出哪是雅，哪是俗，而是雅俗融为一体的"程家样"。十发的画易学，一学就像；十发的画也难学，一学就走样。其原因在于学画者不是缺雅就是缺俗，或雅俗共存，但分门别户非一家人，难以融合。

"钟馗就是我"

　　喜欢画戏曲人物的画家，大多喜欢画鬼的故事。因为中国古典戏曲中有不少就是直接或间接写鬼。综观十发的绘画艺术，也离不开这个轨迹。他除了画和鬼有关的钟馗画，还直接画过连环画《不怕鬼的故事》，还有《聊斋画》，也画过一些女鬼和女妖。

　　十发曾经说过：

　　我也喜欢画具有战斗性的题材的，但有时受到一种批评，说是歪曲了形象，这是很难掌握的。这也是我喜欢经常画古代题材和儿童题材的原因。

　　他在这里说的是政治氛围。除此之外，我想还有他的文化的内在基因。十发是很喜欢谈童年情趣的画家，对戏曲的爱好，是因为童年时看了不少傩戏；对鬼的兴趣，是来自"白面无常"，他感到那些都很有刺激意味。他常常给他的学生汪大文、吴玉梅描述其童年的情景：每年农历七月举行的盂兰会，那可热闹啦，先是把号子吹出一阵长长的悲烈高亢的声音，然后便见一个面孔涂得雪白的"无常"，戴着高帽，拖着长舌，耳边挂着一串纸锭，在傍晚的暮霭中，蹒跚地从石板街上走过来。"无常"的后面跟着吹吹打打的迎神队伍，不啻为奇景大观。

日有所观，夜有所作。山高月小，夜风徐徐，三三两两纳凉的人群在街头摇扇夜话，消热去暑。好动的孩子们会成群结队，游到这里，又疯到那里。十发此时也会调皮捣蛋地幽默一下，用芭蕉扇在竹篱笆上来来回回拉上几下，发出奇怪的声音，令人悚然，接着又大喊一声"鬼来了"，吓得小同伴们逃之夭夭。直到他已经成为有名的画家，招生收徒，仍乐于此道。

20世纪60年代，程十发、孙祖白、沈迈士带着学生毛国伦、汪大文、吴玉梅等在青浦劳动，食宿在生产队的空房子里。白天一边捡麦子，一边教学生接字头，老师说上句，学生接下句，十发兴来之时，还会用昆曲哼一自创小词："南江好，云树接天涯。鸭绿人家春水展，到处是人家。"他们劳动所在地即叫"南江大队"，所以他哼起了"南江好"了。

夜晚，他们就围坐在一起，听十发讲鬼的故事。他告诉他们，村里的人说，许多年前，在这座房子里曾经吊死过一个女人，就在那个梁下，披散着头发，伸出舌头，一双小脚腾空荡来荡去。多年之后，有人从窗口还看到她的影子，没有人敢住在这里，这里就成了生产队存放杂物的地方。这像接字头游戏一样，十发这个杜撰的鬼故事，只不过是聊供大家消遣。一个曾经画过《不怕鬼的故事》

1964年，程十发、吴玉梅、汪大文在青浦体验生活，和当地文化馆工作人员合影

的画家，怎么还相信有真鬼呢？不料孙祖白胆小，晚上起床外出产生幻觉，吓得发抖，撞在门板上，前额起了一个血泡。孙祖白、沈迈士已逝世，可是这个故事一直还留在学生们的记忆里。

钟馗的故事在民间传说已经很久了。中国古代就有以椎驱鬼逐妖的习俗，一说由终葵（椎）演化而来。六朝时期，仍然认为"终葵"可驱鬼避邪，后演化为钟馗。还有一说是由商代仲傀演化而来。仲傀为巫相，兼驱鬼之方相，后由驱鬼之巫变成食鬼之巫。青铜器上有虎食人卣及饕餮纹，都象征着"天人"骑在兽上，有的说是巫师升天的坐骑，祈求天神保护，有的说是以战俘的形象铸造出来的，以表彰胜利者的纪念品，笔者以为还有着驱鬼避邪的性质。

这些都进一步证明钟馗在商周时代就有了，是巫师的形象。这里不作专题学术讨论，故不去引证更多的青铜纹饰资料了。

钟馗的传说真正见诸文字资料的，是在沈括的《梦溪补笔谈》中，该书记载，据说在唐明皇开元年间，"讲武骊山，岁翠华还宫，上不怪，因痁作，将逾月。忽一夕梦二鬼，一大一小。其小者衣绛犊鼻，屦一足，跣一足悬一屦，搢一大筠纸扇，窃太真紫香囊及上玉笛，绕殿而奔。其大者戴帽，衣蓝裳，袒一臂，鞟双足，乃捉其小者，刳其目然后擘而啖之。上问大者曰：'尔何人也？'奏云：'臣钟馗氏，即武举不捷之士也，誓与陛下除天下之妖孽。'梦觉，痁若顿瘳，而体益壮，乃诏画工吴道子，告之以梦，曰：'试为朕如梦图之。'道子奉旨，恍若有睹，立笔图讫以进……上大悦，劳之百金"，并批告下天。于是天下盛传钟馗，人们将其作为降鬼驱邪的英雄，主持正义的神灵。自此以后，历代画家画过无数钟馗打鬼、嫁妹的故事。吴道子画的钟馗已经"烟波渺渺信难求"了。

有关钟馗画的传世之作，就笔者所知有龚开《中山出游图》。此图本为上海庞虚斋收藏，20世纪30年代流入美国。此图描绘钟馗及其小妹乘舆出游，随从皆鬼，修短不齐，有的抬轿，有的肩壶，有的挎包裹，忙得不可开交。钟馗虽丑怪出奇，但不像凶神恶煞，俨然是儒雅武官，此时正回头看着妹妹。妹妹及身后的使女皆以墨作胭脂涂在脸上，更是奇趣横生。这幅图实际上是绝妙的水墨漫画。

《寒林钟馗图》是文徵明的作品。浓云重雾中拓树老槎，苍苍莽莽的一片林子，给人一种寒气凛然之感。钟馗立于寒林之中，缩

程十发《钟馗出游图》

着颈，抄手袖中，畏寒惧冷的样子跃然纸上。这大概是要表现钟馗的另一方面，武士也有斯文畏缩的时候。

《除夕钟馗》是胡锡圭的作品。胡氏工人物仕女，花卉"效新罗山人，妙得其神"，用笔秀逸。《除夕钟馗》笔意清新，表现出他的画风特色。画中钟馗醉卧，须眉轻张，纱帽低垂；前一小童侧身席地，对着火炉添炭煮酒；钟馗背后，屏风半开，红衫女子探身窥视，数株红梅已突破岁寒，花蕾初绽；茗碗空空，正待着炉火重温。作者题识"癸未五月五日红茵馆主三桥画"。端午节画钟馗祛邪，古代多有此习俗，正如《宋史》所载，除夕画工多献"钟馗击鬼图"，并有"埋祟"之仪（吴自牧《梦粱录》），又"堂中挂钟馗画图一月，以祛邪魔"（顾禄《清嘉录》）。前人对此题咏不少，点出题意："一醉不关些子事，坐看群魅祟寰中"，"颓然隐几懒于云，如此须眉总识君；却有岁寒梅鹤在，不须更写送穷文。"看来，钟馗有些闹情绪，除夕正是驱魔避邪的时刻，老先生却在这里享起清福来了。

写到这里，我们且说十发收藏的几幅钟馗。

《蒲剑钟馗图》，陈洪绶作，此图画钟馗左手持酒杯及菖蒲，右手仗剑而行，人物衣帽用笔粗重简约，面部用精笔细写，形成强烈的艺术对比。陈洪绶在画的右上方自题曰："己酉端阳老莲陈洪绶为柳堂五盟兄画于青藤书屋劝蒲觞也。"程十发在画外绫边题曰："己酉端阳过七日，金陵小朝廷福王被清兵所□□越一月余，杭州、绍兴次第失守，洪绶作是图正是兵燹之中国家存亡之时也。"

《仗剑钟馗》，高其佩指画。图中钟馗仗剑回首，怪眼圆睁，欲斩尽天下不平之事，须髯衣袂飘举，更平添了他的冲霄怒气。

《钟馗图》，扬州八怪之一的黄慎所作。此图妙趣之所在，持剑的钟馗，对着一只蝙蝠回首瞪视，给人的感觉不是疑神疑鬼，就是小题大做，传达出钟馗性格中"不放过一个小鬼"的执着。此图笔重墨浓，衣纹方折刚硬，是黄慎的得力之作。

最为有趣的是罗聘的《野路登东》和《驴背钟馗》。前者画的

高其佩《伏剑钟馗》

是钟馗坐在马桶上出恭，圆圆的屁股显露，一手扶膝，另一手伸向小鬼讨草纸，小鬼蹙眉掩鼻，真是臭气熏天。人物只占三分之一的画面，题一七绝诗气贯天地，使画上空白与画题浑然一体。那首七绝也极为风趣："揭取灵源天宝中，不拘野路便登东。一腔傀儡偏消尽，虚耗应须仰剑风。"人生是"有进有出"，尽在此诗中。诗塘中有吴湖帆题的《西江月》词，词云："三尽没锋蒲剑，一双倒统乌靴。天中令节对人夸，处处欢迎争迓。可惜贪杯易醉，急来丑相难遮。且求鬼子纸钞赊，掩鼻何须装姹！"十发曾对此图点评："看

黄慎《钟馗图》

来，世界上没有不可画的东西，就看画家能否得其趣。"看来，藏家对它是极为欣赏的。

《驴背钟馗》另有一番情趣，画家一改以往怒目金刚的钟馗形象，以春风得意驴蹄轻之笔调，唱出新腔。钟馗春风得意的样子跃然纸上。画边自题七绝："只闻凭吊介之推，竞渡还因屈子哀；此外无人同此日，为多禁忌请公来。"原来老先生忙得不亦乐乎，不知又去何方捉鬼？

十发藏的另一幅任颐画的《钟馗图》，画的是钟馗身着红袍骑驴而来，一面目狰狞小鬼为之撑伞挡雨，行笔简洁，色调轻快，堪称佳作。画上有十发题的七绝：

细雨骑驴过六桥，山阴画笔认前朝。

嗟君鬼忌庸才尽，何必先生诵楚骚。

由这首诗我想起了十发笔下的钟馗，1979年，他画有昆曲《天下乐·嫁妹》，钟馗双手持鲜花，准备给待嫁的妹妹插上，他那一脸的天真和喜悦，是根据剧中情节画的速写，精湛的笔墨表现，无可挑剔，但不足以表现画家的思想。1981年，十发又画了《春游钟馗》，十发无诗，只题了龚定盦的诗："浩荡春风日已斜，吟鞭东指即天涯。落红不是无情物，化作春泥更护花。"落红虽有情，但毕竟是花期已过，和十发前诗"何必先生诵楚骚"有着同样的意蕴。钟馗兄妹并行郊游，茶花朵朵，翠竹拂风，诸般心事尽抛，是何等消闲自在。但钟馗骑的不是马，也不是驴，而是一头鹿。

某日，笔者就十发这幅钟馗画，问他："龚定盦的这首诗和钟馗没有任何关系，为什么在《春游钟馗》画幅题上这首诗？"

十发道出了真情，说："那不是钟馗，那个就是我。"

"你笔下的钟馗都很善良，很少有仗剑捉鬼的。"

"有不少钟馗画却把钟馗画得怒目圆睁，虬髯如刷，手执宝剑向画外怒目而眈眈，非但面目可憎，歪曲进士风度，一无回味。我对这样的钟馗不感兴趣。我画的钟馗没有怒气，他和小鬼都是平等的，在一起玩耍，现有了'非典'，看来钟馗要派上用处了。"

罗聘《驴背钟馗》　　　　任颐《钟馗图》

　　《钟馗抚琴图》为上海青年收藏家陆牧滔所藏。陆氏在收藏小记中写道："《钟馗抚琴图》原是北京一位友人所藏的一幅未画完的无款画，见到此画时发现线条酷似程十发先生早期的风格，带回上海请程十发先生过目被确认。程十发先生为此画题款并加盖两方印鉴。"十发在画上重题曰："此拙作钟馗抚琴图未竟即为客持去，故纸上隐约留有钟小妹之朽稿，今日重见是图，感有虚实飘忽之趣，希藏者以焦尾琴音物外难得之作也。"十发的题写文字，颇可玩味。

程十发《钟馗抚琴图》

　　十发笔下的钟馗所表现的闲淡的心情，总使我想到罗聘（两峰）的画风。有的评论家说十发受陈洪绶的影响，有的说他接受了任伯年的遗韵，我以为十发人物画中那种机智而灵活的风韵，一是来自宋人的减笔画，更多的是受到罗聘的影响。从本质上来说是"机趣天成"，最主要的还是来自他内心的素养和天性。

　　20世纪60年代，笔者在报端也看到十发画的几幅钟馗，对钟

程十发《钟馗听箫图》

馗的形象已经模糊了。近翻旧报，果然找到1961年端午节他所画
的钟馗。一幅是钟馗骑着一头鹿，手摇纸扇，面带微笑，伴随而行
的是他的妹妹骑着毛驴，手捧插着鲜花和菖蒲的花瓶，画上题了一
首诗：

    画成进士笑开颜，骑鹿悠悠终日闲。

鬼魅毒虫消灭尽，轻摇纸扇返家山。

又题："仿罗两峰设色。"

另一幅画着钟馗蹲在地上，手持枇杷在逗一个婴儿，婴儿伸手要枇杷，地上还有三个枇杷，画上题诗：

瘟君去尽毒虫无，小妹归宁嫁事多。

抱得婴婴能呼舅，调甥进士入新图。

画家真会想象，既然嫁妹，妹必得子，妹妹回娘家，使这位舅舅乐得哈哈而笑。很清楚，十发画钟馗的立意不在捉鬼，而是画春游钟馗，摇扇钟馗，逗甥钟馗。

十发曾作扇画《按剑待妖钟馗》，钟馗和小妹结伴而行，钟馗按剑，小妹持花，兄妹作交谈状，扇上有十发长题：

画中有钟馗传自吴道玄、黄要乐辈，未见其笑，惟见龚圣予《中山出游图》印本，其中小妹两颊用墨染代胭脂，极为怪诞。自张大复《天下乐》行世，曲家常演其嫁妹一折，故余写钟馗亦常伴有小妹。今戏写钟馗按剑待妖之状，示审有新意乎？

此幅虽表现钟馗按剑待鬼，但画的钟老先生仍然是温和之态。这是十发笔下钟馗的共性。

也许，十发笔下的钟馗，都是画家自己吧。

1976年10月，乾坤旋转，天翻地覆，十发让在家修身养性的老进士复出捉鼠，到处行猎，剥下狐妖美女的画皮。他笔下的《猎归钟馗》，画的是钟馗不再骑鹿，而是骑马从莽林中经过，马后绑了不少猎获的野兽。经过画家10年的风雨人生体验，一个新的打鬼英雄的形象在画幅上出现了。

在历代画家笔下，钟馗只不过是变形金刚，各有各的寓意。龚开的《中山出游图》是反元的，文徵明的钟馗是写人世之冷淡，高其佩、黄慎、任伯年的钟馗都是驱妖祛邪，至于罗聘笔下的钟馗，十发在《端午节画钟馗》一文中写道：

就拿清代扬州八怪之一画鬼名手罗两峰的钟馗来谈，我见到的就有各种钟馗。

有醉钟馗图，有的画成钟馗醉后被小鬼揶揄的情景，明明是作者受尽世态炎凉，借题发挥的；有的画成钟馗醉后闭目入睡，亦影射世上鬼魅横行，奈何奈何之感。有题诗钟馗，小鬼磨墨，钟馗吟诗，将下笔之状。其实作者是借钟馗之形以纪念屈原的；有祈福钟馗，钟馗头上飞来一只蝙蝠，象征画家祈求幸福。……总之，钟馗可以成为千变万化的钟馗，只要画家对他要求，他可以成为仙人、酒徒、侠客和诗人等等。

程十发藏有一幅无款古画钟馗，真是太有意思了，看了真使人绝倒：画中钟馗只穿短衣，有数处补缀，一足有靴，一靴落地上，手执一卷，似在苦读《离骚》，桌上瓶中插粉梅一枝，正是春寒天气，旁有牙笏一支，正待上朝时刻，地上前方斜放宝剑一柄，此顷之前钟馗曾闻鸡而起舞，点出黎明时分，旁有小妹端坐一旁为补缀朝服上的破洞，此画每一细节，都为刻画画中人性格、情调。程十发解释说："与其说这是钟馗，还不如说是封建王朝那些不得权贵重视，过着清苦生活的小官僚的生活写照。"

十发笔下的钟馗是一个无鬼的世界。钟馗的职务消失了，今人所提倡的"敬业精神"也没有了，之所以还要画钟馗，诚如画家自己所说：

我们今天看钟馗画，正像我们看《西游记》、《山海经》一样，这种以钟馗为题材的画还是很有趣，不过和古人的心境大不相同了。

不过，十发还是画过《钟馗捉鬼》的，那是1962年他应《文汇报》总编辑陈虞孙之约画的，是捉"冗长文字"之鬼。1962年，党中央开了广州会议，继续贯彻"双百"方针，其中就有改进文风的问题。针对新八股文字见长、空洞无物、官腔官调的现象，陈虞孙作为报纸总编，深感解决这一问题的重要，于是就写了一篇评话《钟馗捉鬼》，前面有一段小序："春来兴浓于酒。无以遣之，仿作评剧一则，聊以解嘲云耳。"

作者在剧中以男角"话无长"代表冗长的文章，以女角"苏空头"代表空话连篇。"话无长"和"苏空头"结为夫妇生了个儿子叫"废话"，苏空头的弟弟叫"缠夹二先生"，这些都属于"长篇废话，空洞无物，缠夹不清"。钟馗就成了"钟编辑"。陈虞孙以犀利的文字把"新八股"挖苦得鲜血淋漓。十发的插图把"话无长"画得又瘦又长，非常干瘪，把"苏空头"画成大肚子，表示满腹空话，"缠夹二先生"身边是一团乱麻，真是剪不断，理还乱，非常形象地表达出了陈虞孙的文义，可谓"陈程双美"。

"文革"中，陈虞孙为此在《文汇报》吃足了苦头，而十发也在美术界遭遇劫难。

今天文坛上"长、空、夹"之鬼还在，可惜却读不到这样的文字，也看不到这样的插图了。

舞台速写与古典戏曲版画

每翻古典戏曲剧本，除了优美的文字令人手难释卷，其中的插图也很具魅力。

看了十发的戏曲舞台艺术速写，又总感到与古典戏曲插图版画之间有着文脉相通的联系。笔者年轻时生活在安徽乡下，没戏可看，对戏曲的了解多是通过在书案上读剧本得来。那时，拿到剧本除反复吟咏那些优美的唱词外，笔者对其中的版画插图更是感到有无尽的趣味，如同坐在舞台前。剧本中的声情并茂及环境的渲染，都是通过版画传达出来的。笔者记得读过一本《吴骚合编》，其中有许多版画插图，幅幅精工巧美，画面意境之深邃幽远，至今还留在脑子里。还读过一本《鸳鸯冢娇红记》，前冠陈洪绶绘图，人物形象顾盼有神，衣纹花饰细密典丽。当时并不知道陈洪绶何许人也，但古代仕女造型之美妙，却使笔者多年都念念不忘。

后来，既看戏，又赏画，才知道无论在绘画史上，还是戏剧史上，戏剧版画插图都是一笔很重要的文化遗产。版画绘图都是出

舞台速写《芦林》

舞台速写《牛皋下书》

舞台速写《贵妃醉酒》

舞台速写《评雪》

自大画家之手，明天启四年刊本《彩笔情辞》，汇录元人套数小令，
因皆文人情辞，故名。编者张栩撰称："图画俱系名笔仿古，细摩辞
意，数日始成一幅。后觅良工，精密雕镂，神情绵邈，景物灿彰。"
特别是明代，许多有名的画家都为戏曲作版画插图，十发所宗的陈
洪绶就是其中最为著名的一位。

一点画史

    明万历年间，苏州的戏曲版画已崭露头角，并有不俗的成就。苏州刊刻戏曲版画历史悠久，明隆庆三年（1569）何钤刻《西厢记杂录》，为其前奏，其后有一段相当长的沉寂时期，直至将近30年后明万历二十四年（1596），顾正谊撰、绘散曲别集《笔花楼新声》，才又为苏州戏曲版画揭开了新的一页。

    顾正谊，字仲方，号亭林，是万历时华亭派画家领袖。《笔花楼新声》图为单面方式，所绘精致典雅，背景繁复，刻写亦精。这从一个方面反映了版画在艺术家心目中地位的提高。这以后有天启年间刊本《槃薖硕人定本西厢记》，前冠莺莺像一幅，双面连式图14幅，署名画家有魏之璜、刘素明、吴彬、钱贡、董其昌等十余人，其中或有伪托，但它是当时画坛名手通力合作的结晶。再后有崇祯十三年（1640）版本《李卓吾先生批评西厢记真本》，陈洪绶、孙鼎、魏光、陆玺、高尚有、任世沛等绘图，都是享誉一时的丹青圣手。所绘重视揭示人物心理活动，幅幅都是表情达

意的佳构。

　　十发从其中吸收最多的是陈洪绶。周亮工在《读画录》中有这样一段叙述：

　　章侯儿时学画，便不规规形似。渡江拓杭州府学龙眠七十二贤石刻。闭户摹十日，尽得之。出示人曰："何若?"曰："似矣。"则喜。又摹十日，出示人曰："何若?"曰："勿似也。"则更喜。盖数摹而变其法，易圆以方，易整以散，人勿得辨也。

　　尊重传统，不故步自封，这是陈洪绶的艺术精神。对此，十

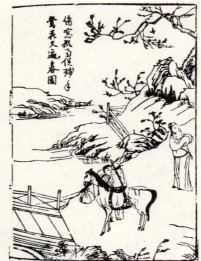

李卓吾批评西厢记　　　　　　李卓吾批评玉簪记

发刻骨铭心，与之契合。此非夸大之语，十发有"十发梦见悔公"、"十发梦见莲子"闲印二方，悔公、莲子即陈洪绶（陈老莲）也。在一则题跋中，十发又云："我们祖先留下了杰出而又有艺术性又有通俗性的作品……如近一些的陈洪绶的博古叶子、水浒叶子。"陈洪绶处在明末清初的动荡时代，市民力量和市民意识的抬头，促使了通俗文学的流行，于是插图版画也就跟着小说和剧本的发达而发达起来。通俗文学在民间广泛流行，使当时一些著名知识分子也产生了新的看法。李卓吾认为"《西厢记》、《水浒传》皆古今至文"，袁中郎也说："传奇则《水浒传》、《金瓶梅》为逸典。"具有平民意识的陈洪绶，把自己的绘画艺术和木刻艺术相结合，并兼顾版画的印刷和镌刻的特点，适应木刻的特性和表现力，线条遒劲，形象

陈洪绶鸳鸯娇娘像　　　　北西厢记二卷仿仇英仕女

张深之西厢记秘本

明朗而富有装饰意味，把形象和线条提炼得更加朴素完整，突破了一般卷轴画上的人物画的常规。陈洪绶一生创作了大量的版画，其中有戏曲《西厢记》、《鸳鸯冢》插图，文学作品《九歌》插图，水浒叶子、博古叶子。仅《西厢记》，陈洪绶就画过多种，有李告辰本西厢、张深之正北西厢、李卓吾评本西厢。水浒叶子是陈洪绶应散文大家张岱之托，为了救济周孔嘉"八口之家"而花了四个月的时间才画成的。正如张岱所说："章侯自写其所学所问……以英雄忠义之气，郁郁芊芊积于笔墨间也。"孔尚任也说："陈章侯画水浒四十八人，奇形怪状，凛凛有生气，非五才子书及酒牌所传旧稿。卷首赵宦光草篆题曰：英武神威。"由此可见，陈洪绶先后在手卷上、《水浒》小说（五才子书）和叶子格（酒牌）上画过《水浒》图像。洪绶挚友唐九经在为博古叶子写的序中说："计树之老挺疏枝秀出物表者得二十七；小几大案之张汉瓦秦铜之设，其器共得五十八；衣冠矜饰须眉姿态而成人物者得四百有十九；一切牛、羊、狗、马之类不计焉。其大抵也古雅精贱，较水浒叶子似又出一手眼。"博古叶子的人物造型，不同于水浒叶子那样激动，古雅精贱，似乎是另一种艺术风格。

十发从陈洪绶那里所得到的，绝不是线条表现及人物造型的方法，而是深入到洪绶之内心，洪绶活在了他的心中，一种艺术精神的灯光在那里闪亮。

舞台戏曲画，也就是人物画，积多年经验，程十发谈了这样的体会："注重捕捉人物动态，例如很多舞台人物，用流利的线条表现动感，是受了一些西洋的影响，但也不全是。中国古代的石刻，如

水浒叶子林冲　　　　　　　水浒叶子朱武

秦汉南北朝的画像石，上面描绘的人物，动作比较大，线条的动态也比较强烈，这种技法主要是塑造一个人时，先从大体塑造，所以人物能很生动，有些动作是夸张的，但并不是没有道理的夸张。我就是这样描绘一个对象，先描写动作的大体，再进入里面刻画细节。过去中国传统的人物画画法，不是先画大体，而是从里面画出来，像先画眼睛、鼻子、嘴巴，然后再画脸型那样，我却是刚相反，就是从大入小的方法，开始先用几笔大笔触，掌握了人物身体动作的大体，然后再用小笔在里面补充，最后才画人的脸，所以是

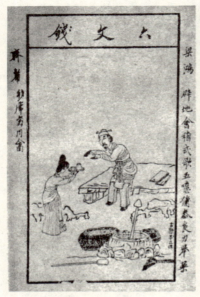

博古叶子梁鸿　　　　　　　　博古叶子陶渊明

从人物身体动作去设计他的眼睛、鼻子，就像雕塑一样，先塑了一个雏形出来，再仔细雕琢进去。在表现动态时，我有时会作适当的夸张，就像速写那样，画得太快了，线条随意了，会失去形体的准确性，但这种夸张如果运用得恰当，就算轮廓不写实，但从艺术性来说，却恰恰是那幅画最特殊、最有味道的地方。我觉得画人物不足以画得很写实、很细致，但不管画得细，画得粗，表现人物的生动性，动态，那道理是一样的，不能因画得细就画死了。如果说这是受西洋影响的，可能也有，但我自己认为，主要还是从中国古代的石刻、民间艺术那里来。"

　　程十发还说："夸张和对比是我喜欢采用的手法。夸张和对比

陈洪绶《人物》

舞台速写《十五贯》　　　　　　　　舞台速写《霸王别姬》

的手法，例如一个细腻，一个粗犷；一个强大，一个弱小，这种表现手法在中国民间艺术和戏曲中是很常用的，例如戏曲中的《霸王别姬》，一个大花脸和一个美人，这样对比起来便能给人较强烈的感觉，对整幅画来说，线条可以突出了，颜色也突出了，构图的效果也好一些。"

　　读了程十发的这两段体会，可以更深入地欣赏和理解他的戏曲人物画。

画戏先看戏

十发的舞台速写固然得益于前人之创，但更为重要的是他脚下有着一块肥沃的土壤，才使他的戏曲舞台速写绽放奇特的花朵。

十发爱看戏。他对笔者说："爱看戏的兴趣还是小时候在松江看傩戏养成的。"

松江城内有个东岳庙，有庙就有会，有会就有人。每逢庙会或逢年过节，这里就特别热闹。唱戏的、玩杂耍的、表演武术的、说书的、拉洋片的，都来这里占一席之地，竞相演出。他们当众献技，虽然谈不上高雅，但演出了当地的民风民俗，带有乡土气息，有着"下里巴人"的纯朴风趣。

程十发的舞台戏曲画与他生存的文化氛围有关。在少年时代他就随着父亲去听京剧。还有他小学时的一位老师也善拍曲，课余的时候就教他唱昆曲，用的课本就是《缀白裘》，是"取百狐之腋，聚而成裘"的意思。元代杂剧是在勾栏里每天上演的，演出的时间是有限的，所以，剧本不能太长，一般以四折为限，每本戏必须有头有尾，可以自成一个片段。万一有太长的故事，可以分成几本，但每本仍然是四折。现存的100多部元曲中，没有一部题材是繁复的。这样看来简单，而其实背后还是有绝大剪裁手段的，有一个大刀阔斧的删削，方能使之精炼，更趋向于文学化，删去一折就不成个东西了。

而明朝传奇就不受这种折数的拘束了。传奇出于南戏，南戏最早的形式是古词，有唱无做。陆放翁有诗道："斜阳大道赵家庄，负鼓盲翁正作场。身后是非谁管得，满村听唱'蔡中郎'。"（这是《琵琶记》的前身古本《赵贞女》）《琵琶记》接受南戏的影响，就成了一部42出的长戏。后来明清两朝的文人做的传奇都是打破了元曲四折限制的长戏，如《牡丹亭》、《桃花扇》、《长生殿》、《一捧雪》，无不如此，八股文人用八股文做的，徐渭（文长）批评说他们是"以时文为雅曲"。胡适批评得更尖锐："一男一女，一忠一佞，面面都顾到，红的进，绿的出，那是八股正文，最后的大团圆，那是大'团结'。"胡适又批评说，"这些八股文人完全不懂得戏剧艺术和舞台的需要"，"用八股来写戏曲，于是产生了那无数不能全演的传奇戏文"！

因为这些传奇过于见长，其中有许多是没有演唱价值的，所以在明朝晚期就有传奇摘选本的出现，每部传奇只摘取最精彩的一两出，至多不过四五出，如《来凤馆精选古今传奇》（又名《最娱情》），另有《醉怡情》选得更多了。《最娱情》辑于顺治四年（1647），所选的不满40种。这是《缀白裘》的先例。到乾隆中期，经玩花主人集《缀白裘》，又经钱德苍搜集增辑，积至12集48卷之多，其中有400多个折子。《缀白裘》的编者似乎很有舞台经验，他们所选的大概都是戏台上多年淘汰的结果，都是明清两代的精华。著名版本家赵万里说："明清戏曲之有《缀白裘》，正如明清短篇小说之有《今古奇观》，三言两拍的精华都被保存下来了。"

编《缀白裘》的玩花主人是苏州人，苏州又是昆曲的中心，所以这里面的戏文是当时苏州演出的通行本，最大的改削是在科白方面，把原来的官话改成苏州话，如《水浒记》中张文远的说白全是用苏州话，生动得多了，《一捧雪》中汤北溪说苏白，使人觉得他更可恶。

今天昆剧界反而把《牡丹亭》、《长生殿》等戏中被前人淘汰的东西又拿出来演出，美其名曰"复连台本戏"，其实让观众浪费了许多时间，是大大退步了。

除了受父亲和小学老师的影响和教育，许多著名京昆艺人在松江地区活动，京剧大家余叔岩和一些昆曲老艺人以及被程十发引为同乡的昆曲鼻祖俞粟庐生活在松江，这些都对少年程十发很有影响。他喜欢京剧中的花脸行当，在松江时还和别人一起登台演出过。他特别喜欢昆曲《钟馗嫁妹》，喜欢神话色彩的戏曲，这与他的浪漫主义色彩的绘画相符合，他常说："没有浪漫主义不能成为艺术。"他不大喜欢拘谨的剧目。他自称是昆曲迷。昆曲名家俞振飞九十大寿，程十发前往祝贺。在祝寿者都忙着献上寿礼时，程十发说："俞先生乃京昆泰斗，一代宗师，我如果今天只是送他一幅我画的画，未免太一般了。今天我要送俞老一件特别的礼物，和俞老合作一幅画。"俞振飞早年师从陆恢、冯超然等画家学画，后又得张大壮指点，也能画上几笔。于是大家忙着磨墨展纸，俞振飞寥寥数笔，一株兰花跃然纸上。随后程十发不假思索，在兰花的上方画了一只彩色蝴蝶，并题上"蝶恋花"，说："我毕生酷爱昆曲艺术，昆曲就如兰花，我就好比那只蝴蝶，将永远迷恋着兰花。"语惊四座，掌声响起。

十发的舞台速写，常常选其全剧中最精彩的一折、最精彩的唱词及演员们最精彩的表演之所在。虽然是捕捉在刹那之间，但能够叙事传神。所谓叙事不是画连环的故事，而是通过刹那间的动态，使人联想动态之外的故事。当年，京剧名角赵燕侠来上海演出，笔者撰文，请十发作舞台速写，他兴趣很浓地画了三帧，并对三张速写在版面上如何安排得法，考虑颇为周到。拙文也沾他速写的光，深受读者欢迎。

十发最喜欢画的还是昆曲。笔者曾问他："何以独爱画昆曲舞台速写？"

十发说："唱词很美，最富有文学性。"

他画《长生殿》，没有画杨贵妃的"云想衣裳花想容"的美，也没有画唐明皇"迎像"、"哭像"的老年纯真，更没有像其他画家画李白醉酒，而是画弹词艺人李龟年，白髯青衫，一曲琵琶弹出了"唱不尽兴亡梦幻，弹不尽悲伤感叹。抵多少凄凉，满眼对江山。俺只待拨繁弦，传幽怨，翻别调，写愁烦，慢慢地把天宝当年遗事弹"。画家从原剧文字中，抓住"满眼对江山"这句内涵丰富的唱词，着重描绘了由昆曲表演艺术家计镇华扮演的李龟年的眼神及面部表情，传达了对历史兴亡的万千心事。画家的凛然正气也尽在其中了。十发和笔者谈到新编的戏曲时，他说："现在看杨贵妃的戏，手法太新了，看不懂。"接着又说："郭老当年写蔡文姬，为的是替曹操翻案，现在为什么要替杨贵妃翻案，不理解。"他还说："我没有画唐明皇，只画李龟年，是计镇华演的，演得好。"又说："《长生殿》的舞台速写，我还画过酒楼。郭子仪在酒楼上，看杨贵妃一家新贵，在大街上招摇过市。郭子仪的那段唱词是非常有名的。"

郭子仪在酒楼上看到的是什么？原来是国舅杨国忠和韩国、虢国、秦国三国夫人各有新宅在宣阳里，这四家府门相连，竞造豪宅，一日完工，合朝大小官员都备了礼物前往各家称贺，郭子仪正打从这里过去。戏里，郭子仪念白："咳，外戚宠盛，到这个地位，如何是了！"接着唱"醋葫芦"："怪私家恁僭窃，夸土木。一般儿公卿竞作折腰趋，争向权门如市附，再没一人呵把舆情向九重诉，可知这朱甍碧瓦，总是血膏涂。"

十发的《酒楼》速写画出了郭子仪的满腔怒火。

《酒楼》也是计镇华的精心之作。看来，十发为表演大家舞台造像是出于对高绝演艺的激赏，而在情节的选择上，别有寄托，也恰是画家的境界追求的所在。

十发画有造梦手段，空灵潇洒，展卷有滋味，掩卷有回味，这在昆曲《烂柯山·痴梦》舞台速写中表现得尤为突出。《烂柯山》讲的是朱买臣和崔氏的故事。崔氏改嫁穷书生朱买臣，嫌其穷而逼买臣写下休书，用现在的话来说叫离婚。后来买臣得中金榜，崔氏又求买臣捐弃前嫌，重修鼓乐之好。其中的精华是两折《痴梦》和《泼水》，由昆曲表演艺术家梁谷音演来，真可谓出神入化。十发以

舞台速写《烂柯山》

此两折画过舞台速写。《痴梦》是崔氏以幻梦为现实，《泼水》则是以现实化成梦幻，此乃剧作家用笔高妙之处。

《痴梦》讲的是崔氏梦见夫朱买臣得中之后，皇役前来报喜，给她送来霞帔凤冠，接她回去当夫人，正在载歌载舞高兴之际，后夫张木匠手持利刀追了上来，吓醒之后，才发现原来是痴梦一场。只落得"津津冷汗流不竭，塌伏着枕边出血"。张目四壁，"只有破壁残灯零碎月"。这"零碎月"三字令十发倾倒，他说，作者不直接写屋漏窗破，满室萧索，而用"零碎月"三字，妙在不言中。程十发还画过一幅《泼水》。后来《痴梦》和《泼水》这两张画在法国得奖，十发即把这两张画送给崔氏的扮演者梁谷音了。舞台速写

舞台速写《山亭》

是写真写实，但在真实之中，画家画出梦境。古人说文章是饭，诗词是酒，程十发则说："我的画既不是饭也不是酒，而是梦。"

《送京娘》是昆曲《风云会》中的一折，讲的是赵匡胤在清游观中救了一女朱京娘，结为兄妹，并许她千里步行相送。十发为此折画了一帧舞台速写，名曰《千里送京娘》，赵匡胤前行，双手前伸，弓步前进，似在披荆斩棘，温婉的京娘随后紧跟。原来是"此处路径丛杂，故先行一步"。了解如此环境，可知《千里送京娘》得传神、传情、传事之妙。演员在舞台上还可运用各种表演技巧，表现出"野花满径，山野呼人"的好一派野景，而画只能取瞬间的意象，来传达那"野旷天高，极目处，只见那卷长空云霞缥缈。见几处草舍蓬蒿，种桑麻，栽竹树，迤逦有清流环绕。近林远皋，巧丹青也难描照"的意境。这一切，在十发的不着笔墨处出现了，留出的想象余地十分广阔。

"水浒画"中，十发常画的有《虎囊弹·山亭》。《山亭》主要表现花和尚鲁智深醉卧山门的故事。在十发的笔下有多种多样的表现，不落在某一种旧套中。《山亭印象》一图中表现了鲁智深叉腿扬手，目光炯炯，正在喊出"卖酒的"几个字，舞台上那个莽和尚的形象活脱脱地被搬到纸上来了。而那个卖酒的伙计画得十分传神，通过姿势和眼神反映出他对这个和尚的畏惧，从而衬出了鲁智深粗豪气概。另一幅《虎囊弹·山亭》则描绘了鲁智深正在捧着酒桶豪饮，卖酒的已被推倒在地，头枕着横地的空酒桶，双手向上伸开，似乎在保护着和尚正在饮的那桶酒，一根扁担横地。题跋和画面巧妙地联系在一起，表现出画从小处着眼的大智大慧。特别是鲁智深饮酒时脸部表情，使人仿佛听到他从内心喊出"这两桶酒吃得俺好不爽快"。谁说画是无声的，这张画就使我们听到画内画外的声音。

从前面介绍的几幅舞台速写中，我们屡屡谈到十发的舞台速写对人物眼神的刻画。"传神写照，正在阿堵之中"，这是祖先人物画留下来的老传统。十发继其衣钵，巧妙地运用在自己的艺术之中，生旦净末丑，他都非常注意点睛。不同人物在他笔下有着不同的眼神，不同的眼神又反映出他们不同的性格。全本《牡丹亭》，十发喜欢的不过是《游园惊梦》和《拾画叫画》两折。十发画《游园惊梦》，杜丽娘和柳梦梅人在梦中，又似不在梦中，这种是梦非梦、是幻非幻的意境如何表现？画家通过这对情人似开似闭、又开又闭

程十发《游园惊梦》

的眼神，传达出他们的梦界。着笔太重则醒无梦，太轻则虚幻，亦
无梦，孰轻孰重，尽出画家腕底功力。程十发的舞台速写画得大开
大合，极为洒脱，使演员从他的画中得到启发，昆曲演员张洵彭
说，她演《断桥》一折时，看了程十发送给她的一幅画，画中白娘
子充满激情，动作很大，虽然画的是她的表演，但比她的表演升
华了。

丹青写出昆曲的文学美

演出全本《牡丹亭》曾经热闹了一阵，某日从十发所画的一幅舞台速写谈起此事。

笔者：我看到你画过《牡丹亭》中《拾画》一折，你只画了柳梦梅在看一个画卷，没有背景。

十发：《牡丹亭》我画得少。我认为汤显祖是有才气的，但《牡丹亭》写得不好。从全剧来看是不成功的，把《惊梦》、《寻梦》二折精彩的单独拿出来，整个剧本就立不住了。

笔者：是的。清李渔在《闲情偶寄》中也是这样认为，他批评说："二折虽佳，犹是今曲，非元曲也。"

十发：唱词写得也不怎样，虽然字面很漂亮，但没有内容，没有文学性，不美。

笔者：是啊，对《惊梦》首句"袅晴丝吹来闲庭院，摇漾春如线"。李渔认为此话"不妨直说，何须曲而又曲"，"百人中有一二人能解此意否"，"索解人既不易得，又何必奏之歌筵"。其余如

"停半晌，整花钿，没揣菱花，偷人半面"及"良辰美景奈何天，赏心乐事谁家院"，"遍青山啼红了杜鹃"，李渔批评说"字字俱费经营，字字皆欠明爽"。

十发：李渔的批评是对的。汤显祖在太仓过了很长时间，写的都是由明入清画家王时敏家中的事。王家的姑奶奶跟一个道士私奔了，道士在戏中变成了书生，杜宝就是影射王时敏祖上，塾师陈最良是影射陈继儒。汤显祖是写人家的隐私，这样不好。

笔者：影射的是王时敏的祖父王锡爵的事。王锡爵在明万历朝掌翰林院，后又做礼部尚书兼文渊阁大学士，杜丽娘这个人物的原型一说是王锡爵的小妾昙阳子，一说是他的女儿。后来，这件事在文坛上闹得沸沸扬扬。

十发：有些事当事人是看不清的，要后来人才能看清楚。我看昆曲不是太多，更多的是看剧本，掌握捉摸昆曲剧本以外的事情。

笔者：作诗是功夫在诗外，你看戏也是功夫在戏外，可谓是观众中的高人，否则达不到戏外功夫这一境界的。

十发：现在要演全本《牡丹亭》，不知怎么演法，全剧连起来是没法演的。

笔者：我看有些昆曲写了就不是为演出的，是书案本，就像你一样，把昆曲当作文学作品读的。《牡丹亭》自问世以来，大概是没有演过全本，都是演几折。从《玉茗堂尺牍》中可以看出，汤显祖还为此发牢骚，特别是吴江派沈璟对《牡丹亭》改动一下，搞得汤显祖很不愉快，引起了吴江派和临川派的一场大辩论。

十发：这些都是"戏外功夫"，看戏的人不去研究，演戏的人也不去研究，我们只好作聊天的资料。其实，汤显祖比洪昇差远了，《牡丹亭》写的是琐碎的小事，而《长生殿》写的是历史上的大事，整个剧本结构、唱词也比《牡丹亭》好。

十发喜爱舞台上的昆曲，也喜爱书案上的昆曲，常读元人杂剧，和他谈昆曲，那些富有文学性的曲词，他常会脱口而出，并有着自己的理解与阐释。三国志戏《刀会》写的是刘备借吴的荆州不还，孙权派鲁肃讨还荆州，鲁肃用了手段特地邀请关公去会谈，实际上准备谈得好才放关公回去，谈不好就扣押作人质。关公只带周昌单刀赴会，渡过长江去吴国营盘谈判。《刀会》吸收了苏东坡"大江东去……"的词意，写了一曲"驻马听"，唱词中有一句"只这鏖兵江水犹然热，好教俺心惨切！"旁白："好大的水吓！"周昌："这不是水，这是二十年前流不尽的英雄血！"关公驾舟东下，迎着朝阳，看到被旭日映红的江水，便想到英雄流淌的鲜血。对这种在特定的时间江面上出现的景象，十发解释得颇有自家心得。关公看到红色的江水，联想到英雄的鲜血，一点也不突兀，是极有个性化的语言，而且前面已作了铺垫："你看，这壁厢，天连着水；那壁厢，水连着山。俺想二十年前隔江斗智，曹兵八十三万屯于赤壁之间，其时但见兵马之声，不见山水之形。"这正是英雄的心态。两兵相交，只想到战胜对手，夺取胜利，不会有"流不尽的英雄血"的感慨的。只有大战之后，休养生息之际，想到当年的鏖战，才会发出如此的感慨来。而周昌看到被朝霞映红的江面，激动得连唱几声："好水，好水！"周昌没有文化，只能讲得比较朴素。程十发认为元曲大大超过明人的作品，他说：水和血完全是不同的两种东

西，输血不能输水，但艺术上是连接了。如果没有这番长江的经
历，水还是水，血还是血。用笔时有意表达作者感情，关汉卿就用
得恰到好处。程十发认为明代昆曲不如元代杂剧，汤显祖不如关汉
卿，是从深入研究中得到的体验，可谓是有独到之处的见解。

　　十发喜爱昆曲，除了家乡流行的江南傩戏的影响，念念不忘的
还是他读书那所小学的教师。那位教师只有十八九岁，懂得昆曲。
他常在孩子们面前自我陶醉地哼唱，唱的不外乎《西厢记》、《牡
丹亭》这些甚为流行的辞章。虽然那些清丽典雅的极具文学性的语

程十发饰包公（左）

言，没能在十发心中留下什么，但那婉转低回的曲调，却给他留下深刻的印象，正像乡村画家在灶台上画山水那样，深深地扎根在他心中，并伴随着他的人生。

十发真正听到昆曲还是在上海美专念书的时候。美专设置了文学课，常请社会名家来校讲课。昆曲研究专家周贻白来讲昆曲，第一课讲的就是白朴的《唐明皇秋夜梧桐雨》。60多年过去了，十发还能清晰记得当时兴奋的情景，并会情不自禁地哼了起来："是兀那窗儿外梧桐上雨潇潇。一声声洒残叶，一点点滴寒梢，会把愁人定虐。"他说："雨打树叶的声音，极为单纯，把意境写绝了。"是的，十发是从文学、意念的角度来听《秋夜梧桐雨》，那雨不是细丝丝梅子雨，不是红湿阑干的杏花雨，不是玉容寂寞的梨花雨，不是翠盖翻翻的荷花雨。它们都不似《秋夜梧桐雨》那种惊魂破梦，助恨

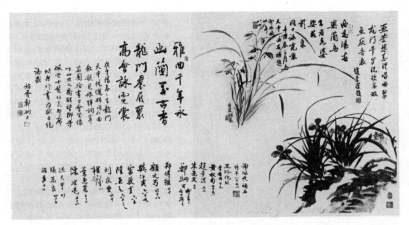

1978年10月的昆曲研习社的一次活动后所有成员在画上签名留念

添愁，彻夜连宵。此中的孤独、寂寞、凄凉、幽怨……千百滋味，任你去体验，任你去想象。十发绘画艺术中出神入化的诗意从何而来？至此可以得到回答了吧。

程十发不仅爱看戏，爱画戏，而且爱唱戏，他扮演昆曲的净角，还登台演出过。他会吹笛，爱拍曲，经常请一些昆曲演员进行沙龙活动。他的次子多多，从小就跟着听戏，参加昆曲票友的聚会，也继承了他的衣钵，成立了"多多昆曲社"，为普及昆曲倾注其力，凡是上海昆剧或昆曲演员要办的事，他们都是有求必应。岳美缇演全本《牡丹亭》时，程十发不仅为她画了一把《依梅傍柳》泥金扇面，还建议她在戏装上绣出各种梅花。岳美缇按照他的建议做了，穿着绣有绚丽多彩梅花的戏装演出，全场掌声雷动。梁谷音和计镇华演《蝴蝶梦》时，台上挂的那幅庄周像，就是出自程十发的手笔。2000年，上海昆剧团赴台演出，程十发主动提出和儿子程多多合作，为每位艺术家画一把扇子，以供舞台演出之用。他还为上海昆剧团画演出广告、舞台布景，乃至给剧团经济上的资助。程十发总是开心地说："这是昆曲看得起我，也是我和昆曲有缘。"

新写《梅花喜神谱》

　　观曲、读曲、拍曲，这是十发爱好昆曲的三部曲。

　　拍曲是十发全家的爱好，或者说他的全家和昆曲有着不解之缘。上海昆曲界的名角是程家的座上客，他们常聚集在那里拍曲。他们把这里叫做"多多曲社"，有时会半天半天地在那里，你唱一段，我唱一段，而程多多的那支横笛，则一吹到底。有时兴致来了，老先生虽不粉墨，也要登场，用那雄浑苍老的声调唱一曲《刀会》。十发本来爱唱花脸，此时也屈尊下拜比他小一辈的计镇华为师，唱《弹词》、《苏武牧羊》等老生戏。

　　戏曲舞台的道具都是不值钱的，唯独昆曲名角的扇子，往往是大画家的珍品、极品。笔者观昆曲，很注意演员手中的那把团扇或折扇。记得计镇华、梁谷音演出《蝴蝶梦》的时候，台上那幅庄周道貌岸然的画像，就是十发的亲笔。而蔡正仁的《拾画·叫画》中那幅依傍梅林的杜丽娘的春容，则是十发女公子欣荪的手笔。多年前，上海昆剧团赴台湾演出，他给"多多曲社"主要演员送扇面一

程十发和儿子多多合唱《隔溪梅林》

把。这次受赠的演员有蔡正仁、计镇华、梁谷音、岳美缇、张静娴，还有青年演员张军、沈昳丽。马玉琪在台湾演出京剧《清宫秋雨》，十发为其画慈禧像的海报，并题写："玉琪兄创演清宫秋雨，规模宏伟，剧坛盛举，特写此祝贺。"

十发的骨子里有着一般孤傲之气，但对戏曲艺术大师则顶礼膜拜尊之。

京剧表演艺术大师梅兰芳，对于昆曲的表演也甚精湛。十发对梅兰芳十分敬佩。1962年，大师仙逝，十发作一套《梅花喜神谱》，用梅花象征梅兰芳，将梅氏生前常演的京剧、昆曲，凭记忆一一描绘出来，刊于《文汇报》。第一次刊出时，程十发写了引言："梅兰芳同志逝世后，苦不能以文字悼念。病中率制梅剧笺谱一册，倩路子同志张以短文，并借宋时华光所订梅花画谱之名，亦眉为《梅

程十发和昆曲演员计镇华

花喜神谱》。梅花为兰芳同志所居之梅花诗屋,喜神即写照之别称,谱乃笺谱也。"华光长老为北宋和尚仲仁,画的梅花当时是一种新的创造,诗人黄庭坚等都大加赞赏,认为是至高无上的艺术品。据说,华光偶于月夜,看到窗间的疏影横斜,用笔写出了影子的形状,从此就专爱画梅了。

观者读画后,仿佛看到大师的绝世丰神,重睹《贵妃醉酒》、《宇宙峰》、《玉堂春》、《凤还巢》、《天女散花》、《洛神》、《游园惊梦》、《霸王别姬》等剧中优美形象。后来该册散落,一位收藏家藏有《天女散花》,十发睹画感怀,复题之曰:

原画十二页小册,为畹华大师逝世而作,发表于当时文汇报

《梅花喜神谱》

程十发与俞振飞及夫人李蔷华

上，每日一幅，今日见残册尚存，亦造化之赐也，物之不灭也，啊啊！

十发常言："速写是训练脑、眼、手，（国画）也凭这三样东西。第一关不要'怕'。画时关键是抓住外面的轮廓线，细小的地方可以后一步。画速写要抓神情，脸部及手部要抓住。要用脑，要理解。速写是当场看和记忆相结合的。"十发为梅兰芳作的这组速写，可以验证此说。他是凭记忆而画，存在他记忆中的就是"轮廓线"、"神情"、"脸部和手"，没有这样的记忆，梅氏仙逝后，就不会留下这部新的《梅花喜神谱》了。

程十发夫妇观看俞振飞大师作画

　　《梅花喜神谱》原为南宋末年宋伯仁编汇，分上、下卷，按梅花从蓓蕾、小蕊、大蕊、欲开、大开、烂漫、欲谢、就实等八个过程，绘出不同梅花一百幅，每幅配有题名和五言诗一首。宋人称画像为喜神，因而得此书名。此书宋景定年刻，海内孤本，吴湖帆之妻潘静淑30岁生日，岁适辛酉，与此书初刻干支相合，其父祖年以此相赠为贺。吴湖帆得此，又名其居为"梅景书屋"。十发以自己的彩笔绘新腔《梅花喜神谱》，表达对梅兰芳的怀念，可谓是巧抒胸机，智者之举。提起俞振飞，十发则带几分自豪地说："他是松江人。祖上是松江府娄县，娄县即松江城里，华亭是松江城外。"

　　十发认为，俞振飞演戏和其他人不一样，上代有好的传统传下来，周围又有许多人影响他，修养、形象都非常突出，其他小生都难以相比。俞振飞开始在北方拜程继仙为师，第一次登台演《连升店》，是小丑和小生的戏，和主角配合得还可以，后来就遭人妒忌，在台上捉弄他，演《辕门射戟》时，配角故意换错旗牌，戏无法唱下去了。所以程继仙说："北方不是你演戏的地方，还是回南方去吧。""不遭人忌是庸才"，俞先生遭人忌，说明他非同一般。

俞振飞舞台生活60周年纪念活动，电视放映十发和俞振飞在一起作画的镜头。俞振飞画一株兰花，十发补蝴蝶。十发说："昆曲是戏剧中的兰花。我喜爱昆曲，正像这蝴蝶喜爱兰花一样。我们这幅画就叫做蝶恋花。"

九松山庄释义

九松山庄是十发的另一座绘画艺术庄园，是"中国瓶子装的洋酒"。九松山庄这名字古雅，是中国的气派，大有隐者之风，而引发了这个名字的却是太平洋彼岸的旧金山。

旧金山是个半岛城市，面临大洋，环抱海湾，山海相连，再往上走就是旧金山市中心了。半岛与大陆接壤之处便是世界有名的"硅谷"，九松山庄就在"硅谷"与旧金山之间。

旧金山海边多松树，连绵不断，在山与海之间形成了天然屏障。程多多留学旧金山学艺，定居此山，便名其居为九松山庄。十发旅居旧金山，抚群松而盘桓，遂书"九松山庄"的匾额，以志肯定。又感到还不足以表达情之所托，又写《海边松树》长长的画卷，畅快淋漓地倾诉异国风物。于是，父子二人同在一个屋檐下，共同拥有九松山庄。

在九松山庄的日子里，观光、看画、作画，十发的生活是由这三个方面内容构合而成。十发学画自山水始，对异国的湖光山色

程十发在美国九松山庄住所

仍是笔底风云。多多陪父亲去看了大峡谷。多多谈了看大峡谷的感受，他说：大峡谷是个陷阱，山水风光是在地表之下的。下了车就是平地，往前走，大峡谷突然现在眼前，山就在脚下，去的人都会惊得"哇"的一声。大家都是"哇"，但各人的感受不同，旅游的要摄影留念，以记到此一游，风光摄影的要拍照，唱歌的要喊上几声，写诗的要行吟，画画的要把"哇"的一声感觉画出来，给人以大峡谷壮观的形象，使那些即使没有到过大峡谷的人看了也会产生"哇"的一声的感觉。我和父亲都是中国画家，当然是带着中国文化的眼光去看大峡谷，又要用中国的笔墨去表现大峡谷，这里就有许多要探索的问题。父亲画的《海边松树》就是一次探索。

多多的这番话很耐人寻味。观十发以往的绘画，特别是连环画，他借用外国的方法画中国传统故事，如今又用中国笔墨去表现异域风物，这样一开一合，一进一出，经过调整与糅合，蜕变成令人耳目一新的艺术特色。我们走进九松山庄，就可以看到十发艺术实践的大概。

九松山庄虽在大洋彼岸，但和中国传统文化血脉相连，十发有暇即专程观瞻中华瑰宝。他在白描小卷《归来图》上的题跋，表现了他对流散在海外的中国书画瑰宝的眷恋之情。其跋曰：

丁丑之夏，余客纽约斯坦顿，一日发车北上波士顿，获瞻传阎立本历代帝王图。戊寅之春，又自旧金山赴夏威夷，于艺校图书馆得瞻陈老莲为周栎园作归去来图，及另一纸本杂册，皆赏心之作也。后返旧金山小憩，应牧滔仁兄之属写此白描画小卷，此画无底稿，信手拈来，笔自肺腑中出，当以画外求之。

十发常云："刻画白描人物犹如杂技中的走钢丝，稍有不慎，全卷皆废也。"观十发此白描小卷，信笔画来，飘然洒脱，神笔妙境，真不知人物为神耶？仙耶？卷首有十发自题："信似闲庭散步。"是写其笔意？写其心境？写其现世之生活？对九松山庄真正能登其堂、入其室者方能得其真知，外人莫敢道也。

《儒林外史》和《西湖民间故事》

　　追根溯源，中国的连环画出现于汉代的画像石里，最具有代表性的是"武梁祠画像"，其中包含了许多单幅故事画，如"孟母断机"、"荆轲刺秦王"、"完璧归赵"之类，也有单刻的，如"伏生授经"之类。"荆轲刺秦王"是画与文字具备，似乎是画的说明文本；"一人向左怒发上指，两手向上伸足欲前者，荆轲也。一人在荆轲之后，以两手围抱荆轲之腰者，秦王之左右也。左一人俯伏于地者为秦武阳。下有一篋半启，中盛人头，为樊於其头。左有一柱，一刀横贯其中。柱左一人作惊避状者，秦王也。"

　　这里，"樊於期"作"樊於其"，"秦舞阳"作"秦武阳"，是同音假借。这幅图虽有文字，但没有故事的连续性。严格地说，还称不上我们今天所说的连环画。单幅的故事，大都有画无文。

　　但是到了六朝造像时，却有连环画图性质的资料。如魏孝昌三年（527）蒋伯仳造像记，在不分界的整幅画面中，就刻了"太子车"、"到北城"等三段佛经变的故事。

魏武定元年（543）九十人造像记碑阳的三栏，也刻着释迦牟尼经变的故事。发展到敦煌壁画，大部分佛本传，都是带有连环画性质的。发展到隋，已经达到完整故事的阶段，幅数也大有增益。如"法华经变"、"啖子故事"、"萨埵那本生故事"、"得眼林故事"等，不但是连环故事图，而且是彩色的。除了壁画，还有画在经幡上的佛经连环画故事，做道场、唱经时，这些画常常用来挂在经台旁边，一直延续到现在。唐代的墓葬壁画，以连环画的形式表现墓主生前的荣耀之事，也是常见的。

宋朝自雕版发明以后，书籍中刻图很多，也就是我们今天所说的插图出现了。这些书籍插图有的是单幅的，有的具有连环画性质，都是跟着书的内容画的。现在能看到较早的是南宋刻本中书舍人张商英《佛国禅师文殊指南图赞》，它既是木版插图，又是一种较好的连环画。有名的孔子传记连环画《圣迹图》，据说在宋朝就出现了，即使是一些著名的版本学家也很少见到。

插图式的连环画发展到小说、戏曲方面，那是到了元明时代。小说的插图始于元，戏曲的插图则盛于明，前者出现在元人平话中，如《全相平话三国志》，是元至治建安虞氏刻，分三卷，蝴蝶装，凡69对页，每页上图（三分之一地位）下文（三分之二地位），每一对页一图，每图有目，主要人物也注刻出来。至于戏曲插图，前文程十发的戏曲与古典戏曲插图之间的关系一节中已作介绍，这里不再赘述。下面介绍一本既是插图又是连环画的戏曲集。

明弘治十一年（1498）京师书肆全本岳家刊本《新刊大字魁本全相参订奇妙注释西厢记》，是历史上最早的《西厢记》插图本，

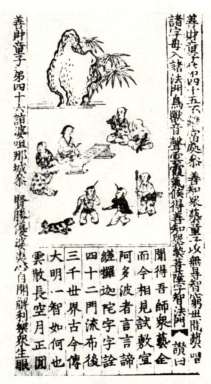

宋刻佛国禅师文殊指南图赞

此本牌记称："本坊重写绘图，参订编次，大字魁本，唱与图合，歌唱了然，爽人心意。"这一版本的特点是上图下文，每页一图，图以戏文标目为单元分段，一段内或二、三图，或六、七图，图与图之间在画面上前后相连，段与段之间则契合剧情发展，在情节上首尾相接，展开来看，是一幅"唱与图合"的连环画长卷。图版绘刻粗中有细，刀法上活泼有生气，人物造型生动，配景布置典型，大至殿阁楼台，庭院书斋，古道长堤，小及一几一案，一石一木，一

新刊西厢记卷

花一草，选取无不合宜。

这些古典木刻插图，不但对十发的戏曲人物画有影响，对他的连环画及书籍插图更有着直接影响。

1954年，十发接受了画《儒林外史》插图的任务。回忆起接

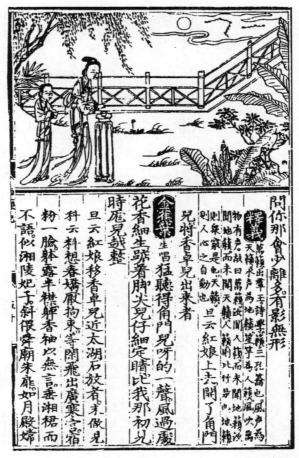

明版西厢记

受这个任务时，十发说："《儒林外史》是杰出的中国古典讽刺小说，我很欢喜，人物性格复杂，很值得深入挖掘。"

这是北京外文出版社向他约稿，给他三年创作时间，出版社还组织几位画家为他审稿。给新版《儒林外史》作整理注释的包天

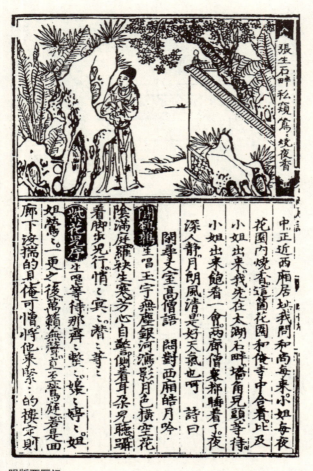

明版西厢记

笑，还专门为十发"上课"，分析书中人物性格和如何在插图中刻画的问题。

包天笑（1876—1971），初名清柱，又名公毅，字朗孙，笔名天笑，苏州人，是著名的报人，早年会合同志在苏州创办《木刻月刊》，这是中国最早的杂志之一。严复翻译的《穆勒名家》、《原富》等七书，都是包氏任职金粟斋译书处时经手校印的。那时他只不过是20多岁的青年。今天已成历史人物的严复、张謇、苏曼殊、李叔同、章太炎、汪精卫、史量才……或是他曾亲炙的前辈，或是与他有文字之交，或是共同宴游的朋友。包氏著有《钏影楼回忆录》，娓娓地叙述了当年知识分子、学校、学生、报馆种种，使我们对那个时期的社会，增加了许多亲切的认识。有着这样经历的文化人，给十发讲解《儒林外史》，的确是最合适不过的了。

包天笑细说《儒林外史》，对十发是有许多帮助的，所以他说："我受了许多启发和帮助以后，常常想尽量把人物性格刻画好，并且做了一些准备工作，如资料的考证等。"

十发所说的历史"资料考证"，除了考证范进之类人物生存的社会背景、风俗民情外，更为重要的就是参考这些古典书籍的木刻插图、木版年画等民间艺术，并进行了广泛研究。他研究西方美术史，熟悉文艺复兴时期画家和油画雕塑作品；他研究欧美版画艺术和书籍插图艺术画家的作品，对但丁《神曲》、比亚兹莱的《莎乐美》等书的插图都极为推崇。这时，全国都在学习苏联，艺术也不例外。十发对苏联的绘画艺术及俄罗斯巡回展览画派画家也进行了研究，如苏联画家基布里克的插图作品《塔拉斯·布尔巴》，十发就极为称道。这部作品造型夸张，姿态张力十足的描绘，斗争场面气势磅礴，极有感染力。所以在十发的连环画及插图中，吸收了这种人物造型夸张、动态带有张力的一些手法。

更值得一提的是拉斐尔前派罗赛谛（1828—1882）、米莱士

程十发《伤逝》（连环画）

（1829—1896）对十发的影响。拉斐尔前派憧憬于初期文艺复兴的画风，主张从拉斐尔以前的15世纪出发来从事创作。由于这一些画家对文学有深厚的修养，罗赛谛本人就是文学史上的著名诗人，因此他所作的书籍插图也富于诗情画意，而且善于接近人物的内心世界。十发对他的作品更是羡慕不已，甚至觉得这些画家用的线条对自己也很有启发，吸取了他们用线长处，可以弥补传统白描在表现人物性格方面的不足。这在他创作《儒林外史》插图的过程中，有着明显的借鉴，和明清版画传统艺术糅合而和谐统一。所以中国人看《儒林外史》插图说是来自中国传统版画，外国人看了说它和拉斐尔前派有着某些渊源。

十发说:"连环画是一种再创作。譬如说现代画鲁迅小说《伤逝》,情节简单明了得很。但要把文字创作成连环画,就得好好地动动脑筋。"

连环画是再创作,书籍插图又何尝不是再创作呢? 为《儒林外史》画插图,既要逼真地传达出原作的讽刺精神,但又不能画成讽刺漫画,这个度不易掌握,是插图的难处所在,也是十发的成功所在。程十发说: 在插图画中,他最喜欢的是《儒林外史》。《儒林外史》中还说到真正能掌握琴、棋、书、画这些艺术的,是裁缝、纸匠这些小人物,也就是说,社会艺术要提高,对小生产者和小市民都不可忽视。程十发对这些甚为欣赏,他说:"作者当时就有这样进步的看法,是非常了不起的。"

画《儒林外史》插图,十发是有颇深体验的,虽然是几十年之后,他回忆那时的心境说:"虽然《儒林外史》写作的时代离现在很远了,但在旧社会,那些附庸风雅、趋炎奉承的人物我是见过的,那些不学无术的假名士我也认识一些。我塑造的一些人物形象就尽量把他们作为影子,有的就是我的亲戚,如王玉辉当他的女儿为丈夫殉节以后,大笑出门而去,还道:'死得好! 死得好! ' 但心中矛盾痛苦到了极点。这个人物不是很简单,我想到我爱人的祖父就有些像王玉辉,他受封建礼教毒害很深,我就借了他的形象。画王冕穿戴屈原式的衣冠陪母亲在湖边游玩那幅画时,开始总画不好,后来回忆起我从前在松江泖湖春游的情景,产生了新的意境,画起来就顺手了。起稿时我也应用了模特儿,但并不受他的限制，我可以把胖子画成瘦人。总之，要符合我所要描绘的人物性格。给《儒林外史》画插图，初稿有100多幅，定稿只有20幅，淘汰了好多幅。"可见程十发对画《儒林外史》插图所用的功夫。1956年该作获华东书籍插图一等奖，1959年，在莱比锡书籍装帧插图博览会上获银质奖。

从这里不仅能看到画家画插图之用功及艰辛，更重要的是反映了画家是如何塑造和刻画人物形象的。

"范进中举"是《儒林外史》中最精彩的篇章之一，画家多喜欢以此作画，选择的又都是范进发疯后，丈人胡屠户上来打女婿耳光的一刹那。虽然是同一情节，但在画家笔下表现出来的却有着很大的不同。十发所选的是范进的岳丈胡屠户将打未打的时刻，透过两个人物的表情动作来揭示人物的内心世界。图中范进正在那里拍手欢呼："噫，好了，我中了！"一只鞋子不知踢往何处，连平时最惧怕的老丈人来到眼前，他也竟然没有发觉，看来确实是疯了。其脸上的表情，与其说是笑，不如说是哭，使人看了在发笑之余不免又感到一种凄凉。而那个胡屠户，本来教训女婿在他根本算不了一回事，但这时被人拉着，不敢轻易上前，左手把右手挽得很高的袖子又提了提，似乎要再给自己壮壮胆似的，充分表现了他心中的犹豫与恐惧。这是一幅极为成功的插图，没有采用漫画的手法，却充满了辛辣的讽刺，使人觉得既是一幕喜剧，更是一幕悲剧，而造成悲剧的社会根源则是封建的科举制度。

与范进属同一类型而比范进更老的一个童生是周进。如果说周进在遭到梅玖嘲笑时，还能尽最大努力来克制自己，那么，当他和一班与科举无涉的生意人一起参观贡院时，就再也控制不住自己的感情了。他昏厥在地，痛哭不已，而他获知这些生意人愿意为他捐个监生时，又立即跪地叩谢，简直是丑态百出，全无体统了。十发选取的正是这个可怜人物从贡院出来后的两个场景。第二个场景是跪地叩谢。而第一个场景尤为成功，它描写的是周进被人扶进茶棚坐下后，还在"擦鼻涕，弹眼泪"，忽然听到几个商人在言论如何凑钱为他捐个监生，参加乡试，他立即竖起耳朵，又下意识地把手放在耳旁，唯恐听漏了什么。这个动作是小说中未曾描写的，却完全符合人物的性格，使人看了觉得这个老童生真是又可怜又可憎。另外，作为背景而在整幅画中占了很大部位的贡院的门墙，琉璃瓦的屋顶、威风凛凛的看守人和一块"贡院重地，闲人莫入"的牌子，显示了科举的严肃与森严。然而，就在这严肃与森严之地，刚刚表演了一场老童生出乖露丑的活剧，这就使画面在对比中产生了强烈的讽刺效果。

十发画的插图，把《儒林外史》中的范进、汤知县、严贡生、胡屠户、王举人、张乡绅、牛布衣、匡超人、杨执中、权勿用这一群人物的性格心术都活灵活现地暴露了出来，并形象地揭露"到了卑鄙之徒的灵魂深处"（果戈理语），如见其肺肝。即使是画面上的碎石路，也画得别出心裁，用古代画山水的皴法或画衣褶的方法，给碎石路以真实的亲切感。

如今，很难听到画家对自己的作品检讨批评之声，谈起自己的画，特别是那些"时装式"的画，总给人有"老子天下第一"的印象。而十发则完全不同，他有着自信，也有着"百无一个眼中人"的孤傲之气，但对自己的作品还是有着自知之明，谈到《儒林外史》插图，他说：

从这次创作中又学到了不少东西。总结经验，感到从整个插图来说，正面人物没有反面人物画得好。作品还有一个缺点，是构图虽然起到了刻划人物的作用，但比较拘谨，也缺乏中国古代版画人物的大胆夸张和自由发挥的艺术特点。以后，我想从古代版画里及古典的绘画中，学习构思方法和表现方法。不久就画了一册连环画《画皮》，作了另一种尝试。

从《儒林外史》插图总结出来的经验，在他以后的插图中都得到了改进。继续《儒林外史》插图写实画风的还有《星星草》插图，采用的是细微白描手法，生动地塑造了捻军领袖、僧格林沁、曾国藩等人物形象。与《星星草》插图写实风格迥异的是他的《西湖民间故事》插图。这套彩色插图很富有浪漫色彩。

《西湖民间故事》都是民间传说，寄托着人们的美好理想，故事的本身为插图的理想色彩提供了基础。《初阳台》描写的是一个寻求太阳的故事。故事很有哲理：光明不能坐等，必须历尽千辛万苦，付出牺牲，才能寻求到手。画家描绘慧娘站在阳台上，遥望东方日出时，笔墨之间自然而然地带有感情。图中慧娘的嘴微微张开着，仿佛并不是她一个人，而是一种希望的化身。她举目遥望的正是人们心目中盼望的，而这盼望已久的太阳终于在地平线上出现了，但见霞光万道，鲜花盛开，光明又回到了人间。

《白娘子》是大家都熟悉的故事。画家笔下描述的是小青、白

程十发《西湖民间故事》(插图)

娘子与法海和尚最后斗争的场面。十发喜欢用对比的手法来造成强烈的艺术效果，这幅画面也是如此。美与丑，勇与怯，正义与邪恶，都在画面中形成鲜明的对比。作为背景，青、白二位身后，是用犀利的笔触挥出的线条，好像她们挟着风雷而至。而法海身后的几根芦苇却是那样脆弱，好像风一吹就要倒。鲜明的背景对比，更烘托了人物性格的差异。

《钱王射潮》也是一个充满浪漫色彩的故事，富有理想和英雄主义精神。画面着重描绘的是一匹马、一位勇士。马的脖子和腿都被夸张了，然而自有一种夸张的美使它显得不同凡响。骑在马上的钱王，望着潮水微微冷笑，眉宇之间对胜利充满了信心。

《西湖民间故事》是一本给旅游增加兴趣的书刊，它的发行量很大，初版就有100多万册，当时在杭州旅游景点出售纪念品的地方都有这本书，甚至卖茶叶蛋的摊子上也出售这本书。画这些插图时，其中有一幅虎跑的故事，程十发不会画老虎，就到动物园对着老虎写生，这时旁边来了一位老人，平时专门画虎，对程十发的速写大加指点，并传授画虎的要诀，雌雄区别等等，程十发很感谢他，但老人指点完就飘然而去，连姓名也没留。程十发一直用这件事情鼓舞自己，他认为只要艺术能为多数人需要，即使自己的作品摆在地摊上，和放在世界上有名的博物馆里同样重要，同样使他受鼓舞。

从《儒林外史》插图到《西湖民间故事》插图的变化，正如十发所说中间经过《画皮》插图，走了一段不算太短的路程，这个过程就是"试图用美丽的理想去代替那不足的真实"，克服了前者的不足，带来的就是后来的发展与提高。这种收获是画家对艺术的诚恳换取的。

《孔乙己》和《阿Q正传一〇八图》

　　鲁迅笔下的孔乙己是破落了的大家子弟，也是穷读书人的代表，他读过书，但始终没有中举，又不营生，以至穷得几乎讨饭。他替人家抄书，可是喜欢酒，常到咸亨酒店去喝酒，有时候穷得连书籍纸笔都卖掉了。穷极时混到书房里去偷东西，被人抓住，硬说是"窃"书不算偷。十发的《孔乙己》插图，可以说是写人物之神的代表作，图中设计了一个苍老憔悴病态老人，穿着破烂的接袖长衫，脚上套着双破凉鞋，邋遢而又寒酸。其中有一幅画的是孔乙己在咸亨酒店，为了一口黄酒和几颗茴香豆，被店老板伸出一个指头数落着，周围的人都带着嘲笑讽刺的表情。孔乙己挂着竹杖，一脸卑恭的样子，嘴微张着，手也不知如何放才好，完全是一个弱者的样子。酒桌上除了一筒筷子。什么都没有，地上放着他经常垫在屁股下的破蒲包和用来支撑走路的两块木板。另一幅图画孔乙己把不易得到的茴香豆一颗一颗分给孩子，表现他善良的一面。还有一幅画着孔乙己不能走路了，坐在破蒲包上，几片枯叶在空中飘荡，又

程十发《孔乙己》

落在地上，他双手的手指僵直了，面部的表情也消失了，观之令人
要落下几把辛酸泪。

《阿Q正传一〇八图》是体现十发艺术的代表作。

鲁迅的不朽名作《阿Q正传》问世后，已有不少著名画家为
这部小说的人物阿Q造像、插图或画传，其中也有连环画，但篇幅
不长，只有四五十幅。十发不畏前人，以满腔热情创作了《阿Q正
传》连环画，并且还用了一百零八图这样长的篇幅。在这部作品
中，通过连续画面，给我们展现了一个特别时期——辛亥革命时
期——广阔而动荡的时代背景。在平面的画稿纸上，塑造出了一个

立体的活生生的阿Q典型形象。这部连环画成功地运用可视形象再现了鲁迅《阿Q正传》的小说精神，在绘画史上虽不能说绝后，但可以肯定地说是空前的。

谈到《孔乙己》和《阿Q正传一○八图》的创作，十发对笔者说：

孔乙己式的人物是旧式文人，这种破落户的后代，我年轻时还经常能看到，他们就生活在我的身边，在松江城里我也认识几位，他们认识一些字，家境破落了，生活的习惯及个性也很像孔乙己，这从一些动作习气也还能看到，他们都是我画画时的模特儿。

我家由莫家弄搬到马路桥，那里住着许多从绍兴来的乡下人，到秋天盂兰会时，这里是绍兴人活动的地方，他们出门坐的就是绍兴的那种乌篷船，男的头上戴阿Q式的破毡帽，妇女头上也挽着吴妈式的发髻。我们就生活在绍兴人的圈子里，可以吃到绍兴人烘制的糖年糕，也吃过绍兴人做的糕团。这样，我对鲁迅先生《阿Q正传》中的人物，有些熟悉，画的时候还是得心应手的。

我画阿Q的形象取材于一个送水的苦力。他是绍兴人，每天都要给每家每户送水，性格也有些像阿Q。

《阿Q正传一○八图》采用水墨写意的形式，不仅在形式上忠于原作，画出了阿Q的瘌疮疤，阿Q的厚嘴唇，阿Q的伶仃瘦骨和破烂衣衫，更主要的是通过人物的表情、神态和动作，画出了他的内心世界，他的性格特征，使人看了感到他的确是个愚昧、麻木、

程十发《孔乙己》（连环画）

落后的农民。这个农民有一种特殊武器——精神胜利法。过去，曾有人用漫画的形式来描绘阿Q，强调了这个人物可笑的一面。而十发所塑造的这个形象，则强调阿Q生活的那个时代的社会制度在这个农民身上造成的精神创伤，他不仅可笑，而且可怜，使人对他产生"哀其不幸，怒其不争"的感叹。

在这部作品里，十发不仅成功地塑造了阿Q这一形象，而且描绘了一批群像的两个阵营，一个是以阿Q为代表的包括王胡、小D、吴妈和小尼姑等在内的群体，一个是以赵太爷为首的包括假洋鬼子、举人、秀才和地保在内的群体。对这么一群人物，他一个一个画出每一个人物的外貌特征和性格个性，并且描绘得淋漓尽致，入木三分。

在《阿Q正传一〇八图》再行出版时，连环画大师顾炳鑫写了《重读〈阿Q正传一〇八图〉》的文章，他写道："像翻看几十年前的旧照片那样，无论像片中的人物和背景，都会使人产生一种似曾相识的亲切和时间遥远的距离感。这部连环画描绘众多人物，从举人、秀才、赵太爷、地保到假洋鬼子，从阿Q、王胡、小D、吴妈到小尼姑，还有围绕着两个阵营的芸芸众生相，都刻画得那么真实可信，栩栩如生，似乎可以从这些人物身上闻到散发出的臭气、酸气、汗气和酒气，听到他们嬉笑怒骂发出的吆喝赌咒和嗡嗡声。从未庄到县城的环境描写中，画面给我们展现了一派江南旧城镇破败衰落的景象，在赵太爷的大宅院里，可以闻到散发出来的霉湿气，在土地祠的断残砖下，可以听到蟋蟀和秋虫的鸣叫声，这是这部连环画带来的艺术魅力和感染力。"

程十发《阿Q正传》（连环画）

顾炳鑫的这段话，为我们欣赏这部连环画起到了导读的作用。

在文学作品中，细节最能打动人心，也是最有生命力的。在绘制中，十发动用了各种细节来刻画阿Q这个人物，最巧妙生趣的是伴随着阿Q的那些破鞋子，无论是得意或者失意之时，阿Q总是把一只鞋子脱在旁边，他的那个脚丫子似乎在一伸一屈地晃动着。第一图画阿Q披着衣服，手拿烟袋，在抽烟想心事，他的一只鞋子脱在旁边，脚趾跷着，这是我们常见的农民的习惯动作。第十图，别人说他"癞"，他就与人争斗，烟袋扔在地上，赤着一只脚，那只鞋子不知飞到哪里去了。第三十六图，阿Q在赵太爷家坐在凳上跟吴妈谈天时，也是把脱了鞋子的脚丫跷在膝盖上，还吸着旱烟。在全书一〇八图中，有12幅画着阿Q和鞋子，看似漫不经心的一笔，却刻画出阿Q散漫的性格。

伴随着阿Q的还有一群孩子，随着情节的发展，阿Q的种种遭遇，这些孩子时惊、时喜、时悲、时疑，表现出不同的反应。孩子是最天真无邪的，对阿Q也是没有任何成见的，作者正是借用孩子率真纯洁的反应，来抒发内心对阿Q这个人物的"不幸"与"不争"的同情心。画面上还用动物——如几只好斗鸡雏的描绘，来衬托阿Q在某种遭遇时的心境；还有画一条狗，狗仗人势，落井下石，专门欺负身处逆境的阿Q。显然画家的用意主要不在于孩子和动物，更不是为了画面构图的补白和填空，而是在对原作有了深刻的剖析理解，并经过消化，产生自己灵感后一种艺术的再创作。

《阿Q正传一〇八图》遵从形象思维的规律，用想象的连续性取代实际场景的连续性，给读者以广阔的想象空间。譬如，当阿Q

和吴妈坐在一条长凳上聊天时，作为背景的厨房有灶台和种种炊具；当吴妈跑出去，剩下阿Q一个人跪在长凳边时，那灶台和炊具都不见了。这正是画家的匠心所在。按常规，这里还需要有几个画面才能衔接，但这样势必造成画面的重复。画家把一些画面省略了，场景的调度改变了画面的重复感，积极地运用象征性手法，用一片空白喻示了阿Q爱情生活的毁灭，又给人以想象。还有阿Q押牌室场景的省略与转换，也有着这样的艺术效果。

《阿Q正传一〇八图》中，画家在一些画面中常常用简略的背景或省去背景的方法，把人物的传神之处——眼神——刻画出，透过眼神来表现阿Q的内心世界。当阿Q摸了小尼姑的脸，回到土地祠后，画家着重描写他痴想的神态；当阿Q坐在长凳上背着吴妈聊天时，画家让他的眼珠偷偷瞟向后面；当阿Q独自跪在长凳前，画家让他眼望空墙，现出一副茫然若失的样子。画家画了不少阿Q独处的场景，都在着意刻画阿Q的眼睛，如阿Q在土地祠自己打自己的嘴，他感到打的不是自己，而是别人，那眼神虽坚定却空洞；还有那幅阿Q赤着膊走着，嘴里念叨着"我总算被儿子打了"，目光向前，仿佛真的是胜利者的目光了；当阿Q被人欺负，他自我安慰"你还不配……"又是一种愤怒的目光。阿Q在不同的遭遇中用不同的精神胜利法来安慰自己，他的目光总是不同的，用以表现不同的心情。

与只有人物没有背景，或背景简化相反，有的图只有背景没有人物。这在十发的水墨画中常见，但在连环画中并不多见。《阿Q正传一〇八图》既然是用水墨画画连环画，画家就把画水墨画积累的经验用到连环画中去。阿Q走出村镇，去静修庵"求食"时，画中没有出现人，出现的是一道通向静修庵的曲曲折折、长而又长的那种绍兴或江南水乡常见的石板桥，以及青苗遍野，乳燕双飞。这是一种象征手法，使读者自然而然地发生感叹；仅仅为了偷几根萝卜充饥，这个可怜的人走了那么长的路啊！在另一图中，阿Q由城里回到未庄，也没有画人，只画了中秋月色，一汪江水，两叶轻舟，以及村舍和石桥。这恬静幽美的风景画面也暗喻着"中兴"后的阿Q与破夹袄时期的阿Q有些两样的了。还有些画面，虽然有人物，但人物所占的位置极小，而且被处置在角落里，类似山水画。人物虽为陪衬，但画的主题要表现的却是人物的思想。有一幅图表现阿Q决计出门求食，自己的棉被、毡帽、布衫、棉袄都没有了，现在只有一条裤子，但裤子又是万万不能脱的。阿Q走出空虚而且了然的屋子。画家把阿Q处理在街的尽头，画面是酒店、药铺、撑起的雨伞、蒸笼……像一幅小小的《清明上河图》。而阿Q背对着这一切，表明这一切都不属于他的，看了令人凄然。

对十发在《阿Q正传一〇八图》中所表现出的笔墨个性，我还是引用连环画大师顾炳鑫的话最为确切，顾氏对十发的绘画艺术知之甚深，他说："十发兄是以其擅长的、具有独特个性的、以线描为主体的写意方法来描绘这部作品的。每幅画面上的用线，或粗或细、或湿或干、或畅或涩、或短或长，纵横驰骋，给人以潇洒自由而带随意的舒畅感，显示了作者在艺术技巧上纯熟和深厚的功底，更体现出了画家对作品所描写的生活有着深厚的阅历。因此笔尖下流出来娴熟自由而带随意的线条，正是作者情感的抒发和思想的倾诉，是情感和技巧的结晶，从而形成了十发兄线描艺术的特色和风格，这是对传统线描的一种突破和发展。"在技巧的运用上，需要再提一笔的是，这部作品每册画面上，在人物身上或在背景的某个地方，罩上一抹淡淡的赭石色，这不仅是为了丰富画面的层次，而且是为了突出人物主体，在于烘托出灰暗而凝涩的时代气息。

《阿Q正传一〇八图》是1961年为纪念鲁迅诞辰80周年而创作出版的。到1981年，恰逢鲁迅先生100周年诞辰纪念，该书又重新出版。十发在为重印而写的《画后小记》中这样写道：

当时我绘制阿Q时，我对他没有真正的领会，以为阿Q是阿Q，我是我。自从经历了这不平常的20年，我才觉得阿Q与我并不太远。在我小生产小私有者的灵魂里，有着阿Q式的创伤，它是阻碍我前进的枷锁。所以我自己再看到这些图画时，我会产生痛苦，希望把我心灵里的创伤早日根治掉，加紧步伐，走在时代的前列。

杂剧《琵琶记》、电影蒙太奇和连环画《胆剑篇》

　　《胆剑篇》是曹禺的新编历史剧。剧本上演之际，正是天灾加人祸所造成的三年困难时期，越王勾践卧薪尝胆，复国雪耻的决心和意志，给观众以很大的策励。像我们这一代人，当时都为曹禺以大手笔写出这样的历史话剧所倾倒，在精神上受到鼓舞，得到振奋。欣赏和赞美之余，人们也对这个历史剧的现代化倾向提出意见，专家学者们把自己的意见投诸报馆，公之于报端，开展了所谓学术性的大讨论。人们认为历史剧虽然不是历史，容许虚构，但它的人物及言行至少应该在当时的历史条件下是可能存在的，而不应当变成穿着古装的现代人。当时编这个历史话剧，就是为政治服务的，就是要讲现代人所谓的话，否则怎能容许它走上舞台和观众见面呢？

　　现在看来，这是很简单的事情，但当时还是要进行煞有介事的大讨论。

　　程十发赞赏《胆剑篇》的主题，却也同意不要把历史剧现代

程十发《胆剑篇》（连环画）

化的批评，所以他在创作连环画《胆剑篇》时，就注意到不要重蹈"现代化"的覆辙，在绘画的形式上，他采取了一种特别古老的风格。

《胆剑篇》的创作过程也是很有意思的，正稿用的是工程师们所用的描图纸，先在白纸上涂几根线条做个大概交代，将图纸覆盖上去，就直接画了。看上去他好像在用陈洪绶的游丝描的笔法，其实不然，他的线条更加拙朴，用的是汉砖上的装饰性非常强烈的构图，线条犹如画像石上的刀刻一般有劲道。他巧妙地运用和摹仿了秦汉时期的画像砖和帛画以及魏晋南北朝时期的壁画等艺术形式，来重现春秋战国时的故事，令画面重现了远古风貌，呈现出历史沧桑感，同时也显示出古朴醇厚的浪漫时代气息。

关于《胆剑篇》连环画的艺术成就，我们还是听听顾炳鑫是怎样说的：

画家为了表现公元前春秋吴越兴亡这个历史故事，让作品人物形象具有历史感，在创作构思、画面布局上，充分调动了他熟悉的资源，并巧妙贴切不落痕迹地运用到这部连环画中。在这个作品中可以看出有战国秦汉时期艺术中帛画、画像石的某些造型，也有魏晋南北朝墓中壁画、砖刻、漆画和卷轴画的影子，因此使这部连环画能具有古朴浑厚鲜明的时代特征。画家采用他擅长的传统线描，极富装饰性。画面处理有时采用散点透视，可层层重叠，也可分割成块，把不同时间空间的内容组合在一起，使画面丰富饱满，而层次分明；有时采用焦点透视，用以把观者的目光引向主体。有些画面沿用了人物绣

程十发创作的电影《林则徐》海报　　　　程十发创作的话剧《鉴湖女侠》海报

像的造型方式，大片留白突出对主要人物刻画，使读者产生强烈的印象而引起共鸣。他对于古今中外资料的应用、借鉴和吸收，不是拼杂盘，而是"融合"了"诸多因素"，通过消化和辛勤的创作劳动，才达到"本身"的"功能与任务"完美统一。《胆剑篇》是十发在连环画中的一部代表作，一部崭新形式的历史连环画。

十发在《胆剑篇》中运用的"积累重叠远近法"，不经他自己介绍，谁都难以相信这个画法的形成是从最现代的电影蒙太奇和最古老的元人杂剧中得到的启发。

看电影是十发的一大嗜好，和他喜听昆曲的嗜好并重。在这里，笔者不用"爱好"和"兴趣"，而用"嗜好"来形容之，说明

程十发创作的电影《枯木逢春》海报

他好此之深，已经成瘾。从年轻时代起，他对中外电影无所不看，尤其是欧美及苏联时代的电影，有则必看。他看电影当然是看故事，《列宁在1918》、《大人国》及《葡萄熟了的时候》，都是根据电影故事改编的连环画。他更为注意的是电影镜头的剪接方法，也就是20世纪在电影界广为流行的"蒙太奇"。

较早把"蒙太奇"运用到电影中去的是苏联早期电影导演爱森斯坦。十发不但看爱森斯坦导演的电影，而且研究他的导演理论。在研究中，十发突然发现这个爱森斯坦还懂中国画，还为中国画的布局下了定义，叫"积累远近法"。谈到这里，十发对笔者说："爱森斯坦的研究，中国画家或理论家都没有发现，看来我们对中国画传统的构图方法叫散点透视，恐怕要认真讨论一下了。"

在前文"舞台速写"一节中，讲了十发与昆曲的关系，讲他爱看昆曲，能拍曲，也画了许多和戏曲有关的画，把古代戏曲插

程十发创作的电影《火烧圆明园》海报

图版画吸收到自己的创作中，但直接对连环画产生影响的还是他读《琵琶记》剧本。十发曾告诉笔者："1958年，我在为郭沫若的新编历史剧《蔡文姬》画插图，认真地读了元人高则诚写的《琵琶记》，该剧一开场就是副末的上场诗：'极富极贵牛丞相，施仁施义张广才，有贞有烈赵真女，全忠全孝蔡伯喈。'然后是一阕《沁园春》介绍剧情：'赵女姿容，蔡邕文业，两月夫妻。奈朝廷黄榜，遍招贤士；高堂严命，强赴春闱。一举鳌头，再婚牛氏，利绾名牵意不归。饥荒岁，双亲俱丧，此际实堪悲。堪悲赵女支持，剪下香云送舅姑。罗裙包上，筑成坟墓；琵琶写怨，竟往京畿。孝矣伯喈，贤哉牛氏，书馆相逢最惨凄。重庐墓，一夫二妇，旌表耀门闾。'

这首词已将剧情交代得很清楚了,但是观众为什么还能静心地看下去? 那就是用电影蒙太奇的手法,把故事一个一个叠上去。如果短的一折是'扫松下书',是写蔡伯喈派家人李旺回乡接父母进京,在墓地与张广才相遇,事情就这么简单,但故事重叠,语言诙谐,从简单中看不出简单。'蒙太奇'手法在中国的戏曲中早就有了,我尝试用此法画《胆剑篇》,感觉还不错。《琵琶记》开场那曲《水调歌头》写得相当概括,文字也很漂亮,其中有'休论插科打诨,也不寻宫数调'两句,说明高则诚在创作时就打破常规,有新的突破。"

十发所谓"故事重叠",的确是《琵琶记》结构奥妙之所在。全本42折,其布置之法,将蔡宅与牛府景象交互演出,以"富贵"与"贫贱"对照,使观者同情集中于赵五娘,一面以牛府之安乐华丽,调节蔡家生活之凄惨,使观者不胜怆然鼻酸。此外有丑角相串,插演滑稽场面,在紧张之中又可轻松一下。明吕天成评之曰:"其词之高绝处,在布景写情……串插甚合局段,苦乐相错,具见体裁,可师可法,而不可及。"虽说编剧无人可及,但十发以自己的悟性与智慧,还是参破了其中的奥妙,数百年后把其法用在连环画的创作上,取得别开生面的成就。

《胆剑篇》连环画的艺术成就,顾炳鑫已有了精辟的分析,除此之外,还有画家为画面加以粗框,人物的名字就标在框上,这完全从明清版画中来,甚至可以追溯到南京西善桥南朝土墓中砖画《竹林七贤》。为了写出人物个性,画家在造型、情绪及动作设计上都作了适当的夸张变形;在笔墨线条、敷彩渲染上加以调度处理;

程十发《怀素书蕉图》

在背景道具、构图经营方面也是为了突出人物性格而设计的。图中几个主要人物范蠡、勾践、伍子胥等，既有鲜明区别的外貌，更具有各自传神的刻画，在"勾践卧薪"、"范蠡进谏"、"子胥饮剑"等这些情节里的人物，经过构思和图的巧妙安排，对人物表情动态的设计，用流动酣畅的线条笔墨，细腻地表达了人物个性和精神，达到了写形传神的效果。连环画的画面小、人物小，但这个作品由于很成功地抓住了这一特点，使得画面看来不大的人物形象，能够产生似京剧中亮相那种强烈的振聋发聩的效果。

十发还把"蒙太奇"的联想效果运用到中国画的创作中去。十发曾作绿天庵《怀素书蕉图》，画面写芭蕉数层，蕉丛中有佛家打坐的蒲团、青石板、石上置砚一、笔三、墨一、水盂一，唯独不画人。写字的人到哪里去了？但那笔锋还在弯着，砚上的墨迹还有着湿润之感，铜的水盂上还泛着鲜嫩的铜绿，地上一簇野花，石柱上一只小鸟……都说明书者怀素离去不远。他干什么去了？凭观者去联想吧。十发在画中给观者留下想象的空间，在他按照《红楼梦》中菊花诗意作画时，表现亦很突出，他说："我画这些画时，有一个想法，就是不要让人物形象在画中出现。所以我画《种菊》，就画一把锄头；画《画菊》，就画几支毛笔；画《菊梦》，就画一个枕头；画《访菊》，就画一处村庄。"但像《簪菊》这样的诗怎么画呢？花要簪在头上，可是人又不能画进去。像《忆菊》，不画人，也很难表达，如何画，使十发颇费周折，未能画出。对十发有"发老"之尊的金石书画大家韩天衡评之曰："构思去常规而出人意想，造型去逼真求神似，构图去俗套而求奇崛，笔墨去陈法而求灵变，意趣去迂腐而求清新，为发老看家本领。"韩氏所赞颂之一切，尽在此图中矣。

前文提到的《屈子行吟图》构图别致。无独有偶，与之构图相似的还有《采药归来》，此图写陆放翁诗意，以堤岸为近景，中景采药和荡漾轻舟，远景几朵野花。再就是《西施与范蠡》一图，一叶轻舟，在三万六千顷烟波里，近景是杂草丛生。这三幅奇特的构图，既有郭河阳的三远之法，又有电影淡出的镜头，更有昆曲虚虚实实的写意意境。本是静静的画面，使观者跟着电影镜头的转动，从平远、高远渐入深远，景物淡出，进入完全诗化的境界，留下无

程十发《采药归来》

尽的回味，耐人咀嚼。

在绘画中直接用电影蒙太奇手法的是动画片《鹿铃》。

1980年，上海美术电影厂要拍摄动画片《鹿铃》，该厂厂长特伟把脚本送给程十发，请他作画。程十发很高兴，给特伟写了一封信，说："我觉得很好，我愿意参加这本动画片的工作，不过我要安排时间，还要到山区体验一下，等你回国后再进一步联系。关于脚本，我觉得在梦境中再加强一些神话气氛，如见到仙女之类……"程十发已经画了不少以鹿为题材的画，应该说对鹿已经很熟悉了。

　　为了精益求精，1979年夏天，程十发还是到四川乐山、峨眉山体验生活去了。

　　程十发在乐山乌尤寺住了两日后，便前往峨眉，下榻七佛殿。一天傍晚，吃罢晚饭，出报国寺散步，途中，一个路边摆摊卖画的青年误认程十发是海外归来的华侨，匆忙打开装满"作品"的画箱，并展开其中的一幅，向十发兜售。

"先生，这是我画的，如果喜欢，可以便宜一点让给你。"

他的画是临摹程十发的作品！

"那是你画的吗？"程十发不动声色地仔细看了两幅后问道。

"是。"

"多少钱一幅？"

"10元。既然你喜欢，5元就是了。"

"5元？太便宜了。遇到外宾或华侨，价格可以高一些嘛。不然，国画太贱了。"十发说，"你的画有基础，但仍要多练基本功，线条还弱了点，只要勤奋，你会成功的。"话毕，朝前走去。

翌日，十发起了个早，盥洗完毕后，即携带画具到伏虎寺的林间小道写生。那时晨雾弥漫在潺潺的流水和葱郁的林木之间，一个年仅八九岁、头上扎着一对小辫、身穿一件红褂子的小姑娘，骑在牛背上，正慢悠悠地走来。好一幅天然的"牧牛图"！

回到报国寺的画室中，十发根据刚才的速写挥毫点染了一幅《牧牛图》，同时还在画里题上因何事何日入川，在何地与小姑娘邂逅等字样，然后再题上小姑娘的姓名，钤上图章，郑重地将画赠送给了她。

"如果我下次来峨眉，希望再见到你，"十发说，"希望再见到我送你的这幅画。"

体验生活归来后，十发参加了设计工作，这个脚本原题为《小花鹿》，后来改为《鹿铃》，比原来的题目更好了。

在制作的过程中，程十发还是甚为关心，提出修改意见。在给方澎的信中，他说："关于《鹿铃》的制作意见，我写在下面，供参考。

（一）有些地方比较乱，如两鹿在悬崖上望小鹿，而后有落日，那块悬崖不见笔触，显得乱而不见山的轮廓。

（二）采药老人的房子外景，似乎有些太草率了。

（三）最突出不和谐的是有不少线条太实，没有表现出毛笔的味道，特别是鹿的脚部，是否可以改淡。

（四）色调似乎沉了些。

我的意见就是这些，等连贯以后，我想再看一次。"

1983年，动画片《鹿铃》获中国金鸡奖最佳美术片奖，又获第十三届莫斯科电影节动画片特别奖。

画《红楼梦》、研究《红楼梦》

　　自称是"老运动员"的程十发，遇事总顾虑重重，胆子很小，他那犀利的豪情壮志完全被压抑了。可是，一旦掌握了真理，他又豪气冲天，胆子大了起来。1976年的4月7日，也就是被史学家称为"四五运动"的后两天，广播关于"天安门事件"的"决定"的那个晚上，俞汝捷恰好从武汉到了上海，来看望程十发。他们都知道当晚有"重要广播"，但什么内容不知道，两人便闲谈起来。他们谈起对周恩来总理的悼念，也谈起邓小平的不白之冤，俞汝捷在《海阔天空话〈红楼〉》一文中说："那时房间里的气氛大概与天安门广场的气氛十分相似"，并记述了程十发和他谈话的情景。

　　当谈到江青与美国作家维特克夫人谈《红楼梦》这一话题时，程十发指出江青"太丢人了"，"明明是陆放翁的诗，说成'唐诗'，明明是清人写的剧本，说成是关汉卿写的；岂不滑稽？"

　　他还要往下讲时，广播开始了；宣布"四五"天安门事件为

"反革命事件"，指责邓小平为"四五"天安门事件的后台，再次把邓小平打倒。此时应是全国都处于最严峻的白色恐怖时刻，但程十发并没有转移话题，继续指出江青谈《红楼梦》讲话的谬误。他从抽屉里拿出一本油印的《关于红楼梦问题（江青同志与美国作家维特克谈话纪要）》，程十发在上面写了许多眉批。

据俞汝捷所记：

当江青谈到"戚蓼生序本也要用很大力量才能得到"时，他批道："戚本即有正本，并非难得"。

当江青谈到李辰冬的《红楼梦研究》，说"曹君或亦将军后"的"将军"即指曹操时，他批道："李辰冬指的是曹彬，北宋的将军。"

当江青谈到曹寅"这个人很有学问，能作曲（不是北曲）"时，程十发批道："曹寅所作《续琵琶》，正是北曲。"

当江青谈到袭人这个名字是从"花气袭人知昼暖"这句"唐诗"得来时，他批道："是放翁佳句，并非唐诗。"

当江青谈到薛宝钗念给宝玉听的那首《寄生草》系关汉卿所作，并将关汉卿与但丁、莎士比亚胡乱比较一番后，他批道："《寄生草》引自清初丘园所作传奇《虎囊弹·山亭》，并非关汉卿所作。"我翻着翻着，不觉笑将起来。程十发也笑了，说道："我过去对江青的面目还不能说完全识破，总以为她身为领导人，说话多少是有根据的。自从看了这个讲话，算是把她看透了，心想这个人如此缺乏常识，连谈《红楼梦》都这样胡说八道，政治上还有什么信任可言呢？"

"您这些批语都是当时写的吗？"

"是的，我实在忍不住。记得当时有位四川来的青年朋友，拿了一本空白的册页请我题画，我画的基本内容就是针对这个讲话的。譬如我画了《虎囊弹·山亭》一折，就在题词中说明作者是丘园。我没有别的武器，只好借画画来出她的洋相。"

不要忘记，程十发的这些谈话不是在江青失败之后，而是在江青正得势，广播里正在广播，天安门事件被宣布为反革命事件，邓小平第二次被打倒的时刻，他有如此的胆量，发表了如此的看法，说他"胆大包天"并不为过。他此时有如此的胆量可能是他掌握了知识，发现江青的谬误，是知识给了他力量，他没有想在高压政治环境中，言论失去了自由，知识又有什么用呢？程十发和俞汝捷谈话中提到给"四川来的青年朋友"画了一本有着题跋的册页，是针对江青的讲话，可见他做此事是胸有成竹的。

程十发画《红楼梦》插图，不只是抓着几个故事情节作画，而是对《红楼梦》这部著作有研究，有见解，所作的考证又超过那些红学家。

关于《红楼梦》这部书，程十发认为:《红楼梦》既是小说，主要人物和情节当然是虚构出来的，所以过去的索隐派将书中人物、情节简单地等同为现实中的某人某事，显然站不住脚。但是，也不能因为它站不住脚，就不屑一顾，而应当研究，为什么会产生索隐派？关于索隐派的产生，程十发说："索隐派的出现比较早，他们对清朝的政争大都十分熟悉，所以看了《红楼梦》，便有种种联想附会。反过来说，也可能是《红楼梦》本身确实反映了当时的政争，才能使人有所联想，有所附会。当然这种反映是隐晦的、曲折的，但在知情人见了一目了然。如在脂砚斋、畸笏叟等人心中无疑都十分清楚。"

《红楼梦》第一回，甄士隐和贾雨村共饮，酒到杯干，贾雨村饮到七八分酒意时，狂兴不尽，对月寓怀，口占一绝："时逢三五便团圆，满把清光护玉栏。天上一轮才捧出，人间万姓仰头看。"程十发以《"清光"和"晴光"——贾雨村中秋一绝句》为题对这首诗作了诠释。笔者没有找到这篇文章，据俞汝捷介绍：该文首先谈到这首诗的第二句，在庚辰本和甲戌本中均为"满把晴光护玉栏"，而在程甲本和程乙本中，"晴光"变成了"清光"。画家认为，"满清"一词在当时是犯忌的，所以虽然形容月光，用"清光"比用"晴光"好，但既然在较早的庚辰本和甲戌本中用了"晴光"，程小泉和高兰墅不会擅自修改，使"满""清"二字在一句诗中连续出现。那么这是什么原因呢？据画家推测，很可能程、高确曾见到过一种比庚辰本和甲戌本更早的抄本，那上面原是"清光"，后来可能作者或评者自己感到害怕，改了；也可能是在辗转传抄的过程中被某个谨慎的抄者改成了"晴光"。"清"字改为"晴"字很容易，加两竖就行了，但"晴"字改为"清"字却不可能。

然后画家分析这首诗，认为诗的口气极大，可以同赵匡胤未显时所作的一首咏月诗相比。赵诗中有两句是："未离海底千山黑，才到中天万国明。"南唐徐铉见了认为有"帝王之兆"。(见陈师道《后山诗话》)现在贾雨村这首诗"天上一轮才捧出,人间万姓仰头看",比之前者抱负,丝毫不觉逊色。再看诗旁的脂评,有"是将发之机"、"奸雄心事,不觉露出"等语。难道贾雨村要当皇帝?显然不是。可能的解释是,作者和评者在这里通过一首诗和几句评语,矛头指向着现实生活中的某个人。

这个人是谁呢?联想到曹雪芹上代在康熙朝受到宠信,而到雍正时遭到贬斥,雍正的上台又包藏着那么多阴谋诡计,作者在这里很可能是通过贾雨村这个形象发泄着他对雍正集团的不满和愤怒。再看贾雨村的姓名字号,贾化与"假话"谐音,"时飞"与"实非"谐音,雨村则与雍正的名字"胤禛"发音相近。所以,固然贾雨村是作者虚构的一个艺术形象,不能把他与真人作简单比附,但通过一个形象来反映和抨击现实生活中的某一类人或某一个人,则是完全可能的。

关于高鹗续后四十回,程十发也有自己的见解,他和俞汝捷谈话时说:"我在你刚刚看的那篇文章中已经谈到《红楼梦》的古本问题。实际上我对后四十回是否纯系高鹗所续,是抱怀疑态度的。我倒比较相信程伟元在百廿回本序言中所说的'偶于鼓担上得十余卷'的话。这十余卷肯定不止八十回,只是'漶漫不可收拾',因此才请高鹗做修补工作,并不是凭空续出后四十回。"

他接下去说:"我所以这么认为,第一是因为后四十回的不少章节实在写得非常好,既充满感情,细节又极为逼真,除了有亲身体验的作者本人,别的人是写不出来的。第二,书中的某些情节,像'秦可卿情丧天香楼',既然在八十回本中已经改掉,那么,如果高鹗只见过前八十回,便不可能在后四十回中再把天香楼的事情露出尾巴来。然而事实上在第一百十五回中,鸳鸯自缢时偏偏看见可卿上吊,这是什么道理?此外,在甲戌、庚辰本中,写巧姐发烧后,凤姐听了刘姥姥的话,要查查书上,看是中了什么邪,结果说是遇了花神,因此得病。唯独高鹗修补的本子中,在'遇花神'前面加了一句话,说是'有缢死家亲女鬼作祟',这分明又是指的天香楼事情。由此推断,高鹗很可能确曾见到过一种较早而且较完整的本子,那上面对天香楼之事还删得不甚干净。"

脂砚斋、畸笏叟对《红楼梦》都有眉批,但这两个人是谁?程十发说:"脂砚斋究竟是什么人,我说不清楚,但我可以断定她是一个老人,而且多半是个老太婆。"

在《红楼梦》中,李嬷嬷与别人吵架时,别人曾骂她'老货',可见'老货'这个词在当时是用来骂老太婆的。而在第二十六回中有一条旁批说:"玉兄若见此批,必云:'老货!他处处不放松,可恨可恨!'既然脂砚斋可以被骂为'老货',可见是老太婆无疑了。"

关于畸笏叟,程十发从庚辰本中找到一些线索,他说:"还在《石头记》传抄时期,离程伟元公开印行之前22年,曹雪芹还活着的时候,畸笏叟已经想到要请人为林黛玉画像了。"

在《红楼梦》第二十三回黛玉葬花一节,上面有两条朱笔眉批。

第一条是:"此图欲画之心久矣,誓不遇仙不写,恐袭(褒)我颦卿故也。己卯冬。"

第二条是："丁亥春间，偶识一浙省发其，白描美人，真神品物，甚合余意。奈彼宦缘所缠无暇，且不能久留都下，未几南行矣。余至今耿耿，怅然之至。恨与阿颦结一笔墨之难若此，叹叹！丁亥夏，笏叟。"

程十发说道：这两条眉批相隔的时间是九年，在九年中畸笏叟一直没有找到为黛玉画像的理想画家，足见他的要求是很高的。等他写第二条眉批时，曹雪芹已经去世。这时他终于见到了浙省画家发其，对发其的白描美女十分倾倒，然而偏偏这个发其为宦缘所缠，忙得很，最后还是没有画成。

"这个发其是什么人呢?"

"在美术史上从来没有一个浙省画家姓发名其的。而既然《红楼梦》一书包括批语处处隐藏真人名姓，这个发其当然也是用的假名。我考证下来，发其实际上就是指的乾隆时以白描美人著称于世的画家余集。理由有四点：一、余集正是浙省钱塘人；二、余集是乾隆三十一年（丙戌）进士，第二年（丁亥）在京中与畸笏叟相识，完全可能，而初中进士，自然要'为宦缘所缠'，到处奔走，'未几南行'，则很可能是南下补缺去了，所以终于未能替林黛玉画像；三、'余'字加几笔即可成为'发'字，'集'字略微加粗也可改为'其'字；四、当时的白描高手，除余集外找不出第二个人来。因此，发其就是余集这一点基本上是不成问题的。"

那么畸笏叟是谁? 和余集有什么关系呢?

程十发说："我想出的一条线索正在这里。因为余集是美术史上有名的仕女画画家，《清史稿》中有《余集传》。他爱好文学，不但自己写过许多诗文，而且为《聊斋志异》写过序。我想，如果他读过《石头记》，而畸笏叟请他为黛玉画像这件事在他留下的文字中也曾提到的话，那么他所提到的那个请他画像的人肯定就是畸笏叟了。"

为了从余集的绘画题跋中寻找畸笏叟，程十发在余集的研究上的确是下了许多功夫。另外有他抄录的《清史稿》《庚子销夏记》、《履园画学》《中国画家人名大辞典》《历代人物年里碑传综表》中有关余集的介绍，还有，他画《红楼梦》是有点历史了，1956年为上海《文汇报》副刊画过一次；1962年为人民文学出版社出的《红楼梦》画了50多幅插图，后来采用了11幅。其余的都在出版社丢失了；1976年给上海作协的魏绍昌画了十二金钗；1977年又给一位友人画了十二金钗，画前先有一套素描稿；以后为了做月历，又在这些素描草稿的基础上，重新画了一套。

谈到为《红楼梦》画插图，程十发说："我不敢把自己的画称为《红楼梦》插图，因为我画的这些人物和场景肯定与原作者心目中的人物、场景相去甚远。我的这些画只能算是我读了《红楼梦》后的一些感受。而且50年代画的与70年代画的，一定也会有许多不同。我想，凡是画插图的人恐怕都会有我这样的感受。其实，就是在西方，那些以《圣经》故事为题材的画，画中的耶稣也未必同于真的耶稣。如果我们今天画《红楼梦》，真的画得和当时人一模一样，读者看了会吓一跳。这正像梅兰芳的老师陈德霖，在《彩楼配》中扮演王宝钏，眉毛是平的，嘴只有一点口红，实在引不起现代人有丝毫美感。"

从作画的角度来看，程十发对《红楼梦》中的人物各有喜好不同，以他的审美观念，所画的情节也有自己的选择。

　　对薛宝钗，程十发说："说实在，我对画宝钗向来没有什么兴趣。画这套十二金钗时，我本来想选取夏金桂死后，夏家母子来闹时，宝钗如何处理那局面的情节，我觉得那一段写得很好，很有意思。后来因为其余11幅都只画一个人，这一幅如果画个大场面就不调和了，所以终于还是选了偷听的画面。但从我这个构思过程，可以看出我对后四十回是很推崇的，并不认为它比前八十回有很大的逊色。"

　　对林黛玉，程十发说："我对画黛玉更没有兴趣。首先是我对乾隆以来出现的病态美人的形象十分厌恶，我画女性形象也从来不画那种削肩膀、站都站不稳的'病西施'，可是画黛玉，如果不这么画又怎么画呢？我在素描草稿中画的原是黛玉焚稿的题材，那是一个非常感人的悲剧场面。"

　　程十发为林黛玉画像还有一件有趣的事情，开始他想画林黛玉焚稿，这是受拉斐尔前派画家米莱斯的影响。米莱斯曾经画过《哈姆莱特》油画，画了一个宰相女儿奥菲莉亚在池塘里一面吟诗一面自沉而死的场面，给人留下深刻的印象。他也想画黛玉之死，无疑也比画别的场景更能震撼读者的心灵。

　　但他画金陵十二钗做月历时，有人说月历应该画喜庆的事，出现死人的场面不好，所以他只得放弃，只好画黛玉葬花了。但他信誓旦旦地说："今后如果再画林黛玉，我就画焚稿了。"

　　在这本月历中，他画惜春时本来是想画她初受戒时的心理状

程十发《黛玉》

态，后来也是考虑到要倚重月历，还是改成了她在苦心经营她的大观园图。

"说起探春，倒是一个我很乐意画的形象，我对她的兴趣远远超过了对宝黛的兴趣。我画探春在芦苇滩等候上船，重点在表现'一帆风雨路三千'，让她早早离开这个大家庭。实际上是通过她寄托了我自己的理想。因为我也常常想着，作为一个美术工作者，不应当禁锢在一个小天地中，而应当走出去四海为家。"这或许就

程十发《妙玉》

像程十发所说的，他画的不是《红楼梦》插图，只是画自己的感
受吧。

　　程十发说："在所有这十二钗中，我最欣赏的还是妙玉。人的
形象、构图、色彩，都非常好。看了不觉得她是一个尼姑，倒好像
是一个酷爱梅花，盼望着春天的少女。"

　　"妙玉本来就是一个佛家装束的小姐。她自称'槛外人'，实际
上'云空未必空'。我画她穿着尼姑服装，却对春天的气息这么关

注，也就表明了她还是一个'槛内人'。同时在这个形象身上也寄托了我的感情，因为'四人帮'时期，我好像生活在一个严寒的冬天，那时我也非常喜欢梅花，盼望春天早日来临。"

程十发也画过多幅《芹溪先生著书图》，画面上多有一块顽石相伴，并题写"傲骨如群世已奇，嶙峋更见此支离"的诗句。传世的两幅曹雪芹画像，一是王冈，字南石，南汇人，南汇本为松江府属。另一个是陆厹生，字厚信，松江人。程十发对此二人引为'云间'同乡。对王、陆两家为曹雪芹画像的真伪问题，颇有争论，程十发认为："在敦敏的《瓶湖懋斋记盛》残文中，谈到曹雪芹在乾隆二十三年十二月间曾于敦敏家中会过当时的吏部尚书兼名画家董邦远，而董邦远有个门客常常为他代笔，这个门客就是王冈。所以说王冈在乾隆二十七年为曹雪芹画像，并不是完全不可能的。关于陆厹生是否可能为曹雪芹画像，我还说不准，我只知道在康熙时有个刑部侍郎高其佩，以善指画而名噪一时。他也有个门客姓陆名痴，字眆。有人怀疑高鹗是高其佩的后代，因为他们都属汉军旗籍。而陆厹生的祖上也可能与陆痴同族。从王冈和陆厹生画的两幅像来看，不像是一个人，当然由于画的时间有先后，笔法有区别，同一个人也可能画得判若两人的。总而言之，究竟这两幅画是真是假，或者一真一假，尚须研究。就笔法而论，则似乎陆本胜于王本。"

程派山水之"势"

　　山水本无情，一经彩笔挥来，便觉得情深意浓。凡是看了程十发笔下的山水都会有这样的感觉。在读书时，程十发专攻山水，由于政治形势所需，他转向连环画、人物画，但他对山水的热情不减，一有机会，他还是挥毫描绘大地山河之美。程十发曾作《云间忆旧山水册》，其中有一幅题道："'梅花竹里无人见，一夜吹香过石桥'，故乡有此景，借姜白石诗两句。"其他如《箬篷旧屋》、《吾乡小昆山》等都是写他怀旧记忆中的故乡山水，《钟馗听雨图》则写他胸中的山水。他的山水取法广泛，而尤喜元人之法，如他在《吴山清远》上题写道："赵吴兴善写平畴千里，极目天舒，现至高境界，源自北苑副使，今再录诚斋诗其上。好风稳送五湖船，万顷银涛半霎间，已入江西犹未觉，忽然面对是西山。"《春日松林》中他题了两句诗："林下雨晴春昼暖，松花熏得白云香"，接着又题道："余写山水每喜李成郭熙，后获黄鹤山樵修竹远山图，原自文同之法，每画篠竹，所谓出自肺腑，今写此图法河阳。"

程十发的山水中，常用浓淡、疏密、远近、高下等布局笔法，强调自然界的矛盾和冲突，造成特有的气势，无论长幅巨制或册页小品，都强调得势的效果。他画的《关山密雪》写出了矛盾着的两方面：一方面，是弥天大雪把山峰、把树木、把一切有生命的和无生命的物质都无情地埋起来、埋起来，朔风凛凛，寒气森森；另一方面，不管是山，是树，是有生命的还是无生命的，都在雪压冰欺之下依旧傲然挺立，仿佛比平时装点得更加精神。有这么一幅画，画上远峰近树，一片皆白，天，也是阴沉沉的。然而，就在画的下方，却出现了一道蓝色的溪流，画的上端，是从树丛中飞出的数点寒鸦。这说明，虽然是严酷的冬天，但在这琉璃世界中，生命并未止息，春天即将来临。还有一幅小品，画面非常简单：一道飞泻而下的激流，一丛结满白色芦花的芦苇。但就是这两样景物，却显示了两种对立的生活境界，前者是自由的、开阔的、生气勃勃的世界，后者是拘束的、狭小的、令人沉闷的天地。画家喜爱哪一种生活呢？从画面上看来，六只沙鸥中没有一只是害怕激流而躲向芦丛中，相反，其中两只已从芦丛飞向激流，另外四只站在一块石头上，目光也都注视着这股出峡的飞泉，表现了身虽在此，心已向彼。画家自己为这幅画题了一首诗："芦荻秋风悔白头，飞泉出峡向东流。闲鸥应悟随波去，极目云天五大洲。"正如画的点睛之处在几只沙鸥一样，诗的重笔也落在后两句。画家通过沙鸥的去向表明了自己对人生、对世界的看法。

宋代郭熙、郭思在《林泉高致·山水》中曾经说过："山欲高，尽出之则不高，烟霞锁其腰，则高矣。水欲远，尽出之则不远，掩映断其派则远矣。盖山尽出，不惟无秀拔之高，兼何异画碓嘴？水尽出，不惟无盘折之远，何异画蚯蚓？"程十发可谓深得其中三昧。他有一张尺幅山水《梅柳渡江春》，小小的画面上，山既不大，也不高，但山间烟云弥漫，看去竟是一重山接着一重山，一重比一重险峻；水既不远，也不急，但一道弯弯曲曲、坎坷不平的柳堤在水中，看去顿觉洪波浩淼，令人生畏。无须画家再作什么说明，人们会很自然地想道：顶峰，是让人神往的，可是山高水远路迢迢，只有付出艰辛的努力，才有希望登临绝顶。

在山水画中以势取胜，也是云间画派的传统。

以董其昌为代表的华亭画派，是以山水画取胜，其中还有莫是龙、陈继儒、赵左等。程十发的山水画受华亭派的画风影响颇深，尤其是赵左的山水的开合、取势、布局，在程十发的山水画中都能找到影子。董其昌、赵左都很强调山水画中的取势。华亭画派的山水画都很讲究一个"势"字，莫是龙说过画山"要之势为主"，陈继儒画山水也讲究势，但只在题画时有只言片语，董其昌讲势的文字不少，但都散见于著作之中，谈不上有什么系统。赵左对山水的"取势"是有过专门论述的，录之于后：

画山水大幅，务以得势为主。山得势，虽萦纡高下，气脉仍是贯串；林木得势，虽参差向背不同，而各自条畅；石得势，虽奇怪而不失理，即平常亦不为庸；山坡得势，虽交错而自不繁乱，何则？以其理然也。而皴擦勾斫披分纠合之法，即在理势之中。至于野桥、村落，楼观舟车，人物、屋宇，全在想其形势之可安顿处，可隐藏处，可点缀处，先以朽笔为之，复详玩似不可易者，然后落墨，方有意味。如远树要模糊，衬树要体贴，盖取其掩映连络也。其轻烟远渚，碎石幽溪，疏筠蔓草之类，初不过因意添设而已。为烟岚云岫，必要照映山之前后左右，令其起处至结处，虽有断续，仍与山势合一而不涣散，则山不为烟云掩矣。藏蓄水口，安置路径，宜隐现参半，使纡回而接山之血脉。总之章法不用意构思，一味填塞，是补衲也，焉能出人意表哉？所贵乎取势布景者，合而观之，若一气呵成；徐玩之，又神理凑合，乃为高手。然而取势之法又甚活泼，未可拘挛，若非用笔用墨之高韵，又非多阅古迹及天资高迈者，未易语也。

用色彩说话

　　色彩和线条一样，都是程十发绘画艺术的魅力所在，也可以说是他的艺术之生命。他的用色为世人所称，他自己也有些自鸣得意，有所心得，有所创造。

　　中国绘画对色彩的运用有一个发展过程，唐代绘画色彩是最明丽的，宋代以后就转入灰暗。到了近代吴昌硕采用大青、大绿、朱红重彩画没骨画后，又使人回忆起中国传统色彩。程十发研究了隋唐壁画，发现它们至今还能鲜艳夺目的缘由，是因为采用了粉绿、头青、朱砂三原色。他还研究了色彩的加色法和减色法，认为油画是用的加色法，中国画用的是减色法。通过这样的研究，程十发认为在用色上应该采用夸张、调和的手法，通过描绘有限的形象取得无限广阔意境的效果。此外，程十发还创造了有线用色方法。

　　程十发画少女的脸部用朱标，赭石淡淡的渲染后，两边略施淡朱，这红晕就是采用的夸张手法。他在画红梅时，在花蕊中点以石绿，实际上红梅花是无绿蕊的；在画人物服装时，常用浓墨和紫红，正因为他用了夸张手法，使色彩特别鲜艳。

在色彩的调和、对比上，程十发常在不经心处下功夫，为了表现白玉兰的洁白，在盛开的玉兰花中穿插一枝碧桃。画少数民族服装时，他常在朱砂裙边外面勾一石绿，藤黄图案中点以石青作为陪衬，使朱砂裙边、藤黄图案产生"豁然呈现"的效果。这种色与色之间的调和、映衬，才使色彩如此明快夺目。程十发认为这种方法并不是他的创造，他曾在自己画的《四季花卉》中有一段题跋："见古人写玉兰与桃花于一幅，然玉兰之先者能与晚梅同华，画中梅花与玉兰相伴者罕见，此造化之真，非作者杜撰。丁巳（1977）孟冬之月十发四季花卉共得四纸。"

程十发用色很特别，他常用明艳的颜料上色，颜色配衬鲜明，对比强烈，接近民间艺术取色鲜艳的风味。笔者尝见他作画，看到他对色彩的运用是很熟练的，他不是把颜料放在调色盘用水混化，而是用笔随意蘸色点染，或用色后不洗笔而另蘸一色再画，如此在随意中产生自然融洽的效果。而在各种颜色不同明度和彩度的调配上，空白处都别具匠心，产生一种更能怡目的色相。

彩中有线是程十发在用色上一个重要手法。艺术是源于生活又高于生活，色彩也是如此，要使艺术的色比实际的色彩漂亮，除用色夸张外，程十发的用色中产生有"线"的感觉，使色彩产生生命力。月季花是十分难画的一种花，画西洋画的人经常描绘月季花。画中国画的则很少描绘月季花，尤其用写意的方法。程十发画月季花先用粗笔用彩线圈上几圈，在似干未干时，再用深色彩线或墨线在中间用细笔圈几圈，或用偏锋点彩表现侧面月季，把月季花画活了，跃然纸上。

中国绘画上最能代表人民喜闻乐见的色彩，自晋、唐、五代之后，在程十发的作品中又一次表现出来，表明它有着强大的生命力。

程十发总是以一颗平常的心在作画。"文革"之后，他画了一张芭蕾《玫瑰》说明书封面，黑地白线红花。在一个坐满一万多人的剧场里演出，在进场的大厅里，他看到有五六个摊子正在卖说明书，开演前当他进场时从后往前走，看到几乎人手一份说明书，而黑、白、红强烈的颜色占有了演出前的空间，他对笔者说："这给我产生了一种感觉，我觉得为人们做一些小事，画一张说明书，无疑也是光荣的。"后来，他又给一位歌唱演员演出服上画了一枝梅花和一枝山茶，待演出结束，还有不少艺人和观众不散，而要再看看这件服装，这也同样启发他多做一些中国画的普及工作。

无处不注意色彩，这已成了程十发艺术创作及艺术鉴赏的习惯，可谓是浸入骨髓。他看了北方昆曲剧院演出的《晴雯》，对人物服装、道具及舞台布置的色彩有许多体会，写了一篇《色彩也会演戏》，他写道：

看了北方昆曲剧院演出的《晴雯》之后，我学习到不少东西，尤其是对《红楼梦》原作精神的理解。作为一个观众，想对这个戏的美术设计来讲一些行外话，作为观剧感想。

看了《晴雯》的舞台美术设计，感到美术设计也必须体现原作精神，帮助编剧、导演通过形象而揭示给观众。一切从时代的生

程十发《补裘图》

活，从人物的性格、剧情的发展出发，再加工提炼成为优美的舞台美术设计。虽然美术设计比起表演来，还是比较次要一些，但运用得当，也能起相得益彰的效果。

昆曲《晴雯》是以奴隶反抗奴隶主和反奴才主义斗争为主题的古典戏剧。舞台美术很好地体现了这个主题，试举下面几点为例：

对于怡红院的美术设计，作者不去追求色彩的缤纷，陈设的奢华，而运用沉寂的大块灰檀色。同样是华丽，但使人感到的是惨红凄绿的情调。这种情调，与宝玉及晴雯不满这个万恶的封建社会的反抗精神有所契合。

怡红院的陈设尽管有书桌、凳、椅、多宝橱等等，可谓精致入微，由于作者运用一种灰檀色的大块而统一的调子，达到了虽多而不乱，虽杂而不紊。甚至一个青花的花瓶和插上一枝灰红色花，都注意到调子的统一，使每一个细节都渗入沉寂而黯淡的气氛之中。

背景色调统一而较为灰暗，又正好突出演员，充分地衬托演员演戏，不使布景道具"吃掉了"演员，布景不在乎多少和有无，而在于能促进演员的艺术的发挥，不使相互之间产生矛盾。

舞台设计亦须以生活为根据，但不等于跟生活中的形象一模一样，而是从生活出发加以提炼，达到适合各种剧种的实际需要。

现在进一步来理解怡红院那灰檀色的生活根据。大观园中的家具，至少是清初和明代的制作样式，设计者多少有专业性的知识，一看便像是《红楼梦》中描写的那种时代风格。因此，灰檀色也不是作者杜撰空想的色素。我想，最合适放在宝玉怡红院里的家具，不外是用黄花梨、紫檀、黄鹂鹉三种木材制作的，而这三种木材的颜色都是灰檀色。因此，这色彩也来自生活，只要作者深入一步，生活的真实和艺术的真实是统一的。相反，如果作者单凭怡红院的概念出发，设计一套红的或者绿的家具，那么既不尊重生活，又不突出主题，又阻碍了演员的表演，就产生了一种反效果，一切设计就成为多余了。

最后一场晴雯家的设计，也耐人寻味。简陋的竹制家具，铺以青地白花土布，并不像原作上写得那么脏和乱。我想，这也是有意衬出晴雯的高傲的性格。必须给"挺身散向寒霜拒"的主人制造一个合适的环境，整洁有利于豪华，这种竹器、灯、壶等道具，已经构成贫民之家的特征了，再运用大量的青色白花的土布，使舞台上充满了冷和静的情调。

最妙的是这一场里的晴雯也换了暗石青色坎肩，衣裙仍是白色的。作者大胆运用主角服装和背景是同一种色调，"青和白"，但在鲜明度上有所不同。后来连宝玉出场也穿了银灰色的袍子，一切都是青灰的、冷的，只有宝玉手中拿的那朵象征晴雯性格的芙蓉花是粉红色的。原来作者用尽一切的能力和颜色，多少衬托出这朵红花的鲜艳美丽庄重的性格，使我感到作者有深刻的感情流露象外。运用色彩也是为主题服务，使我感到好像色彩也会演戏了。

还有两处运用色彩，也达到良好的艺术效果。有一场，有晴雯、宝玉和芳官三人，他们的衣裳是粉黄、粉绿、粉蓝三色，非常和谐，后来出场的袭人则穿深红色衣裳，给人有不和谐的感觉。这就帮助观众对角色的不同性格及矛盾有所联想。

还有一场，满台人物穿得姹紫嫣红，设计者将主角晴雯穿以白衣裙、黑色坎肩，反而以无色胜有色，使得晴雯的形象，活跃在舞台上和观众的脑子里。

色彩的运用不在于斗艳取胜，而在于活色传神。这也是传统绘画上色彩运用的艺术手法。

行之不远的《春灯读画录》

作画之余，程十发写了一些评论古画的文章，一方面可以从中汲取营养，另一方面也可以帮助读者提高欣赏水平。1984年，他在《新民晚报》上开辟了"春灯读画录"专栏，他说："我很有这种兴趣，把最近在上海博物馆陈列的历代名画，取其中几幅写一些所谓得之于心的笔记。我知道域外许多美术博物馆里，就有美术界的人士到博物馆去当义务讲解员，我也想当义务讲解员。这个差事是不大好当的，只能作为一种学习，有不妥之处还请大家指正。"

在这个专栏里，他评论的第一件古画是唐寅的《春山伴侣图》，他写道：

明代吴门四大家之一的唐寅，就是大家最熟悉的古代画家唐伯虎。当然民间传说的唐伯虎和历史上的唐伯虎并不一样，有些是民间创造的一些轶闻，有些是别人的故事凑合到他身上，这样却使唐伯虎的影响广为流传，造成了他的名字超过了同时代的其他大画家。

唐寅的艺术自有他成功的地方，他的老师是周臣，流派是学习南宋的刘（松年）、李（唐）、马（远）、夏（圭），也就是所谓继承北宗的流派。简单地说他们用笔刚劲，折似有棱角，构图峻险，与元代的黄（公望）、王（蒙）、吴（镇）、倪（瓒）继承南宗的流派柔和蕴藉不同。这种流派和风格的不同，一直是明代以后中国画坛上相互争鸣的焦点。但聪明的唐寅并不把这种不同的风格激化，相反在他自己身上统一了起来。所以后人评论他的成就超过了老师周臣是有原因的。

我认为唐寅的成功不单在文学上有极高的修养，而且他还能排除门户之见，博采各家之长，甚至把士大夫画和作家画的风格糅合起来，创造自己的独特风格，他的学习方法能启示我们绘画不要囿于一家一派，特别是今天有些青年人，学了张派就排斥李派，实际上对李派并不了解。这种盲目的文人相轻，正阻塞了自己的艺术道路。

我们今天见到他的《春山伴侣图》中，没有一棵姿态奇崛的古树，没有一块四面出锋的砺石，而是一棵棵挺直的、吐着嫩芽的春树，一叠叠圆浑的山坡积幽壑，有流泉茅屋点缀其间，二人坐石上观春泉淙淙，整幅用水墨渲染，一片平淡天真，上题一诗："春山伴侣两三人，担酒寻花不厌频，好是泉头池上石，软莎堪坐静无尘。"

《春灯读画录》之二，程十发介绍了陈洪绶的《薰笼仕女图》，他写道：

陈洪绶号老莲，是浙江诸暨人，他是明末的画家，虽然他只活了54年，但他的作品影响极大。他人物花卉山水都精工，书法诗文都有极高造诣。他的爱国和爱人民的思想，作品中有充分表现。

　　例如，他为当时的禁书《水浒》画人物页子，印本流传至今。他有个好友周亮工投降了清朝，他画了一卷《归去来辞》，用画来规劝他。他还画了不少苏武泣别李陵的画，表达他对投降主义的痛斥。他不为名利，辞却皇帝诏他当供奉，反而乐意给老军和贫民作画……这些佚事帮助了我们对陈老莲的艺术观和艺术风格的探讨。这幅《薰笼仕女图》，可能是四幅屏条之一，画的是秋景。图中仕女斜倚薰笼，有一女侍观一孩子在用扇子扑蝶，桌上瓶中插有木芙蓉花及杞实架上有鹦鹉伫立。以外就是大量的空间。

　　这幅画大约是40岁前后所作，他早年用方笔较多，此时已转入圆笔长线，仕女形象并不像其他作品中那样怪诞，而且很有一种古秀之美；也不像有些作品中有意夸张画得头大身体小。看来作者并不是对形体的比例掌握不好，而是根据他创作情绪的需要。他画得美的仕女，如《吴天章像》中一个妇女持扇坐在芭蕉上（朵云轩特地取出它来独立制成水印木刻）。还有木刻插图《娇娘传》中娇娘等等，包括这一幅画都是形态俊秀，风姿绰约。

　　这是什么缘故呢？同一作者竟画出妍和怪的不同作风？我想是生活给予作者痛苦与快乐的缘故。当他表现生活中境遇美好的时候，唤醒他向美的方向走去，当他在抑郁的处境中时又回到古怪而不可思议的境界中，去画他所谓"高古"的作品了。

　　特别是那个时代的作家，他们的艺术观和艺术风格是充满着矛盾的。今天我们如何从这种矛盾的演化中进一步认识他们，特别要记牢他们的长处，也不要不谈他们的创作思想中的复杂性。

《春灯读画录》之三，程十发介绍了石涛的《赏画菊》，他写道：

兴来写菊似涂鸦，误作枯藤缠数花；
笔落一时收不住，石棱留得一拳斜。

这是石涛自题画菊诗。这几天赏菊之外，偶然想到石涛这幅画菊，看了画、读了诗之后，有一些启发，写来供好菊者同赏。

这幅画正如诗中所写的那样，看似很平凡，是一枝生在悬崖上的野花，画得笔飞墨舞。通过这首诗，可以对石涛的画有进一步的了解。他说兴致来了，画菊画得像小孩子乱涂一样，而且误画了枯藤上面缠着几朵花——其实悬崖菊正是这个样子，他的"误作"正好是"妙作"的反说。第三句提一提提得好，到底为什么"笔落一时收不住"呢？为什么使石涛这样激动呢？因为菊花有一种高傲不屈的性格，点出末句"石棱留得一拳斜"。

石涛画菊，据我看到的，大都是用湿笔，甚至有把花叶画得淋漓尽致，几乎成了墨团团；我想石涛是有意将菊花处于风雨之中，这样更能突出菊花的精神。

石涛正与其他古代艺术大师一样，不只是画菊，还要画菊的性格，而且把当时自己的感情融化在菊花的形象里；笔墨加上了感情，就不同凡响了。假使画菊只是为了画菊，没有作者的意境，可以想得到，这不可能成为艺术，再像也不过是一种标本。苏东坡说得好："作诗便此诗，定知非诗人"；我引申了一下："作画便此画，定知非画师。"

我还见到李复堂画的一盆菊花，恐怕花要跌倒，盆中撑着一支竹竿；题了四句诗，表示对傲霜的菊花万分同情，对那时的达官贵人的极端不满，与石涛有异曲同工之妙。诗是这样的：

莫笑田家老瓦盆，也分秋色到柴门。

西风昨夜园林过，扶起霜花叩竹根。

可惜，程十发只为这个专栏写了三篇文章，就没能再继续写下去。程十发对赏菊、画菊的兴趣是很浓的。他除了为《红楼梦》的菊花诗画了一些菊花外，其他还画过不少菊花。在人物画中，以花卉作点缀的最多的也是菊花，如《易安漱玉图》、《箜篌图》、《载歌行》，宅畔篱边、案头插瓶或手头折枝，随处可见。在一幅《秋菊图》中画一老人，在菊花丛中采菊，画上题了一首郑思肖的诗："花开不并百花丛，独立疏篱趣未穷。宁可枝头抱香死，何曾吹落北风中。"这应该是他的心痕写照。还有一幅画的是丛菊，画上题了韩无咎（元吉）的《水调歌头》词半阕："今日俄重九，莫负菊花开。试寻高处携手，蹑屐上崔巍。放目苍崖万仞，云荻晓霜成阵，知我与君来。古寺倚修竹，飞槛绝尘埃。"这半阕词和郑思肖的诗所表达的情感世界是一样的，和程十发的心境是相通的。

更能直接表达他心境的是他那篇没有发表的散文，题目就是《赏菊》，他写道：

程十发《易安漱玉图》

　　十多年前，我旅行在一个郊区的小镇，我散步到离火车站不远的乡村，那时正是金秋天气。看到一间茅屋，四周竹篱，盛开着各色各样的菊花，当时还不像目前提倡养花美化环境，所以很像在沙漠里发现一个绿洲一样，我不由自主地走进了这篱笆里面，很想见

程十发《秋菊图》

一见这位爱自然的现代陶渊明，在没有见到主人出来之前，我脑子里不断地在想象，主人也许是个隐士；一个鬓发苍苍的老者；或者是一个年轻的姑娘，或者是一个……

　　但走出屋子来迎接我这个不速之客的是一个中年的残疾人，主人向我介绍，他是一位退休的养路工人，可能是受到严重的烫伤，形象很可怕。但由于我还有修养，坦然和他谈起养花经，他也介绍他的种菊经验和对菊花的爱好。

当我告别离开他家的时候，他送了我一束菊花。我走在路上想到所谓美，宇宙给予我们是一堆原料，它也没有下定义，什么是美的标准，而且不在外表，而在人的心灵，外表丑陋而有一颗美丽的心灵，还有那些外表像君子而有一颗魔鬼的心灵，试想从外表来追求美的人，可能走向肤浅的道路，可能上当，生活给予艺术的形式千变万化，形式不过是装饰，只有摒弃虚伪的装饰，才能深刻地体现真正人生的美。

这样手执着这一束花，我心情十分轻松地走回到小镇，这个古茂的小镇沉醉在暮色中，好像这一束花的香味散遍了所有的房子，因为我在这里发现到美是内在的，不是虚有的外表。

结　语

程十发走了。

程十发的时代结束了。

"程家样"还留着，它并没有随画家而去。这就叫"人以画传"，画家的生命还在。

画家永不消逝的生命是由其艺术风格铸就的。

程十发的艺术之路是从1949年开始的。也就是这一年他有数月的乡村生活，使他知道绘画艺术不只是要表现自己个人的喜好，也要让看的人感到欣喜。正是这种双向的动力，一条艺术之路展现在面前。开始他并不知道这条路是崎岖不平坦的，等待他的是一个个严峻的风波险滩。他虽然生存在石缝之中，但他心中的真情还在，在艺术中顽强地张扬自我，一种独特的艺术风格也从石缝中生长出来。

画家的取材，这是看画家风格最明显的大门。程十发晚年回忆他的风格是如何形成的时候说过：我的画的风格如同山里一棵特殊的树，它不能避开政治气候的各种要求，又要符合自己的艺术追求，既要避开"左"的干扰，又要避开右的干扰。风格的形成是不能脱离社会影响的。

在政治概念化中，艺术个性消失的时候，程十发能把自己的艺术风格张扬开来，其中的奥妙何在？他自己的总结是：我知道自己的长处和短处，善于扬长避短，这是别的画家不易做到的；我也向古人学习，是从古人比较冷门的或在古代曾经热门过而又冷下来的东西中吸取；我生在上海，受的是上海的艺术教育，早年受海派的影响是难免的，所以我就跳出海派，走自己的路。海派演变后艺术习气不好，故别人以"海派"命名来贬它，我在情感上也疏远海派。

程十发非常清楚，他感到自己的艺术从"海派"中找不到出路，也羞于别人称他为"海派大师"，而且常以"海派无派"来对付那些以"海派"为圣经的人。

"艺术没有规律，没有法则，有法则就不是艺术了。"

"别人犯忌的我偏犯犯，试试看。"

程十发的这两句话和他的"程家样"艺术一样，风格卓然，但已经成为绝唱。

郑　重

2017年10月